高句丽渤海壁画墓研究译文集

郑春颖　潘博星　盛宇平　主编

图书在版编目(CIP)数据

高句丽渤海壁画墓研究译文集 / 郑春颖，潘博星，盛宇平主编. — 北京：商务印书馆，2023
ISBN 978-7-100-21425-4

Ⅰ.①高⋯ Ⅱ.①郑⋯ ②潘⋯ ③盛⋯ Ⅲ.①高句丽—壁画墓—文集 Ⅳ.①K878.84-53

中国版本图书馆CIP数据核字（2022）第119020号

权利保留，侵权必究。

高句丽渤海壁画墓研究译文集
郑春颖　潘博星　盛宇平　主编

商 务 印 书 馆 出 版
（北京王府井大街36号　邮政编码 100710）
商 务 印 书 馆 发 行
三河市尚艺印装有限公司印刷
ISBN 978 - 7 - 100 - 21425 - 4

2023年11月第1版　　　开本 710×1000　1/16
2023年11月第1次印刷　印张 13 1/4

定价：80.00元

前 言

《高句丽渤海壁画墓研究译文集》（下文简称《译文集》）即将出版，主编郑春颖博士邀我参照《高句丽渤海研究论集》（商务印书馆，待版）所撰"前言"为本书再写一篇序，并将书稿传给我。

本《译文集》共收录文章9篇，其中俄罗斯学者2篇，是关于渤海墓葬的类型和高句丽积石墓与渤海墓葬关系的文章，其余日本学者4篇，韩国学者3篇，皆是关于壁画墓的文章，而且绝大部分是高句丽的壁画墓。文章的时间跨度为2000年至2019年，在一定程度上代表了本时期外国学者在该研究领域的进展。高句丽壁画墓分布地区广，数量多，而且壁画的内容和技法相当丰富精美，自发现伊始便成为学术界十分关注和研究的对象。现在已经发现的高句丽壁画墓，中国境内计38座（其中积石石室墓5座，积石砖室墓1座，其余皆为封土石室墓），本《译文集》郑好燮文章记录的也是这个数字；朝鲜境内发现的数量还不十分确切，郑好燮文章记录的是80座（该文发表于2008年），而我国学者赵俊杰发表于《边疆考古研究》第13辑（2013年）的文章《朝鲜境内高句丽壁画墓的分布、形制与壁画主题》中记录的是83座，郑京日的博士论文《玉桃里高句丽壁画墓研究》（2015年）记录的是86座，其中，赵文的83座中有3座在郑文中查不到，郑文的86座中有6座在赵文中查不到，两文共有的是80座，那么这80座和郑好燮文章记录的80座是否完全相同，我没有来得及核对。另，中国社会科学院考古研究所王飞峰博士曾告知，朝鲜《劳动新闻》2020年9月1日报道在黄海南道安岳郡月池里又发现了两座壁画墓（月池里1号、2号）。郑春颖博士目前在研课题"壁画视角下的高句丽文化研究"最新统计是92座。这样算起来，朝鲜境内发现的高句丽壁画墓在90座以上，墓葬类型都是封土石室墓。

关于壁画墓的考古学研究，主要是对墓葬的形制结构和壁画的内容技法进行考察分析，并由此探讨墓葬的年代分期和身份等级。这是最基本的研究，但是止步于此则显然不够，因为壁画中要进一步研究的具体内容还有很多。按通常的年代划分，壁画内容先后以现实生活（又称人物风俗）、莲花等装饰图案和四神图像为主，其中涉及服饰、音乐、歌舞、兵器武备、建筑、佛教、传说故事、天象等多个方面，每个方面都可以开展大小不等的课题研究，而且其中所包含的不同的文化因素又反映出高句丽与周邻民族、周邻地区的交往。研究当中所涉及的知识，有的超出了考古学和历史学，需要相关学科的交叉结合。

这些年来，我国学者对于高句丽壁画墓的研究先后发表、出版了多篇（部）论著，但是仍有很多工作要做，尤其是对于朝鲜境内壁画墓的了解和研究，还有不少欠缺。平壤和集安的社会背景与文化基础差别较大，4世纪初高句丽占领平壤，但都城还在集安，110多年后才迁都过去，此对当时两地壁画墓的表现和发展都会产生不同程度的影响。所以开展高句丽壁画墓研究，要对中国和朝鲜境内发现的壁画墓，以及东北亚相关各国的研究进展都有了解，才能有发言权。因此，本《译文集》的出版，为我们提供了方便。

关于《译文集》就说这些，不知妥否。壁画墓研究同属于高句丽渤海研究范畴，我在《高句丽渤海研究论集》"前言"中谈到高句丽渤海研究的几点想法，对壁画墓研究或许会有帮助，现提供给大家，供参考。

第一，要学习了解一点历史疆域理论知识。汉唐一千年，中原地区由大统一走向大分裂，又从大分裂走向新的大统一。与此同时，在我国东北地区有两个古老民族——高句丽族和靺鞨族先后兴起，高句丽和渤海先后建立政权。这两个民族的活动地区及其政权的疆域四至，以我国东北地区为主，最远延伸到朝鲜半岛中部和俄罗斯滨海边疆区。因此，这两个民族及其政权的历史不仅在我国东北地区的历史和我们统一的多民族国家形成与发展的历史中占有重要的位置，同时在东北亚地区的历史中也有重要的影响。这些年来，高句丽、渤海已经成为相邻各国学术界研究的重点和热点课题，相比之下，高句丽更甚于渤海，其中讨论和争议的焦点则是高句丽的历史定位。这是我们在进行高句丽历史、考古等方面的研究时躲不开的问题。在不同专业的文章中，可能从具体文字中看不到对该问题的表述，但是该问题是含在其中的，作者的心中是必须明确的。而要探讨、确定高句丽的历史定位，则需要学习了解一点历史疆域理论知识。历史疆域理论，这又是一个重要的学科课题，几十年来学术界一直在研究、讨论，有共识，也有争议。如果我们对此理论的基本知识和研究、讨论的大体情况有所了解，那么当我们确定高句丽的历史定位，以及具体分析历史、考古等专业材料时，自然就会心中有数、有准可依了。

第二，高句丽和渤海要互相结合进行研究。高句丽政权始建于公元前37年（据《三国史记》），至668年灭亡，存世700余年；渤海国始建于698年，至926年灭亡，存世近230年；两政权相隔30年。高句丽的疆域偏南，渤海政权的疆域偏北，有相当大的区域是重合的。高句丽政权存在之时，有部分靺鞨人附属于高句丽，渤海政权建立之时，有部分高句丽人参与其中。因此，在高句丽与渤海之间便产生了多方面的联系，同时也出现了一些问题需要研究辨析。比如渤海的创始人大祚荣是高句丽人，还是靺鞨人，是靺鞨人的话，是粟末靺鞨人，还是白山靺鞨人；再如在文化影响方面，当然主要是高句丽对渤海的影响，那么这些影响表现在哪些方面，达到了什么程度，如何予以评价；具体到某一处城址或遗址，是高句丽时期的，还是渤海初期的，如何予以区分鉴别。诸如此类的问题，在学术界一直是讨论、争议不断。在讨论、争议中，大家感到，研究渤海，如果不了解高句丽，许多问题是说不清的，甚至会顾此失彼，出现偏差和漏洞；研究高句丽，如果能对渤海有所了解，考虑问题会更加理顺、全面。这就要求我们平时对高句丽、渤海的知识都要进行了解和掌握，在研究中要互相联系，前后照应，只有这样，才能恰如其分地厘清和评价同为我国历史上的两个民族和两个政权之间的关系及影响。

第三，研究高句丽、渤海文化，要与周邻地区，尤其是与中原地区相联系。高句丽、渤海存续期间，我国东北地区和朝鲜半岛先后有几个民族兴起和建立政权，并发展了自己的文化，中原地区继底蕴深厚的汉代文化之后，经魏晋南北朝各民族文化的交流融合，发展成更加丰富多彩、繁荣开放的隋唐文化。高句丽、渤海文化的发展，首先是本民族自身的传统文化，同时也接受了周邻地区，尤其是中原地区先进文化的影响。比如高句丽后期王城平壤地区长安城的规划布局和安鹤宫的宫殿布局、建筑，渤海王城中京西古城、东京八连城、上京城的规划布局及其宫殿布局、建筑，都接受了同时期中原都城的影响。同时，中原文化，尤其是考古文化的发展，序列完整，年代清楚，这对于分析推断高句丽、渤海文化的构成、年代有很大的参考作用。高句丽、渤海处于中原地区与朝鲜半岛、日本之间，对当时中国与朝鲜半岛及日本的文化交流也起了中介桥梁的作用。比如十六国南北朝时期具有鲜卑特征的马具就是通过高句丽传到朝鲜半岛南部和日本的，9世纪20年代渤海使臣和渤海贞素和尚为日本天皇与在五台山修行的日本灵仙和尚往返传送书信、黄金、经卷、舍利，走的就是当时渤海通往日本的"日本道"。以上说明，研究高句丽、渤海文化，加强与周邻地区，尤其是与中原地区的联系，是十分必要的。

第四，坚持多学科交叉结合，多方位研究高句丽、渤海。研究高句丽、渤海，首先是以文献资料为对象的历史研究和以调查发掘资料为对象的考古研究，本书所收也多是这两类研究的文章。关于高句丽、渤海的文献记载，虽然不如中原详尽，但是汉唐史书中都有高句丽或渤海的传记，另外还有当代或后代相关的日本史书和朝鲜史书作为对照。这些文献记载为考古调查发掘和考古材料的解释，提供了值得注意的线索和思考。关于高句丽、渤海遗存的发现，迄今已有百余年，尤其是新中国成立后，连续有计划的调查发掘积累了大量的实物资料，其中有很多是文献记载中所不见的。这些年来，历史研究与考古研究相结合，已经成为历史学界和考古学界的共识，并不断取得可喜的进展和成果。其实这当中有不少资料与课题，本身就包含着两种研究在内，比如碑刻，作为考古发现，与其他遗迹相联系，属于考古研究对象，而碑刻文字的释读，又属于古文字研究对象，两种研究缺一不可。与此同时，建筑学、艺术学（包括服饰、歌舞、音乐等）、人类学、民族学、自然科技等，也先后加入此研究行列。记得前些年，南京工科高校的一位教授来东北考察，他的两位博士生论文，一篇选的是高句丽建筑，一篇选的是渤海建筑。高句丽、渤海的王城、宫殿、墓葬、佛教寺塔以及砖石瓦件等都属于建筑研究范畴，内容繁多，风格、技术也不尽同，开展专题研究，材料绰绰有余。当然，研究建筑进行文化因素和社会背景分析，同样需要运用其他学科的知识和成果。希望高句丽、渤海研究中已经开始的多学科交叉结合的良好局面，继续发展扩大下去。

第五，选好题目，进一步深化高句丽、渤海研究。我国多年来的高句丽、渤海研究，就选题大小来看，大致可分为三个层次，即单个问题研究、专题研究和综合研究。三者关系，即点、线、面的关系。单个问题研究是突破口，突破口要选得准，则需要预先对线和面有所了解。专题研究是单个问题研究的延伸，是对较大课题的系统研究。综合研究是专题研究的横向展开，是对大课题的全面研究。就成果而言，三个层次都取得了可喜成果，单个问题研究主要表现为大量论文的发表，专题研究和综合研究的著作也出版数部。今后的工作，在以往单个问题研究的基础上，结合各类项目的申报，要突出抓好专题研究。因为专题研究可以把同类单个问题的研究加以系统和提升，同时为综合研究的进一步完整和深化奠定基础。这就需要在包括项目申报在内的题目选择上多下功夫，做好调研。所选题目，应是高句丽、渤海研究中的重点和难点，填补空白的题目要优先考虑。当然对年轻学者来说，还是先从单个问题研究入手，也可以参加课题组研究，共同承担项目，互相协作，拓宽眼界。以上所谈，也包括考古研究在内，而作为田野考古工作，同样需要看准方向，带着当前急需解决的课题，选择合适的地点或地区有计划地进行集中调查发掘。几年来文物考古部门已经开始组织制定和落实相关工作规划，先后取得多项重要发现。

除上述五点之外，还有对外学术交流、人才培养和队伍建设等工作，都是高句丽、渤海研究中始终要注意的事项。对此，大家都交流过，就不再重复了。

为了本书的出版，郑春颖、潘博星、盛宇平三位老师征稿、编辑、筹集经费、联系出版社，出版社的老师把关审稿，都付出了大量辛勤劳动，我们一并表示感谢。

魏存成
2022 年 7 月 2 日

目 录

高句丽壁画墓的发掘 / 1
　　〔日〕东潮 著　姜瑞玉 译　郑春颖 校

东亚古代服饰的图像学和考古学
　　　——高句丽、渤海、新罗、日本的服饰 / 18
　　〔日〕东潮 著　姜瑞玉 译　郑春颖 校

东北亚古代服饰图像
　　　——高句丽、渤海、新罗、日本的服饰 / 47
　　〔日〕东潮 著　郑丽娜 译　郑春颖 校

壁画四神图的比较分析
　　　——竹原古墓壁画的再研究 / 65
　　〔日〕基峰修 著　姜瑞玉 译　郑春颖 校

高句丽古墓壁画中的人物身份 / 107
　　〔韩〕琴京淑 著　马猛 译　潘博星 校

安岳3号墓 / 127
　　〔韩〕全虎兑　著　潘博星　译　郑春颖　校

高句丽壁画墓的现状及被葬者再探讨 / 163
　　〔韩〕郑好燮　著　金锦子　译　郑春颖　校

渤海墓葬的分类问题 / 188
　　〔俄〕B.B.阿赫梅德夫　著　盛宇平　译　郑春颖　校

高句丽积石墓及其对渤海葬仪的影响 / 196
　　〔俄〕B.B.阿赫梅德夫　著　盛宇平　译　郑春颖　校

高句丽壁画墓的发掘

〔日〕东潮 著 姜瑞玉 译 郑春颖 校*

一、高句丽壁画研究史

2004年7月，中国辽宁桓仁、吉林集安，朝鲜平壤一带的高句丽遗址群同时被定为世界文化遗产。

传说高句丽是在鸭绿江支流浑江流域上的桓仁（辽宁省境内）建国。在大约3世纪时，定都于集安（吉林省境内）的国内城。[①]427年迁都至平壤城（清岩里土城），586年又迁至长安城（第二平壤城），也就是现在的平壤市区。高句丽遗迹横跨现中国、朝鲜和韩国境内。经历了一番波折之后，中朝两国高句丽遗迹能同时被列入世界文化遗产意义深远。

对朝鲜而言，高句丽遗迹是第一个世界文化遗产，并且这也是能让世界了解高句丽文化的契机。中国境内有高句丽的都城（王宫、山城）、石碑、墓葬（积石墓、壁画墓、封土墓），朝鲜境内有壁画墓和封土墓。

中国吉林集安的高句丽遗址开始对外开放，允许外国人参观学习是在

---

* 东潮，日本德岛大学名誉教授；姜瑞玉，长春师范大学历史文化学院中国史专业博士研究生；郑春颖，长春师范大学高句丽渤海研究院院长、教授。

① 校者按：《三国史记·琉璃明王本纪》："二十二年（公元3年）冬十月，王迁都于国内，筑尉那岩城。"

1985年才得以实现。现在以被列入世界文化遗产为契机,作为景区开放。游览平壤城和参观高句丽遗址都变得比之前更容易了。

其中,古高句丽王国的都城和43处遗迹[①]包括:桓仁五女山城,集安国内城,丸都山城,广开土王碑,太王陵,将军墓,将军墓1号陪冢,千秋墓,西大墓,临江墓,麻线沟626、2100、2378、3319号墓,七星山211、781号墓,禹山下992、2110、2112号墓,角抵墓,舞踊墓,环文墓,冉牟墓,莲花墓,四神墓,马槽墓,兄墓,弟墓,龟甲墓,长川1、2、4号墓,五盔坟1—5号墓,四盔坟1—4号墓,折天井墓,王字墓。

63座高句丽古墓群包括:东明王陵古墓群、湖南里四神墓、湖南里古墓群、金丝墓、土浦里大墓、土浦里古墓群、德花里1—3号墓、江西大墓、江西中墓、江西小墓、德兴里古墓、药水里古墓、水山里古墓、龙岗大墓、双楹墓、安岳1—3号墓等。

对高句丽遗址的调查研究,从1894年鸟居龙藏所开展的中国东北地区调查开始。[②]其后,还有关野贞等人进行的调查[③]和1909—1910年谷井济一等人进行的调查[④]。

令高句丽壁画为世人所知的是1915、1916年朝鲜总督府发行的《朝鲜古迹图谱》(第二、三册)。其公布了鸭绿江流域集安的三室墓、散莲花墓、龟甲墓,大同江流域的梅山里四神墓、嵒神墓、双楹墓、遇贤里三墓等十余座墓的照片。1916、1917年朝鲜半岛全境进行了遗址调查,之后编成了遗址调查的基础资料[⑤],即《古迹调查特别报告》第五册《高句丽时代

---

① 校者按:2004年7月中国高句丽王城、王陵及贵族墓葬共43处遗迹和朝鲜境内12个地点的63座高句丽古墓群同时被列入《世界遗产名录》。
② 〔日〕鸟居龙藏:《南满洲调查报告》,秀英舍1910年版。
③ 〔日〕关野贞:《朝鲜的建筑与艺术》,岩波书店1941年版。
④ 〔日〕朝鲜总督府:《朝鲜古迹图谱》(一—三),青云堂1915、1916年版。
⑤ 〔日〕朝鲜总督府:《大正五年度古迹调查报告》,朝鲜总督府1916年版;朝鲜总督府:《大正六年度古迹调查报告》,朝鲜总督府1917年版。

之遗址图版》(上、下册)。20 年后的 1935、1936 年发掘调查了集安高句丽古墓。①

1938、1940 年出版的《通沟》(上、下卷),关野贞 1941 年出版的《朝鲜的建筑与艺术》至今仍是壁画古墓研究的基础资料。1966 年发行《朝鲜古文化综鉴》第 4 卷,其中收录了集安西岗 17 号墓(五盔坟 4 号墓)、西岗四神墓、高山里 1 号墓、内里 1 号墓、真坡里 1、4 号墓的壁画。该书是二战之前考古学调查的集大成之作。

朝鲜于 1958 年发行《考古学资料集(1)》②,重新将发现、发掘的壁画墓调查报告刊登在各册上。由 1985 年出版的《高句丽古墓壁画》③,1989、1990 年出版的《朝鲜遗迹遗物图鉴》④,可知高句丽壁画的大致情况。

1984 年,中国吉林集安的高句丽遗址对外国人开放。⑤1985 年读卖电视台对广开土王碑进行拍摄,配以对壁画墓相关介绍。⑥其后,韩国的朝鲜日报社和韩国放送公社对集安遗址进行了拍摄,在制作电视节目时,还举办了特别展览会"集安高句丽古墓壁画"⑦和"高句丽古墓壁画——高句丽特别大型展"⑧,将过去从未报道过的壁画图像以彩色图版的形式公开。2004 年小场恒吉在首尔、公州、庆州举办高句丽古墓摹写展。⑨当时,摹写展还曾在柏林的东亚美术馆举办。⑩现在,摹写图本身已经成为非常宝

---

① 〔日〕池内宏、梅原末治:《通沟》,"日满文化协会"1938、1940 年版。
② 〔朝〕朝鲜科学院考古学与民俗学研究所:《考古学资料集(1)——大同江流域古墓发掘报告》,科学院出版社 1958 年版。
③ 〔日〕朝鲜画报社出版部:《高句丽古墓壁画》,朝鲜画报社 1985 年版。
④ 〔朝〕《朝鲜遗迹遗物图鉴》编纂委员会:《朝鲜遗迹遗物图鉴》,外文综合出版社 1989、1990 年版。
⑤ 校者按:1984 年遗址对外国人开放,1985 年方允许外国人进入参观学习。
⑥ 〔日〕《好太王碑与集安的壁画墓》,木耳社 1988 年版。
⑦ 〔韩〕"集安高句丽古墓壁画"特别展览会,朝鲜日报社 1993 年。
⑧ 〔韩〕"高句丽古墓壁画——高句丽特别大型展",韩国放送公社 1994 年。
⑨ 〔韩〕"高句丽古墓壁画摹写图"展览,国立公州博物馆 2004 年。
⑩ Museum Für Ostasiatische Kunst, Staatliche Museen zu Berlin, "Kunst aus dem Alten Korea-Goguryoeo".

贵的文化遗产。

与此同时，朝鲜将江西大墓、江西中墓、德兴里古墓等壁画墓中的壁画公开以供参观。NHK 电视台在 1992 年，以江上波夫、森浩一为核心成员，制作了《遥远的骑马民族》节目，对安岳 3 号墓、江西大墓、江西中墓、水山里古墓进行了拍摄。当时，笔者有幸加入了访朝团（代表直木孝次郎），目睹了拍摄现场。

此后的十多年间，日本共同通讯社拍摄了平壤周边的壁画墓，在东京、奈良、京都举办了特别展览会①，并将东京大学和东京艺术大学保管的小场恒吉的壁画摹写图也进行了展示。2005 年在东大综合研究博物馆举办了"关野贞亚洲调查"展，展示了小场恒吉的摹写图。2006 年韩国翻译出版了《人类的文化遗产——高句丽壁画古墓》。②

在日本殖民统治朝鲜时期，朝鲜总督府以壁画保护为由对发掘调查和发行报告书采取保密政策。小场恒吉进行的摹写等同于壁画保护。

从 1915 年的《朝鲜古迹图谱》到 1938、1940 年的《通沟》，对壁画墓的发掘与调查一直在持续。即使在 1945 年太平洋战争期间，直至朝鲜战争停战，东亚考古学研究仍在进行。

1961 年，朱荣宪发表了《高句丽壁画古墓编年研究》③，这成为之后壁画乃至壁画墓研究的基础。高松冢古墓的发掘使人们对高句丽壁画的关注增多，1972 年该书被翻译出版。④

韩国出版了金元龙的《韩国壁画古墓》⑤、金基雄的《朝鲜半岛的壁画古墓》⑥等著作。这些著作都是在未与朝鲜进行学术交流的情况下出版的。

---

① 〔日〕平山郁夫、早乙女雅博：《高句丽壁画古墓》，共同通讯社 2005 年版。
② 〔韩〕联合新闻、共同通讯社：《人类的文化遗产——高句丽壁画古墓》，联合新闻 2006 年版。
③ 〔朝〕朱荣宪：《高句丽壁画古墓编年研究》，科学院出版社 1961 年版。
④ 〔日〕永岛晖臣慎译：《高句丽壁画古墓》，学生社 1972 年版。
⑤ 〔韩〕金元龙：《韩国壁画古墓》，一志社 1972 年版。
⑥ 〔韩〕金基雄：《朝鲜半岛的壁画古墓》，六兴出版社 1980 年版。

现在，中国辽宁桓仁、吉林集安，朝鲜平壤等地的高句丽壁画墓田野调查虽然仍受限制，但依旧在进行。

韩国高句丽研究会出版了系列研究成果。从1995年第1辑的《高句丽研究》到2004年第17辑的《壁画展现的高句丽社会与文化》，除壁画墓外还收录了高句丽研究其他方面的成果。2004年高句丽财团成立，2005年改组为东北亚历史财团，财团于2009年发行了《高句丽王陵研究》。[①]

高句丽研究通过高句丽研究会、高句丽财团的研究会、国际学术会议等蓬勃发展。这期间，全虎兑等人推进了高句丽壁画研究顺利进行。[②]

另外，中国方面高句丽壁画等相关研究成果有李殿福的《东北亚研究——东北考古研究（二）》[③]、耿铁华的《高句丽考古研究》[④]、魏存成的《高句丽遗迹》[⑤]、苏哲的《魏晋南北朝壁画墓的世界》[⑥]等著作。

辽宁省桓仁和吉林省集安的壁画发掘报告陆续问世。桓仁米仓沟壁画墓[⑦]、禹山3319号墓[⑧]、折天井墓[⑨]、下解放31号墓[⑩]也都发现了壁画。桓仁、集安以外地区的高句丽墓葬实际状况暂时不明，但在辽宁省抚顺施家墓群已经发掘出人物群像（11人）和车骑壁画，推测其时间为高句丽后期，位置靠近高句丽山城的高尔山山城，是在高句丽统治区域内建造的壁画墓。韩国庆尚北道荣丰郡的顺兴壁画墓于己亥年（579）建成，于宿知述干墓于乙卯年（595）[⑪]建成，从中我们能看到这些古墓都受到高句丽的影响。

---

① 〔韩〕东北亚历史财团：《高句丽王陵研究》，东北亚历史财团2009年版。
② 〔韩〕全虎兑：《高句丽古墓壁画的世界》，首尔大学出版社2004年版。
③ 李殿福：《东北亚研究——东北考古研究（二）》，中州古籍出版社1994年版。
④ 耿铁华：《高句丽考古研究》，吉林文史出版社2004年版。
⑤ 魏存成：《高句丽遗迹》，文物出版社2002年版。
⑥ 苏哲：《魏晋南北朝壁画墓的世界》，白帝社2007年版。
⑦ 武家昌：《桓仁米仓沟将军墓壁画初探》，《辽海文物学刊》1994年第2期。
⑧ 孙仁杰：《洞沟古墓群禹山墓区JYM3319号墓发掘报告》，《东北史地》2005年第6期。
校者按：原文为1339，应为3319。
⑨ 孙仁杰：《"折天井"墓调查拾零》，《博物馆研究》1988年第3期。
⑩ 方起东、刘萱堂：《集安下解放第31号高句丽壁画墓》，《北方文物》2002年第3期。
⑪ 校者按：原文为599，应为595。

二、高句丽壁画墓的分布

高句丽壁画墓以集安的国内城和平壤的平壤城（长安城）为中心建造，分布在鸭绿江流域及大同江流域。[1]

一是浑河、苏子河[2]流域：①抚顺施家1号墓[3]。

二是浑江流域：②桓仁米仓沟1号墓[4]。

三是鸭绿江流域：③长川1号墓[5]、④长川2号墓[6]、⑤长川4号墓[7]、⑥环文墓[8]、⑦下解放31号墓[9]、⑧舞踊墓[10]、⑨角抵墓[11]、⑩散莲花墓[12]、⑪五盔坟4号墓[13]、⑫五盔坟5号墓[14]、⑬通沟四神墓[15]、⑭三室墓[16]、⑮通沟12号

---

[1] 〔朝〕朱荣宪：《高句丽壁画古墓编年研究》，科学院出版社1961年版；〔日〕东潮、田中俊明：《高句丽的历史与遗迹》，日本中央公论社1995年版；〔朝〕孙秀浩：《高句丽古墓研究》，社会科学院出版社2001年版；〔日〕早乙女雅博：《高句丽壁画古墓的调查与保存》，《关野贞东亚踏查》，东京大学出版会2005年版。

[2] 校者按：原文为"苏子江"，应为"苏子河"。

[3] 辽宁省文物考古研究所、抚顺市博物馆：《辽宁抚顺市施家墓地发掘简报》，《考古》2007年第10期。

[4] 辛占山：《桓仁米仓沟高句丽"将军坟"》，《东北亚考古研究》，文物出版社1997年版。

[5] 吉林省文物工作队、集安县文物保管所：《集安长川一号壁画墓》，《东北考古与历史》第1辑，文物出版社1982年版，第154—173页。

[6] 吉林省文物工作队：《吉林集安长川二号封土墓发掘纪要》，《考古与文物》1983年第1期。

[7] 张雪岩：《集安两座高句丽封土墓》，《博物馆研究》1988年第1期。

[8] 〔日〕池内宏、梅原末治：《通沟》，"日满文化协会"1938年版。

[9] 方起东、刘萱堂：《集安下解放第31号高句丽壁画墓》，《北方文物》2002年第3期。

[10] 〔日〕池内宏、梅原末治：《通沟》，"日满文化协会"1938年版。

[11] 〔日〕池内宏、梅原末治：《通沟》，"日满文化协会"1938年版。

[12] 原文写为"谷井·栗山1915·1916"，出处为〔日〕朝鲜总督府：《朝鲜古迹图谱（一）》，青云堂1915年版。

[13] 吉林省博物馆：《吉林辑安五盔坟四号和五号墓清理略记》，《考古》1964年第2期。

[14] 吉林省博物馆：《吉林辑安五盔坟四号和五号墓清理略记》，《考古》1964年第2期。

[15] 〔日〕池内宏、梅原末治：《通沟》，"日满文化协会"1938年版。

[16] 原文写为"谷井·栗山1915·1916"，出处为〔日〕朝鲜总督府：《朝鲜古迹图谱（一）》，青云堂1915年版。

墓①、⑯禹山41号墓②、⑰禹山3319号墓③、⑱山城下332号墓④、⑲山城下983号墓⑤、⑳山城下东大坡365号墓、㉑龟甲墓⑥、㉒美人墓、㉓折天井墓⑦、㉔万宝汀1368号墓⑧、㉕麻线沟1号墓⑨、㉖山城下798号墓、㉗山城下1305号墓、㉘山城下1405号墓、㉙山城下1407号墓⑩、㉚万宝汀645号墓⑪。

四是清川江、西海岸一带：㉛石多里古墓。

五是大同江上游流域：1. 平安南道顺川市：㉜天王地神墓⑫、㉝东岩里古墓⑬、㉞辽东城墓⑭、㉟龙凤里古墓⑮；2. 平安南道平原郡：㊱青宝里古墓⑯、㊲云龙里古墓⑰。

---

① 王承礼、韩淑华：《吉林辑安通沟十二号高句丽壁画墓》，《考古》1964年第2期。
② 吉林省博物馆文物工作队：《吉林集安两座高句丽墓》，《考古》1977年第2期。
③ 校者按：原文为禹山1339，应为禹山3319号墓。孙仁杰：《洞沟古墓群禹山墓区JYM3319号墓发掘报告》，《东北史地》2005年第6期。
④ 李殿福：《集安洞沟三座壁画墓》，《考古》1983年第4期。
⑤ 李殿福：《集安洞沟三座壁画墓》，《考古》1983年第4期。
⑥ 原文写为"谷井·栗山1915·1916"，出处为〔日〕朝鲜总督府：《朝鲜古迹图谱（一）》，青云堂1915年版，第74—88页。
⑦ 〔日〕池内宏、梅原末治：《通沟》，"日满文化协会"1938年版；孙仁杰：《"折天井"墓调查拾零》，《博物馆研究》1988年第3期。
⑧ 李殿福：《集安洞沟三座壁画墓》，《考古》1983年第4期。
⑨ 吉林省博物馆辑安考古队：《吉林辑安麻线沟一号壁画墓》，《考古》1964年第10期。
⑩ 吉林省文物考古研究所、集安市博物馆：《洞沟古墓群1997年调查测绘报告》，科学出版社2002年版。
⑪ 吉林省文物考古研究所、集安市博物馆：《洞沟古墓群1997年调查测绘报告》，科学出版社2002年版。
⑫ 〔日〕关野贞等：《高句丽时代之遗迹》，《古迹调查特别报告》第5册，大冢巧艺社1930年版。
⑬ 〔朝〕李昌彦：《东岩里壁画墓发掘报告》，《朝鲜考古研究》1988年第2期。
⑭ 〔朝〕朝鲜科学院考古学与民俗学研究所：《平安南道顺川郡龙凤里辽东城冢调查报告》，《考古学资料集（1）——大同江流域古墓发掘报告》，科学院出版社1958年版，第4—9页。
⑮ 〔朝〕孙秀浩：《高句丽古墓研究》，社会科学院出版社2001年版。
⑯ 〔朝〕孙秀浩：《高句丽古墓研究》，社会科学院出版社2001年版。
⑰ 〔朝〕李一南：《云龙里壁画墓发掘报告》，《朝鲜考古研究》1986年第2期。

六是大同江中游流域：1. 平壤龙城区域：㊳和盛洞古墓①、㊴清溪洞1号墓②、㊵清溪洞2号墓③；2. 平壤三石区域：㊶内里1号墓④、㊷鲁山洞古墓⑤、㊸铠马墓⑥、㊹南京里1号墓⑦、㊺湖南里四神墓⑧；3. 平壤大城区域：㊻高山里1号墓⑨、㊼高山里7号墓⑩、㊽高山里9号墓⑪、㊾高山里10号墓⑫、㊿植物园（高山里）15号墓⑬、㉛高山里20号墓⑭、㉜安鹤洞7号墓⑮、㉝安鹤洞9号墓⑯、㉞峏山洞古墓⑰、㉟龙岳山古墓、㊱大城洞古墓；

---

① 〔朝〕孙秀浩：《高句丽古墓研究》，社会科学院出版社2001年版。
② 〔朝〕孙秀浩：《高句丽古墓研究》，社会科学院出版社2001年版。
③ 〔朝〕孙秀浩：《高句丽古墓研究》，社会科学院出版社2001年版。
④ 〔日〕关野贞：《平壤附近高句丽时代的古墓及绘画》，《国华》1917年第327辑；〔日〕朝鲜古迹研究会：《昭和十一年度古迹调查报告》，内外出版印刷株式会社1937年版。
⑤ 〔朝〕金士峰、崔应先：《安鹤洞、鲁山洞一带高句丽墓葬发掘报告》，《朝鲜考古研究》1988年第4期。
⑥ 〔日〕关野贞：《平壤附近高句丽时代的古墓及绘画》，《国华》1917年第327辑；〔日〕关野贞等：《高句丽时代之遗迹》，《古迹调查特别报告》第5册，大冢巧艺社1930年版。
⑦ 〔日〕朝鲜古迹研究会：《昭和十一年度古迹调查报告》，内外出版印刷株式会社1937年版。
⑧ 〔日〕关野贞：《平壤附近高句丽时代的古墓及绘画》，《国华》1917年第327辑；〔日〕关野贞等：《高句丽时代之遗迹》，《古迹调查特别报告》第5册，大冢巧艺社1930年版。
⑨ 〔日〕朝鲜古迹研究会：《昭和十一年度古迹调查报告》，内外出版印刷株式会社1937年版。
⑩ 〔朝〕金日成综合大学考古学及民俗学讲座：《大城山的高句丽遗迹》，金日成综合大学出版社1973年版。
⑪ 〔日〕朝鲜古迹研究会：《昭和十一年度古迹调查报告》，内外出版印刷株式会社1937年版。
⑫ 〔朝〕金日成综合大学考古学及民俗学讲座：《大城山的高句丽遗迹》，金日成综合大学出版社1973年版。
⑬ 〔朝〕金日成综合大学考古学及民俗学讲座：《大城山的高句丽遗迹》，金日成综合大学出版社1973年版。
⑭ 〔朝〕朝鲜考古研究编纂委员会：《发掘及踏查情报（一）》，《朝鲜考古研究》1986年第2期。
⑮ 〔朝〕金士峰、崔应先：《安鹤洞、鲁山洞一带高句丽墓葬发掘报告》，《朝鲜考古研究》1988年第4期。
⑯ 〔朝〕金士峰、崔应先：《安鹤洞、鲁山洞一带高句丽墓葬发掘报告》，《朝鲜考古研究》1988年第4期。
⑰ 〔朝〕孙秀浩：《高句丽古墓研究》，社会科学院出版社2001年版。

4. 平壤中区：(57)平壤驿前二室墓[①]；5. 西城区域：(58)长山洞1号墓[②]、(59)长山洞2号墓[③]；6. 力浦区域：(60)真坡里1号墓[④]、(61)真坡里9号墓[⑤]、(62)传东明王陵[⑥]；7. 黄海北道燕滩：(63)松竹里古墓。

七是大同江下游：1. 平安南道大同郡：(64)八清里古墓[⑦]、(65)大宝面古墓、(66)德花里1号墓[⑧]、(67)德花里2号墓[⑨]、(68)加庄里古墓[⑩]；2. 南浦市江西区域：(69)水山里古墓[⑪]、(70)江西大墓[⑫]、(71)江西中墓[⑬]、(72)德兴里古墓[⑭]、(73)药

① 〔朝〕朝鲜科学院考古学与民俗学研究所：《平壤驿前二室墓发掘报告》，《考古学资料集（1）——大同江流域墓葬发掘报告》，科学院出版社1958年版。

② 〔朝〕朱荣宪：《关于长山洞1号坟和2号坟》，《文化遗产》1962年第6期。

③ 〔朝〕朱荣宪：《关于长山洞1号坟和2号坟》，《文化遗产》1962年第6期。

④ 〔朝〕金日成综合大学：《东明王陵及附近的高句丽遗迹》，金日成综合大学出版社1976年版；〔日〕小泉显夫：《朝鲜古代遗迹的便览——发掘调查三十年的回想》，六兴出版社1986年版。

⑤ 〔朝〕金日成综合大学：《东明王陵及附近的高句丽遗迹》，金日成综合大学出版社1976年版；〔日〕小泉显夫：《朝鲜古代遗迹的便览——发掘调查三十年的回想》，六兴出版社1986年版。

⑥ 〔朝〕田畴农：《传东明王陵附近的壁画墓》，朝鲜科学院考古学与民俗学研究所：《考古学资料集（3）——各地遗迹整理报告》，科学院出版社1963年版；〔朝〕金日成综合大学：《东明王陵及附近的高句丽遗迹》，金日成综合大学出版社1976年版。

⑦ 〔朝〕田畴农：《大同郡八清里壁画墓》，朝鲜科学院考古学与民俗学研究所：《考古学资料集（3）——各地遗迹整理报告》，科学院出版社1963年版。

⑧ 〔朝〕许明：《德花里发现的高句丽壁画墓》，《历史科学》1977年第2期。

⑨ 〔朝〕许明：《德花里发现的高句丽壁画墓》，《历史科学》1977年第2期。

⑩ 〔朝〕孙秀浩：《高句丽古墓研究》，社会科学院出版社2001年版。

⑪ 〔朝〕金宗赫：《水山里高句丽壁画墓发掘中间报告》，朝鲜科学院考古学与民俗学研究所：《考古学资料集（4）》，科学院出版社1974年版。

⑫ 〔日〕朝鲜总督府：《朝鲜古迹图谱（二）》，青云堂1915年版；〔日〕关野贞：《平壤附近高句丽时代的古墓及绘画》，《朝鲜的建筑与艺术》，岩波书店1941年版。

⑬ 〔日〕朝鲜总督府：《朝鲜古迹图谱（二）》，青云堂1915年版；〔日〕关野贞：《平壤附近高句丽时代的古墓及绘画》，《朝鲜的建筑与艺术》，岩波书店1941年版。

⑭ 〔朝〕朝鲜科学院考古学与民俗学研究所：《德兴里高句丽壁画墓》，科学·百科辞典出版社1981年版。

水里古墓①、⑭肝城里莲花墓（台城里莲花墓）②、⑮台城里1号墓③、⑯台城里2号墓④、⑰台城里3号墓⑤；3.南浦千里马区域：⑱保山里古墓⑥；4.南浦龙岗郡：⑲双楹墓⑦、⑳龙岗大墓⑧、㉑龙兴里1号墓⑨；5.大安区域：㉒大安里1号墓⑩、㉓大安里2号墓；6.卧牛岛区域：㉔梅山里四神墓⑪、㉕星墓⑫、㉖龛神墓⑬；7.南浦港口区域：㉗牛山里1号墓⑭、㉘牛山里2号墓⑮、㉙牛山里3号墓⑯；8.平安南道温泉郡：㉚麻永里古墓⑰、㉛桂明洞古墓。

八是载宁江流域：1.黄海北道安岳郡⑱：㉜伏狮里古墓⑲、㉝凤城里1号

---

① 〔朝〕朱荣宪：《药水里壁画墓发掘报告》，《考古学资料集（3）——各地遗迹整理报告》，科学院出版社1963年版。
② 〔日〕朝鲜总督府：《朝鲜古迹图谱（二）》，青云堂1915年版。
③ 〔朝〕蔡熙国：《台城里古墓群发掘报告》，朝鲜科学院考古学与民俗学研究所：《遗迹发掘报告（5）》，科学院出版社1959年版。
④ 〔朝〕蔡熙国：《台城里古墓群发掘报告》，朝鲜科学院考古学与民俗学研究所：《遗迹发掘报告（5）》，科学院出版社1959年版。
⑤ 〔朝〕《新发现的台城里3号高句丽壁画》，《朝鲜考古研究》2002年第1期。
⑥ 〔朝〕安炳灿：《新发掘的保山里和牛山里的高句丽壁画古墓》，《历史科学》1978年第2期。
⑦ 〔日〕朝鲜总督府：《朝鲜古迹图谱（二）》，青云堂1915年版。
⑧ 〔日〕朝鲜总督府：《朝鲜古迹图谱（二）》，青云堂1915年版。
⑨ 〔朝〕李俊杰：《龙兴里高句丽墓葬发掘报告》，《朝鲜考古研究》1993年第1期。
⑩ 〔朝〕朝鲜科学院考古学与民俗学研究所：《平安南道龙冈郡大安里1号墓发掘报告》，《考古学资料集（2）——大同江与载宁江流域古墓发掘报告》，科学院出版社1959年版。
⑪ 〔日〕朝鲜总督府：《朝鲜古迹图谱（二）》，青云堂1915年版。
⑫ 〔日〕朝鲜总督府：《朝鲜古迹图谱（二）》，青云堂1915年版。
⑬ 〔日〕朝鲜总督府：《朝鲜古迹图谱（二）》，青云堂1915年版。
⑭ 〔朝〕安炳灿：《新发掘的保山里与牛山里高句丽壁画墓》，《历史科学》1978年第2期。
⑮ 〔朝〕安炳灿：《新发掘的保山里与牛山里高句丽壁画墓》，《历史科学》1978年第2期。
⑯ 〔朝〕安炳灿：《新发掘的保山里与牛山里高句丽壁画墓》，《历史科学》1978年第2期。
⑰ 〔朝〕孙秀浩：《高句丽古墓研究》，社会科学院出版社2001年版。
⑱ 校者按：安岳郡今属黄海南道。
⑲ 〔朝〕田畴农：《黄海南道安岳郡伏狮里壁画墓》，朝鲜科学院考古学与民俗学研究所：《考古学资料集（3）——各地遗迹整理报告》，科学院出版社1963年版。

墓①、(94)凤城里2号墓②、(95)安岳1号墓③、(96)安岳2号墓④、(97)安岳3号墓⑤、(98)坪井里古墓⑥、(99)路岩里古墓⑦、(100)汉月里古墓⑧、(101)安岳邑古墓⑨、(102)月精里古墓⑩；2. 黄海南道沙里院市⑪：(103)御水里古墓。

三、高句丽壁画墓的结构和变迁——朱荣宪编年之后

朱荣宪于1961年发表了《高句丽壁画古墓编年研究》。当时他提出有44座壁画墓，现已确认出100座。

朱荣宪的编年研究，是把墓室结构和壁画内容用横纵坐标轴来进行分析。封土墓的墓室结构，是从初期的单室墓向中期单室墓发展，中期的单室墓与龛、侧室墓以及二室墓（包含方形前室的二室墓和长方形前室的二室墓）同时期并存，向后期的单室墓发展。（图1）

首先，是人物风俗图墓。

安岳3号墓，龛神墓，台城里1、2号墓，莲花墓，龙岗大墓，平壤驿前壁画墓，伏狮里古墓，安岳1、2号墓，通沟20号墓⑫，角抵墓，美人墓。

---

①〔朝〕金士峰：《凤城里壁画墓研究》，《历史科学》1980年第2期。

②〔朝〕金士峰：《凤城里壁画墓研究》，《历史科学》1980年第2期。

③〔朝〕朝鲜科学院考古学与民俗学研究所：《遗迹发掘调查报告（4）——安岳第一、二号墓发掘报告》，科学院出版社1960年版。

④〔朝〕朝鲜科学院考古学与民俗学研究所：《遗迹发掘调查报告（4）——安岳第一、二号墓发掘报告》，科学院出版社1960年版。

⑤〔朝〕朝鲜科学院考古学与民俗学研究所：《遗迹发掘调查报告（4）——安岳第一、二号坟发掘报告》，科学院出版社1960年版。

⑥〔朝〕韩仁德：《坪井里壁画古墓发掘报告》，《朝鲜考古研究》1989年第2期。

⑦〔朝〕孙秀浩：《高句丽古墓研究》，社会科学院出版社2001年版。

⑧〔朝〕孙秀浩：《高句丽古墓研究》，社会科学院出版社2001年版。

⑨〔朝〕孙秀浩：《高句丽古墓研究》，社会科学院出版社2001年版。

⑩〔朝〕韩仁德：《月精里高句丽壁画古墓发掘报告》，《朝鲜考古研究》1989年第4期。

⑪ 校者按：沙里院市今属黄海北道。

⑫ 校者按：通沟20号墓应为通沟12号墓。

其次，是人物风俗、四神图墓。

1. 四神图画于天井处，人物风俗图占比重较大的古墓：三室墓、舞踊墓。

2. 四神图和人物风俗图占比相同，四神图绘于墙壁的古墓：辽东城墓、药水里古墓、高山里9号墓、天王地神墓、大安里1号墓、八清里古墓、星墓、双楹墓。

3. 四神图和人物风俗图同时存在于壁画中，但四神图占比较大的古墓：狩猎墓、高山里1号墓。

再者，是四神图墓。

1. 画着守门、支撑叠涩的怪兽。天井绘有人物风俗图，四神图周围被各种装饰纹装饰着的古墓：铠马墓、通沟四神墓、通沟17号墓[①]、通沟1号墓[②]、通沟未编号墓[③]、真坡里1号墓。

2. 墓室壁画中只有四神图，没有人物风俗图要素的古墓：江西大墓、江西中墓、内里1号墓。

笔者依照朱荣宪的编年，将石室结构按平面、墓道形态、天井架构法等进行分类。[④] 墓室可分为单室墓（墓室+墓道）、单室墓（墓室+甬道+墓道），有龛单室墓，有侧（耳）室单室墓，复室墓（后室+甬道+前室+墓道）。

天井有叠涩天井、穹窿天井、抹角叠涩天井、平行叠涩天井、抹角平行叠涩天井、四阿天井（四壁平行叠涩天井）、平天井等几种形态。

墓道的形式有右刀形（由墓室看向左偏）、左刀形（右偏）、铲形、无袖形。高句丽石室的墓室和墓道尽管使用同一墙面，属于直线式非刀形。但其多数为向左或向右略偏的形态。

甬道是连接墓室和墓道的道路，也是一个闭塞的空间（楣石、框石、

---

① 校者按：通沟17号墓是五盔坟5号墓。
② 校者按：通沟1号墓疑标注错误。
③ 校者按：通沟未编号墓是五盔坟4号墓。
④〔日〕东潮：《集安壁画墓的变迁》，《好太王碑与集安的壁画墓》，木耳社1988年版。

门石）。其出现的主要原因是墓室的复室化。不论是铲形还是刀形，墓道的修筑方法各不相同。有无甬道体现着石室在发展进程中所处的阶段。甬道的出现与龛、侧室、前室的形成有关。在前室缩小直至消失的过程中留下了甬道的痕迹。因此，"单室墓"不仅有从初期继承而来的，也包含有新时期出现的内容。

关于墓室的绝对年代，第Ⅳ种类型的德兴里古墓是409年埋葬镇的墓。假设同类型墓室造于同一时期，德兴里型石室可能是当时5世纪初期的标准型墓室。同类型的墓室有龛神墓、药水里古墓、舞踊墓、牟头娄墓等。大同江流域和鸭绿江流域虽然存在地域差异，但仍有同一种结构的墓室。牟头娄墓墓主牟头娄作为迁都平壤城（427）前后真实存在的人物，推测其去世及埋葬时间应在迁都前。若以德兴里古墓的墓室为标准，高句丽墓室基本是从第Ⅰ类型发展到第Ⅴ类型。这种发展并不是直线性的，在某些时期也有重复。

综合以上各要素，可以划定以下几种类型：

Ⅰ类：墓道内附有小龛。穹窿状天井、平行叠涩天井、平天井式（山城下332号墓、山城下983号墓、通沟12号墓、长川2号墓、禹山2112号墓、折天井墓），4世纪后半期。

Ⅱ类：龛很发达，侧室也发生变化，侧室顶部比墓道天井高。侧室结构有独立的天井阶层，穹窿天井式（麻线沟1号墓），4世纪末叶至5世纪初期。

Ⅲ类：墓道两壁的龛和侧室作为前室，形成一室的阶段。抹角平行叠涩天井（舞踊墓、角抵墓、散莲花墓），5世纪前半期。

Ⅳ类：天井结构、平面形态发达到可以与后室匹敌的阶段。双室墓。平行叠涩天井，抹角平行叠涩天井（德兴里古墓、牟头娄墓、三室墓、长川1号墓、双楹墓），5世纪初到5世纪中期逐渐发展，延续至5世纪末。

Ⅴ类：前室与后室分离，形成各自单独的石室阶段。单室墓。在天井结构上，多层叠涩式天井，数层切割石使用的石板式天井发展，平行或者抹角平行叠涩天井成为主流（水山里古墓、德花里1号墓、真坡里4号墓、土浦里大墓、湖南里四神墓、集安四神墓、五盔坟4、5号墓、江西大墓），5世纪后期至6世纪末。

以上这些，基本上是从第Ⅰ类型向第Ⅴ类型的变迁，但并不是完全单线式发展，有时在不同时期会重复地发生演变。依照朱荣宪所用的编年标准，从龛和侧室墓向二室墓的变迁，就是从龛向侧室，甚至是向前室的变化。①

从4世纪后期到5世纪前期，莲花纹和王字纹壁画非常发达，可以根据图像和表现空间的变化进行编年。尽管高句丽陶器也与编年有关，但墓室结构变化比陶器等遗物，更容易把握先后关系。麻线沟1号墓、长川2号墓、山城下332号墓等过渡期古墓，体现了多时期不同特点的综合。

四耳壶的口唇虽然存在个体差异，但基本都倾向于倒八字状。山城下332号墓是处于麻线沟1号墓之前、长川2号墓之后。长川2号墓与桓仁米仓沟1号墓相比，在墓室结构上后者更具有新元素。王字纹壁画是由前者变化为后者。从墓室结构上看，长川2号墓属于4世纪后期的古墓。②

山城子332号墓，从金带具的年代来看属于4世纪中期。但是，从墓室结构和壁画编年来看，则应是出现在长川2号墓之后。③

关于麻线沟1号墓的年代，从马具来看，应该在5世纪中期以后。单就墓室结构而言，处于德兴里古墓（409年墨书）之前，即使考虑大同江流域和鸭绿江流域的古墓地域差别，也早于舞踊墓和牟头娄墓。据出土遗物判断，麻线沟1号墓作为石室墓，也有追葬的可能。迄今为止的编年工作中，尚未假设追葬。麻线沟1号墓的年代，从4世纪末跨越到5世纪初。陶器应该也大体相同。

高句丽初期的石室有砖室系统，砖室、石室系统，穹窿天井式系统。安岳3号墓承袭了墓主冬寿的故地辽阳地区魏晋时期石室墓的结构。禹山

---

① 〔日〕东潮：《集安壁画墓的变迁》，《好太王碑与集安的壁画墓》，木耳社1988年版。
② 〔日〕东潮：《集安壁画墓的变迁》，《好太王碑与集安的壁画墓》，木耳社1988年版；东潮：《高句丽考古学研究》，吉川弘文馆1997年版。
③ 〔日〕东潮：《集安壁画墓的变迁》，《好太王碑与集安的壁画墓》，木耳社1988年版。

3319号墓的墓丘是方坛阶梯积石墓，但墓室却是东晋砖室墓系统。万宝汀1368号墓和麻线沟1号墓沿用了辽东半岛的魏晋穹窿天井砖室墓体系。大同江流域的佟利墓和南井里119号墓属于乐浪、带方郡的墓制系统。（图2）

高句丽初期的壁画墓，有大同江到载宁江流域的安岳3号墓，鸭绿江流域的禹山3319号墓等。集安万宝汀1369号墓等处有莲花纹壁画。4世纪末到5世纪初的麻线沟1号墓绘有人物像和狩猎图像的壁画。安岳3号墓属于辽阳壁画墓系统。国内城的壁画墓从其墓室结构（穹窿状天井）来看，属于辽东半岛除辽阳地区以外的辽东、辽西地区砖室墓系统。高句丽石室墓并不是从Ⅰ类到Ⅴ类直线式的变化，而是在各时期反复出现。（图3）

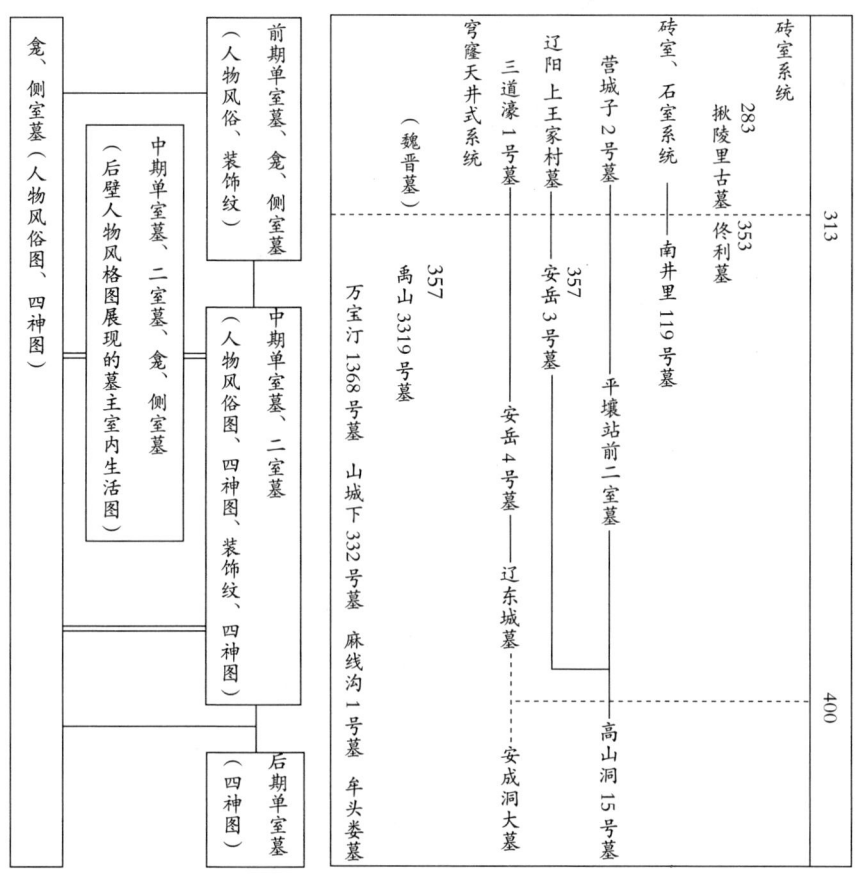

图 1　封土墓构造　　　　图 2　高句丽初期石室、壁画墓的系统关系

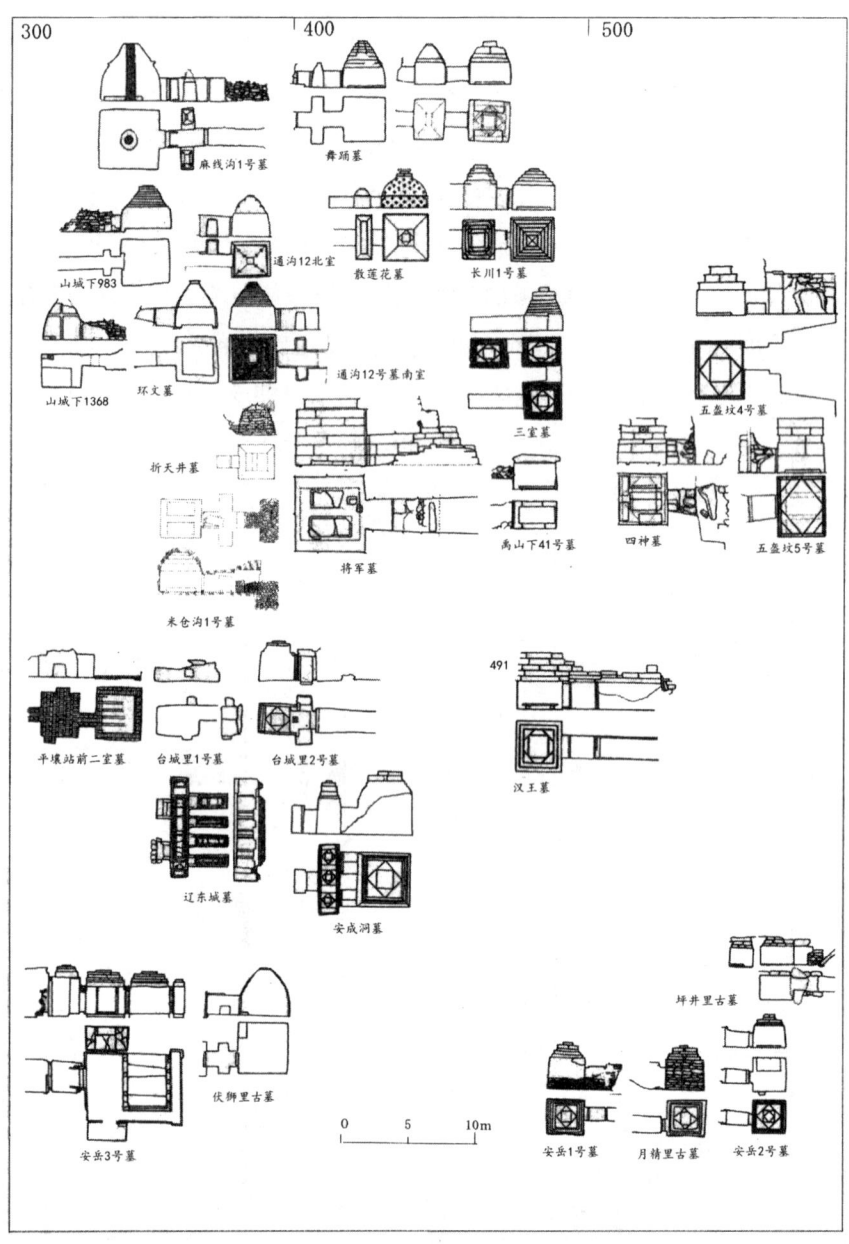

图 3　高句丽壁画墓的变迁

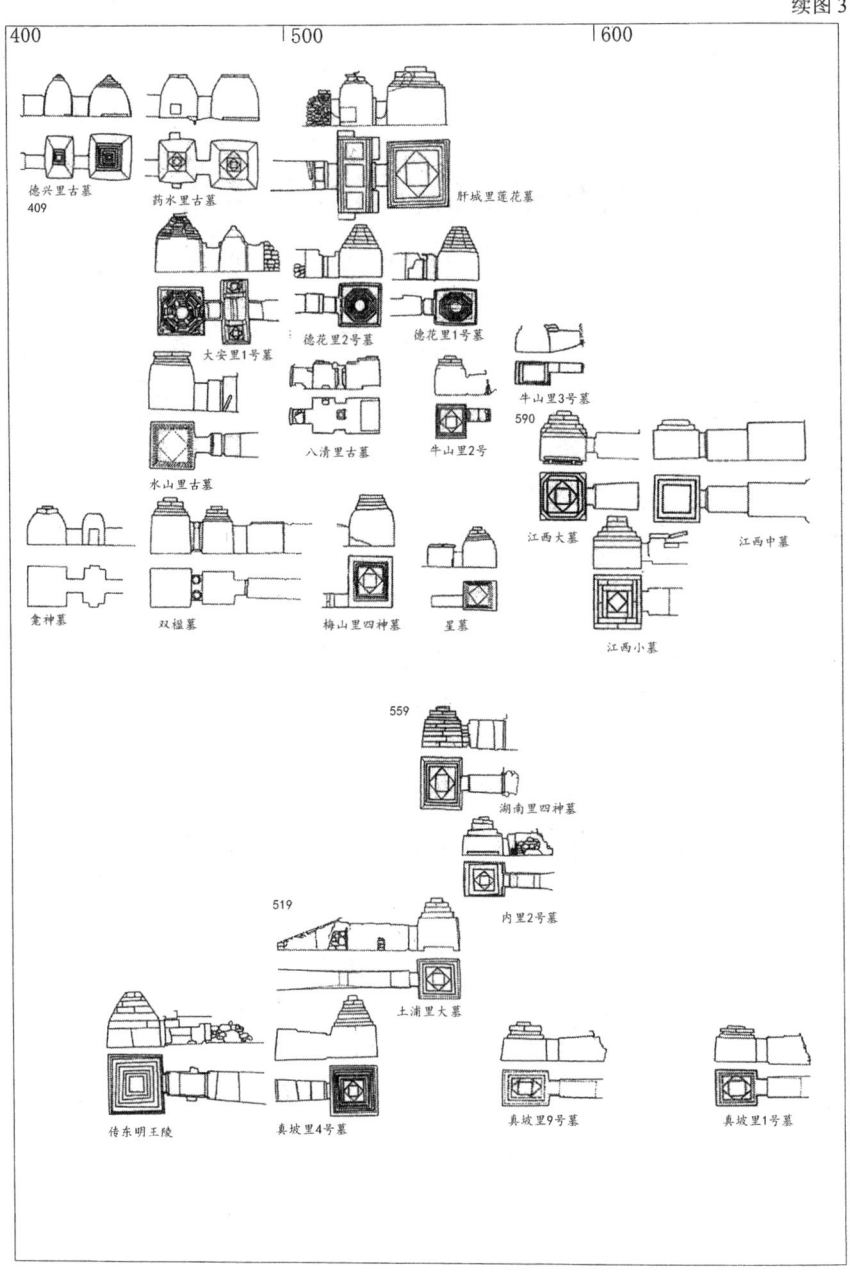

原刊于《高句丽壁画与东亚》的《序章》,学生社2011年版,第7—20页。

东亚古代服饰的图像学和考古学
——高句丽、渤海、新罗、日本的服饰

〔日〕东潮 著 姜瑞玉 译 郑春颖 校*

4世纪末至5世纪,广开土王、长寿王统治时期,高句丽的势力达到辽东地区,其版图内分布着高尔山山城等高句丽山城。在辽宁本溪和抚顺前屯、洼浑木墓群中发现了该时期的墓葬。[①]2000年10月,在辽宁省抚顺市顺城区发掘了一批从高句丽到渤海时代的墓群,其中1号墓是壁画墓,其后又在石台子山城周边发现了高句丽晚期到渤海时代的墓葬。[②]

下面分析施家1号墓壁画的人物图像,探讨高句丽、渤海的服饰、服装体系,比较高句丽以平壤城为中心的五部五方区域内,北部的辽宁省抚顺施家壁画墓与南部的小白山脉南麓的于宿知述干墓,以及渤海的贞孝公主墓。

---

* 东潮,日本德岛大学名誉教授;姜瑞玉,长春师范大学历史文化学院中国史专业博士研究生;郑春颖,长春师范大学高句丽渤海研究院院长、教授。
① 王增新:《辽宁抚顺市前屯、洼浑木高句丽墓发掘简报》,《考古》1964年第10期。
② 沈阳市文物考古研究所:《2004年度沈阳市石台子山城高句丽墓葬发掘简报》,《北方文物》2006年第2期;辽宁省文物考古研究所、沈阳市文物考古研究所:《沈阳市石台子山城高句丽墓葬2002—2003年发掘简报》,《考古》2008年第10期。

一、高句丽、新罗、渤海壁画的人物像

（一）抚顺施家 1 号墓

位于辽宁省抚顺市区北部、浑河右岸的丘陵上，高句丽高尔山山城的东侧，共发掘了 41 座横穴式石室墓。其中 1 号墓是石块堆砌的横穴式石室（墓道居中），墓室墙壁用白灰粉刷，北边、东边和西边的墙上均残留壁画。在距离地面 90 厘米的高度画有一条 4 厘米宽的水平墨带，东西两壁的中间各有 1 条垂直方向的墨带，将画面区分开。在北壁墨带上方并列着 11 个人物画像。东侧的 10 个人物为女性，有的穿长裙，有的穿短襦[①]，下身着裤。这些人物的轮廓、面目、肢体、手持物以及衣服等均用墨线勾勒描绘，再采用红、黄、黑三色颜料填充。每个人物用一种颜料，红黄交替使用。西壁上部的北侧有莲花纹。西壁下部北侧有 3 个马蹄。东壁的上部北侧有 2 个人物，其中一人在舞蹈，人物的南侧绘有山峰。1 号墓中出土有金耳环、莲瓣纹瓦当[②]、赤色板瓦、铁质箭头，属于高句丽晚期。5、39 号墓里的粗环式耳饰，28 号墓的心叶形垂饰，18、29 号墓出土的銙带属于高句丽晚期至渤海时代。根据 1 号墓的莲瓣纹瓦当，34 号墓的陶器，5、30 号墓的铁质箭头，5、39 号墓里的耳饰，18 号墓里的开元通宝等，可以确定该墓群年代为高句丽晚期或唐朝初期。[③]墓中遗物与附近高尔山山城的出土文物相似。

1 号壁画墓的构造为块石砌筑，穹窿状天井，墓道的两壁由块石横向堆砌，侧石为大型石块，墓室为方形，类似于鸭绿江流域分布的石室墓。以平壤城为中心的王畿内，抹角平行叠涩式天井较为发达。石室内出土了瓦当、板瓦。板瓦用在棺床上，瓦当（1 件）的用途不明。

[①] 校者按：原文采纳《辽宁抚顺市施家墓地发掘简报》(《考古》2007 年第 10 期，下文简称《发掘简报》）的叫法，作"短裙"，从形制来看，应该是"短襦"。
[②] 校者按：原文为"莲弁纹轩丸瓦"，根据《发掘简报》应为莲瓣纹瓦当。
[③] 校者按：原文为 33 号墓和 23 号墓，根据《发掘简报》应为 39 号墓和 28 号墓。

壁画题材是墓主葬列（行列）图。第 3 个或第 4 个人物手持像伞盖一样的物品。其前方人物应该是墓主。从 6 世纪初开始，高句丽壁画墓如双楹墓等，不再将人物像作为描绘主体，而是演变为以四神图像为主。从高句丽图像的变迁来看，1 号壁画墓应属于 6 世纪末到 7 世纪初这一时期。从墓主像到四神像的演变是以王畿为中心，周边地区的情况可能会有所不同。庆尚北道荣州顺兴壁画墓（579）和于宿知述干墓（595）为高句丽系的壁画墓，为新罗丹阳赤城碑（540）[①]竖立以前的高句丽移民的遗物。王畿以外的壁画墓中保留有前代的文化因素。施家 1 号墓是以居住在高尔山山城为核心的"大城"集团建造。另外，在石台子山城附近也分布着石室墓。[②]

（二）渤海贞孝公主墓

该墓位于吉林省和龙龙头山墓群。贞孝公主墓（N42°40′54″76、E129°12′31″47）位于西古城（N42°42′38″29、E129°05′55″42）的东南（E20°S），直线距离 9.5 千米。贞孝公主墓的后山顶部平缓，可以远眺西古城。从龙头山山顶可以将河岸的平原、盆地一览无余。

墓甬道后部的东西两壁和墓室的东、西、北壁绘有壁画。并列绘有 12 个人物像，采用铁线描法绘制，先用墨线画出轮廓，再用朱、红、赭、绿、黑等色着色。甬道西壁的门卫（武士）粉面朱唇，身着战袍，披着肩铠、甲。卷袖，套白色护腕。上饰有花纹和红缨，右手握铁挝，扛于右肩。左手扶长剑，剑鞘饰黑白色的竹节纹。东壁绘制的门卫和西壁的门卫大致相同。战袍、佩剑于身后等处略有不同。墓室东西两壁上 4 人像中南侧的人物为侍卫。穿着圆领紧袖袍，卷袖，腰间系白色皮带，上有黄色装饰，袍前襟撩起系于带内，里面穿红色花纹内衣。左手握铁挝，扛于左

---

① 校者按：关于新罗丹阳赤城碑竖立的时间，学界存在争议，本文作者在此处认为是 540 年，后文又认为是 545 年前后。
② 辽宁省文物考古研究所、抚顺市文物考古研究所：《沈阳市石台子山城高句丽墓葬 2002—2003 年发掘简报》，《考古》2008 年第 10 期。

肩。墓室东西两壁的南侧均绘有侍卫，人物身高约117厘米。西壁上的侍卫身穿圆领紧袖袍，卷袖，腰系白色带。左手握铁挝，扛于左肩，左腰部佩弓囊，右手执剑。东壁上的侍卫着褐色袍，系黑带。穿绿色花纹内衣，蹬黑色靴。右手握铁挝，扛于右肩，左手相扶，斜垂于身后。西壁上绘有高约110厘米的乐伎3人。头戴幞头，身着圆领长袖袍，腰系皮带，足蹬麻鞋，各执琵琶、箜篌、锦囊。东壁上绘有3名内侍，分别拿红色包袱、白色包袱、黑色圆状物。北壁的侍从2人侧身对立，均为穿白色圆领长袍的武人，其中1人佩戴弓和箭囊，双手举红色伞状物，形似华盖。

贞孝公主墓壁画中，人物像由2名门卫（武人）、2名侍卫、3名乐师（琵琶、箜篌、拍板）、3名内侍、2名侍从（武人）共12人构成。侍卫持箭囊和弓囊，类似于懿德太子墓（706）壁画。① 因为贞孝公主墓壁画的主题是表现渤海王室的内宫，所以由门卫、宫官（内侍）、乐队构成。

在龙海墓区的10号砖室墓中，出土了三彩男女陶俑。女俑是中分发型，双手拱于胸前的姿态。身穿男装，圆领长衫，腰部垂着带有铊尾的带。男俑头戴幞头，双手拱于胸前，铊尾从腰的左后部垂下。装扮与唐代宫廷的侍女一致，与贞孝公主墓的侍从相同。10号墓为平顶墓室（3.4米×1.8米×2.0米），斜墓道（4.7米×2.4米），是墓上建造砖塔的"塔葬"构造。

贞孝公主是大钦茂（文王，737—793）的第四个女儿，大兴五十六年（793）② 夏六月九日去世，同年十一月二十八日陪葬于"染谷之西原"。"染谷之西原"中的染谷即是海兰江的支流福洞河的河谷地带。

贞孝公主墓是和龙龙头墓群的1号墓。近年来，明确了12号墓是文王（大钦茂）孝懿皇后墓，3号墓是第9代简王大明忠（816、817—？）的顺穆皇后墓。③ 顺穆皇后是建兴十二年七月十五日，"迁安□陵，礼也"。

---

① 池升元：《浅析渤海贞孝公主墓壁画》，《高句丽渤海研究集成》6，哈尔滨出版社1994年版。
② 校者按：大兴五十六年原文为792年，应为793年。
③ 李强：《吉林和龙市龙海渤海王室墓葬发掘简报》，《考古》2009年第6期。

建兴十二年（830）为大仁秀（宣王）时代，其葬于远离上京龙泉府的龙头山陵园。2号墓有可能是第9代简王的墓。

贞孝公主殁去的第二年（793），大钦茂薨。当时处于东京龙原府时期。大兴三十六年（773）有王妃去世的记录。①尚未有关于12号墓孝懿皇后墓志的报告。大钦茂的第二女贞惠公主卒于宝历四年（777），宝历七年（780）陪葬于"珍陵之西原"。埋葬地位于"旧国"敦化六顶山墓群（陵园）。贞孝公主墓陪葬在孝懿皇后的西原，即中京显德府东南的龙头山陵园。

大钦茂于742年前后迁都至中京显德府。天宝（742—756）末年的755年前后迁都上京龙泉府。有"天宝末，钦茂徙上京，直旧国三百里忽汗河之东"以及"显州，天宝中王所都"的记载。②

大兴四十八年（785），迁都至东京龙原府。③"贞元时，东南徙东京。"④贞元元年即785年。⑤大钦茂去世后，794年大华璵即位，同年再次迁都上京龙泉府，死后谥曰成王。

贞孝公主是东京龙原府作为都城时去世的，陪葬在中京显德府南陵园的王妃墓。贞惠公主去世于上京龙泉府时代，葬于"旧国"的六顶山陵园。

二、高句丽、渤海的服饰

高句丽壁画中的人物图像，从墓主（夫妇）像逐渐转变为墓主（夫妇）与墓主行列图像，这一变化从4世纪中期的安岳3号墓（冬寿墓）开始出现。5世纪后半期的水山里古墓的壁画以墓主行列为主题，而5世纪

---

① 校者按：《渤海国志长编》未找到该记载，大兴三十六年原文为772年，应为773年。
② 《新唐书》卷219《渤海传》。
③ 《渤海国志长编》卷3《世纪第一》。
④ 《新唐书》卷219《渤海传》。
⑤ 校者按：唐德宗贞元元年是785年，原文为758年。

末至 6 世纪初期的双楹墓,却并非是墓主和墓主行列图像,壁画主题代以四神图像。①

在高句丽的王城、五部五方的中心区域,分布着抹角平行叠涩顶的平壤型石室。另外,周边还分布着积石横穴墓。

施家 1 号墓是积石穹窿顶墓,墓道两壁的块石呈横向堆砌构造。在高句丽五部五方的中心地区,虽然存在着抹角平行叠涩顶的平壤型石室墓,但一般的积石墓更为广泛。墓室在地域间存在着分布上的差异,同一地区内又有阶层上的差异。

渤海的官位规定如下:"以品为秩,三秩以上服紫,牙笏、金鱼。五秩以上服绯,牙笏、银鱼。六秩、七秩浅绯衣,八秩绿衣,皆木笏。"② 服饰的颜色(紫、绯、浅绯、绿色)根据官位而定。渤海的风俗与高句丽、契丹几乎相同。

高句丽服饰是:男性穿大袖衫和裤,女性穿襦裳(裙)。从 6 世纪的施家 1 号墓人物像壁画来看,高句丽直至灭亡都是相同的服饰。"丈夫衣同袖衫、大口裤、白韦带、黄革履。其冠曰骨苏,多以紫罗为之,杂以金银为饰。其有官品者,又插二鸟羽于其上,以显异之。妇人服裙襦,裾袖皆为襈。"③

渤海服饰制度在 713 年渤海国建立、受唐朝册封后,包括銙带服饰在内,都受到了唐朝服饰的影响。792 年④ 贞孝公主墓的服饰是唐朝样式。尽管龙海墓群 10 号墓陶俑的制作地成谜,但样式为唐式。虽然受唐朝服饰的影响,但仍遵从渤海制度。

宝应元年(762),大钦茂从渤海郡王晋封为渤海国王,从金吾卫大将

---

① 校者按:原文如此表达,但双楹墓绘制有墓主和墓主行列图。推测此句应为"5 世纪末至 6 世纪初期的双楹墓,表现有墓主和墓主行列图像,但壁画主题渐趋以四神图像为主"。
② 《新唐书》卷 219《渤海传》;《东亚民族志二》。
③ 《周书》卷 49《高丽传》;《东亚民族志一》。
④ 校者按:原文为 780 年,应为 792 年。

军（正三品）晋升为检校太尉（正二品）。从武官到文官的变化反映在渤海的内政、外交及文化方面。[①]虽然册封体制与服饰制度有关，但我们不能照此来衡量政治关系。

8—9世纪，銙带在唐朝、渤海、新罗、日本（奈良、平安时代）得到了发展。新罗也在7世纪末采用了唐朝服饰制度。[②]

施家1号墓和于宿知述干墓的人物图像（参见表1）于宿知述干墓于新罗真平王十七年乙卯年（595）建造。于宿知述干墓所在的顺兴之地本高句丽所属。在6世纪中叶的丹阳赤城碑（545年前后）竖立以前，高句丽的移民居住于此。施家一号墓壁画样式如于宿知述干墓门内线刻人物像。

表1 人物群像服饰的谱系关系表

	500	600	700
高句丽		水山里古墓→双楹墓	施家1号墓
新罗		595[③] 于宿知述干墓	
渤海			792 贞孝公主墓
日本			705 高松冢古墓 藤原宫木制品 天寿国绣帐
辽			1055 庆陵东陵

（一）阿夫拉西阿卜宫殿遗址壁画

撒马尔罕的阿夫拉西阿卜古城遗址的宫殿壁画上绘有高句丽人[④]或新

---

① 〔日〕滨田耕策：《渤海国兴亡史》，吉川弘文馆2000年版。
② 〔日〕东潮：《渤海墓制与领域》，《朝鲜学报》2000年第176、177辑。
③ 原文为599年，应为595年。
④ 〔日〕穴沢咊光、马目顺一：《阿夫拉西阿卜都城址出土壁画所见朝鲜使节》，《朝鲜学报》1976年第80辑。

罗人物像①。两人穿长袍上衣，下身着裳，蹬着靴子，挂着佩刀。头戴鸟翼形装饰。双手拱于胸前。从宫殿遗址和壁画图像的考证来看，属于7世纪中叶②，处于668年新罗统一之前，图上所绘使者可能是新罗人或高句丽人。西域文物于7世纪流入新罗。

新罗真德王三年（649）"始服中朝衣冠"③，开始穿戴唐朝的衣冠。四年（650）"以真骨在位者执牙笏"④，开始使用笏。阿夫拉西阿卜壁画所绘的持笏板的人物像被认为是来自高昌等国的使节。《三国史记》卷22《乐》中可见有称为"放角幞头"的双角形立饰帽的新罗人服饰。⑤

（二）唐李贤章怀太子墓壁画

李贤是唐高宗的第二个儿子，后被武则天废黜，文明元年（684）死于巴州（四川巴中）。中宗复位后，在神龙二年（706）以雍王身份陪葬于乾陵。景云二年（711），被追封为章怀太子，并与其妃房氏合葬。墓道东壁绘有《客使图》，共绘有6人。前面3个人是唐朝的文官，头戴笼冠，身着黑领、宽袖的朱衣（袍），飘带曳地。下身着长裤，前襟上有边饰。第3个人手持笏。第4个人深目高鼻，身穿翻领褐袍，束腰带穿黑靴，两手交叉叠置于胸前。第5个人头戴羽毛帽，2支羽毛直插帽子上，身穿红领宽袖白色短袍、大口裤，足蹬黄靴。双手置袖中拱于身前。第6个人头戴皮帽，身穿圆领黄袍，腰部束带，黄皮窄裤，尖皮靴，裹着外套。戴双角饰帽的人穿着右衽长袍和裤。长袍的下端有边饰。西壁的客使图也由6人组成。

---

① 〔韩〕金元龙：《撒马尔罕阿夫拉西阿卜宫殿壁画中的使节团》，《考古美术》1976年第129、130辑；〔韩〕金元龙：《韩国美术史研究》，一志社1987年版。
② 〔日〕穴沢咊光、马目顺一：《阿夫拉西阿卜都城址出土壁画所见朝鲜使节》，《朝鲜学报》1976年第80辑。
③ 《三国史记》卷5《新罗本纪五》。
④ 《三国史记》卷5《新罗本纪五》。
⑤ 〔韩〕金元龙：《撒马尔罕阿夫拉西阿卜宫殿壁画中的使节团》，《考古美术》1976年第129、130辑；〔韩〕金元龙：《韩国美术史研究》，一志社1987年版。

从墓道向墓室的第 1 个人深目高鼻，头戴胡帽，身穿窄袖长袍，束着腰带，脚蹬黑靴，手持笏板。第 2 个人高髻，穿圆领窄袖的红长袍。第 3 个人穿圆领窄袖长袍，手持笏板，腰部佩戴短刀。第 4、5、6 个人都是头戴乌纱帽，身着圆领宽袖长袍，双手拱于胸前。① 东壁上的人物被推测是高句丽或新罗使节。② 还有一种看法认为是渤海王子。"中宗时期，尚未完成对大祚荣的册封。王子大门艺入唐，开元通宝初年（713）③ 才回国。在绘制壁画时，有可能是以在唐的大门艺及渤海使者作为壁画使者的原型。"④ 此时高句丽虽已灭亡，但 7 世纪时唐朝和高句丽有政治上的往来关系（战争）。白江口之战后，唐与新罗在政治、经济领域中的关系处于波动状态。

（三）唐太宗昭陵出土十四国蕃君长石像

在昭陵（陕西省礼泉县）的北司马门遗址，曾发掘出十四国蕃君长石像残件，其中发现了带有"新罗乐浪郡王"铭文的残件。⑤ 昭陵于贞观十年（636）开始修建陵园，贞观二十三年（649）下葬。翌年永徽⑥初年（650—655）竖立十四国蕃君长石像。真德王元年（647），有"唐太宗遣使持节，追赠前王为光禄大夫。仍册命王为柱国，封乐浪郡王"⑦ 的记载，与出土的铭文一致。在 23 件十四国蕃君长石像中没有新罗使节人物像，服饰也就无从知晓。但发现了突厥的人像。

---

① 陕西省博物馆、乾县文物局唐墓发掘组：《唐章怀太子墓发掘简报》，《文物》1972 年第 7 期。
② 〔韩〕金元龙：《唐李贤墓壁画中的新罗使》，《考古美术》1974 年第 123、124 辑；〔韩〕金元龙：《韩国美术史研究》，一志社 1987 年版。
③ 校者按：开元通宝初年（713），疑应写为"开元初年（713）"或"开元天宝初年（713）"。
④ 〔日〕滨田耕策：《渤海国兴亡史》，吉川弘文馆 2000 年版。
⑤ 陕西省考古研究所、昭陵博物馆：《2002 年度唐昭陵北司马门遗址发掘简报》，《考古与文物》2006 年第 6 期；张建林、王小蒙：《对唐昭陵北司马门遗址考古新发现的几点认识》，《考古与文物》2006 年第 6 期。
⑥ 校者按：原文写为"永微"，应为"永徽"。
⑦ 《三国史记》卷 5《新罗本纪五》。

三、高松冢古墓壁画中的手持物与服饰

关于高松冢古墓壁画的主题与朝贺仪式、仪仗器具、手持物的关系，有人已经做过考察。①男子像持屏伞、囊（柳筥）、袋装太刀、毯杖、胡床、桙。女子像持圆翳（圆羽）、拂尘、如意等物。东壁上4名男子像的构图为拿屏伞的人在最前面，其后有2个拿囊的人，右侧是个将大刀袋横着倾斜扛在肩头的人。4个人穿一样的衣服。尽管都是官吏，但身份有别。屏伞自然是为墓主而设，可以看到伞盖下有一络腮胡子的男子，如《贞观仪式》中所记，官吏率领着舍人朝向屏伞站立，女子群像亦如此，壁画里的人物群像都朝向南方的入口。这正是表现墓主威仪的群像。②

在元正受朝贺的仪式中，有1具屏伞、10把圆翳、10柄圆羽、8柄横羽、8张弓、8把箭、太刀、4竿桙、2根杖、2条如意、2把拂尘、2张笠、1领挂甲等仪仗用具。朝廷仪式的礼制是在文武王二年（698）被确定下来。大宝元年（701）正月初一的朝贺仪式为："天皇御大极殿受朝，其仪于正门树乌形幢，左日像青龙朱雀幡，右月像玄武白虎幡，藩夷使者陈列左右，文物之仪于是备矣。"③关于乌形幢，它和"文安御即位调度图"的"铜乌幢"一起，作为与龟虎古墓壁画里寅像所持幢同一时代的物品，成为代表性器物。④宋代存在着一幅鸟立在五层幢上的图像。⑤乌形幢随着

---

① 〔日〕岸俊男：《文献史料与高松冢壁画古墓》，《壁画古墓高松冢》，奈良县教育委员会1972年版。
② 〔日〕岸俊男：《文献史料与高松冢壁画古墓》，《壁画古墓高松冢》，奈良县教育委员会1972年版。
③ 《续日本纪》大宝元年。
④ 〔日〕岸俊男：《文献史料与高松冢壁画古墓》，《壁画古墓高松冢》，奈良县教育委员会1972年版；〔日〕奈良文化财研究所：《飞鸟·藤原京展》，朝日新闻社2002年版；〔日〕内田和伸：《平城京第一次大极殿院高御座的设计思想》，《古代日本的构造与原理》，青木书店2008年版。
⑤ 孙机：《中国古舆服论丛》，文物出版社2001年版。

时代的不同，它的意义也在变化。

朝贺仪式与仪仗队伍相通。高松冢古墓壁画的人物群像和所持之物与其威仪似乎在共同展现出出行升仙的送葬场面和葬列队伍：

> 养老三年（719）上衣改定为右衽。高松冢古墓壁画的男子为左衽、圆襟的长袍里穿着白色的袴、裳。天武十一年（682）三月，胫裳、褶被停止使用。天武十三年闰四月，下衣改为括绪裈。朱鸟元年（686）七月，与垂发一起，胫裳又被恢复使用。持统四年（690）在修改朝服之际，改着白袴，大宝元年（701）三月，令直冠以上穿白缚口袴，勤冠以下穿白胫裳，到庆云三年（706）十二月，废胫裳，令穿白袴。①

> 682 年 亲王以下，百寮诸人，自今以后，位冠及裈、褶、胫裳莫著。亦膳夫、采女等之手襁肩巾，肩巾，此云比例。并莫服。②

> 684 年 男女，并衣服者，有襴无襴及结纽、长纽，任意着之。其会集之日，著襴衣而著长纽。唯男子者，有圭冠，冠而着括绪裈。女年四十以上，发结不结，及骑马纵横，并任意也。③

> 686 年 更男着胫裳。妇女垂发，犹如故。④ 其服饰男子衣裙襦。⑤

> 690 年 上下通用绮带白袴。⑥

> 701 年 直冠以上着白缚口袴、勤冠以下着白胫裳。

---

① 〔日〕岸俊男：《文献史料与高松冢壁画古墓》，《壁画古墓高松冢》，奈良县教育委员会1972年版。
② 《日本书纪》天武十一年。
③ 《日本书纪》天武十三年。
④ 《日本书纪》天武朱鸟元年。
⑤ 《隋书》卷81《倭国传》。
⑥ 《日本书纪》持统四年。

706 年 废胫裳、白袴。

719 年 初令天下百姓右襟。①

719 年 首次制定妇女衣服样式。②

唐代女子的服装上衣为衫、半臂,下衣穿裙,着帔。十六国时代流行衫和条纹裙的服饰,早期比较宽松,晚期的变窄。高松冢古墓壁画中的条纹裙受到了这种传统的影响。③但是,高松冢古墓壁画中描绘的服饰和初唐、盛唐时期的服饰不同。唐代的男子像是穿圆领的长袍和裳,而高松冢古墓的男子像则穿右衽的袍。

《隋书》中关于新罗服饰的记述:"风俗、刑政、衣服,略与高丽、百济同。每正月旦相贺,王设宴会斑赉群官,拜日月神。……服色尚素。妇人辫发绕头,以杂绿及珠为饰。"④高松冢古墓女子服装与新罗的于宿知述干墓(595)人物像的服装类似。这是百年前的服装,也是法兴王七年(520)的"百官公服"的服装。真德王三年(649)首次穿"中朝衣冠"。在新罗的元旦朝贺仪式上,参拜日月神。有象征日像、月像旗帜的物品。这也与四神思想有关。

四、龟虎古墓的兽首人身十二辰像

在龟虎古墓中,确定有十二辰像中子、丑、寅、午、戌、亥 6 幅画像的遗迹。子像穿朱襟的襦、长袍,裾上有朱色的花边。右手拿与身高差不多长度的物品,此物钩状端的上部有朱色装饰。主体为 2 个长条状物,是盾(=钩镶)⑤或弓。丑像穿右衽的长袍,袖子与下衣颜色一致的朱色花

---

① 《续日本纪》养老三年二月。
② 《续日本纪》养老三年十二月。
③ 孙机:《中国古舆服论丛》,文物出版社 2001 年版。
④ 《隋书》卷 81《新罗传》。
⑤ 〔日〕纲干善教:《壁画古墓研究》,学生社 2006 年版。

边的襦。① 手持似是弓的 2 个朱红色的物品。外侧的边缘为山形曲线，顶端的下缘有垂饰，中间有朱红色把手状的痕迹。寅像身穿朱红色 v 字形的合襟襦裙，外着长袍，袍为左衽。裙的下摆上是朱红色的襈。袖口上看不到丑像那样的朱红色襈。寅像系着腰带，右手上拿着幢，锋尖为圭头、剑形，从刮刀痕迹来看似乎不是双叉。午像着朱红色袍，右手持幢。戌像是 v 字形朱红色的衣襟，袖口也为朱红色，和寅像穿相同的衣服，手中似乎也拿着幢。亥像样态与子像相同。

笔者尚保留对于"弓状品"是盾的这一看法，从画面上进一步阐明这一物品则有待通过检测痕迹、利用红外线技术等，全面地分析图像。左壁的寅像很明显拿着幢。左右壁的 3 尊像也有可能持幢和幡。它们都位于四神图像的下部。

后（北）壁的戌、子、丑像端弓，东壁的寅像持幢。前（南）壁的午像也持幢。后壁的 3 尊像端弓，其他的像都持幢。均为右手端持，左手没有持如刀剑之类的任何器物。这些幢的前端部分尖，形状类似于懿德太子墓（706）的列戟。

列戟一般竖立在帝王陵园、官府门前、私府门前。列戟数量根据身份而定。陵园的列戟数最多 24 根，立在陵园朱雀门前。② 从壁画中可以看到：苏定墓（单侧 5+5）、章怀太子李贤墓（单侧 7+7）、懿德太子李重润墓（单侧 6+6+6）、永泰公主李仙蕙墓（单侧 6+6）。

列戟是皇帝权力的象征，所以列戟的规制不允许模仿。飞鸟时代，唐朝的各项制度为当时所熟知，遣唐使无疑接触到了象征身份的列戟。

《续日本纪》"大宝元年"条中所见于正门竖立的乌形幢③，是与龟虎古墓同时期的物品。左侧竖立日像、青龙、朱雀幡，右边竖立月像、玄武、

---

① 校者按：直译如此，意译为"裙上有朱色的花边，下身穿朱色的襦裙"。
② 申秦雁、杨效俊：《陕西唐墓壁画研究综述》，陕西历史博物馆编：《唐墓壁画研究文集》，三秦出版社 2001 年版。
③ 《续日本纪》大宝元年。

白虎幡。元正受朝贺仪式中，用8张弓、8支箭、4竿矛等武器、仪仗器物，但没有"盾"。丧葬令里列举的葬具有方相辒车、鼓、大角、小角、幡、金钲、铙鼓和盾。因身份不同而有所差异。方相氏葬具只有一品亲王才能使用。从方相"一具"的单位来看，其应该还包含有其他的物品。尽管方相氏有刀和盾，但是盾则要另放。藤之木古墓的金鞍具上的鬼神像也被视为方相氏，双手都拿武器。送葬时伴有鼓乐。①高松冢古墓壁画中的人物持有仪仗器具，而龟虎古墓的十二辰像则拿着盾（弓）和幢。钩镶是最先引入卤簿的方相氏的手持物。在龟虎古墓壁画中，左右墙上各有3根幡（幢），前后墙壁上有6面盾。丧葬令规定的盾牌是7个、9个的奇数。懿德太子墓（706）、章怀太子墓（706）、长乐公主墓（643）、郑仁泰墓（663）②等壁画上都绘有弓袋（虎鞴豹韬）。长乐公主墓的墓道仪卫左手持弓袋（弓韬）、长剑，右手持胡箓，手里拿着五色旒旗。

懿德太子墓的弓袋与文安御继位调度图③中的弓袋相似。龟虎十二辰像中的手持物幢、弓（盾）与朝贺仪式中的手持物类似。

龟虎古墓建造于7世纪末到8世纪初的数十年间。接下来探讨该时期的龟虎十二辰像的谱系。

辽宁朝阳黄河路墓（7世纪末—8世纪初）出土了10尊兽首人身十二辰像（陶俑）。高度为19.6—21.0厘米。陶俑身穿窄袖长袍外系束带，双手合拢于胸前。足蹬靴。立于方形座上。有无笏板尚不明确。出土物有长32.0、宽4.3、厚0.5厘米的象牙笏板。除此之外还有持笏的男侍俑（右衽长袍），双手合十在胸前。身着右衽长袍的男侍俑，双手拿着东西的女侍俑，跪伏男俑，武士俑，镇墓兽（人首兽身、兽首兽身）。女侍俑的上衣是对襟阔袖衫，衣领饰红彩花纹。下身穿红色竖条纹曳地长裙。同时还

---

① 〔日〕岸俊男：《文献史料与高松冢壁画古墓》，《壁画古墓高松冢》，奈良县教育委员会1972年版。
② 校者按：原文为66岁，应为663年。
③ 〔日〕塙保己一：《群书类从》，八木书店1983年版。

出土了穿窄袖衫缠领巾的女侍俑等。女俑服饰为唐初样式。十二辰俑的服装和束带与男侍、文官俑类似。十二辰像在棺左边排列，尚不明确是否按相应的方位摆放。跪伏俑的姿态奇特，有可能是为辟邪，或庇护被葬者。镇墓兽在棺的角落出土。甬道至龛内放有男女石像。男俑的右手上站着鹦鹉，左手拿着顶部弯曲的棍棒。女俑的右侧腰带上挂着"香囊"，背上背着个小刀形的袋子。从以上出土状况来看，十二辰像与镇墓兽等是共同守护被葬者的明器。从隋到唐初的兽首人身十二辰像（坐像）基本上都手执笏。墓室是圆形砖室墓（单室），朝阳张秀墓（643）、朝阳孙默墓（687）等大体都应归属于高宗至武则天时代（650—712）。

偃师杏园墓群中，宋祐墓志（706）是楷书十二辰文字，李嗣墓志（709）是兽形十二辰像，李景由墓（738）是墓志（兽形十二辰像和四神像）和铁俑。李杼墓志（882）中的四神、兽首人身十二辰像（坐像）与十二辰像的造型产生了变化。十二辰像的演变规律并不统一，但仍体现出一定的变化趋势。兽首人身十二辰像出现在738年左右。西安孙承嗣夫妇墓（736）陶俑也处于这一时期。墓室内共同存在着兽形十二辰像（墓志）、兽首人身像十二辰像（明器）。

陕西高力士墓（762）作为壁画十二辰像较为古老。唐代壁画上出现十二辰像究竟可以追溯至何时呢？在706年建造的永泰公主墓等相当于太子等级的墓葬中，并未出现十二辰像。可以确定7世纪初十二辰像尚未流行。另一方面龟虎古墓时代大致处于7世纪末8世纪初。当时唐朝的十二辰像从坐像变成了立像。庆州龙江洞古墓处于7世纪末到8世纪初的年代范围内。龟虎古墓壁画的兽首人身十二辰像受到了唐和新罗的影响。（参见表2）

表 2　十二辰像谱系①

	610		736	736	
陶俑：	兽形十二辰坐像…（大业六年墓）…兽首人身十二辰像立像（崔氏墓 孙承嗣墓）……				

	595		738		748
墓志：	四神（段威墓）…四神、兽形十二辰像+铁俑（李景由墓）…四神、兽首人身十二辰像（张去逸墓）				

	562		762	889
壁画：	兽形十二辰像（茹茹公主墓）………………兽首人身十二辰像（高力士墓）………僖宗墓			

	724		740？	847
	四神……（韦慎墓）…四神+兽首人身十二辰像（陕棉十厂M7）……四神（高克从墓）			

中国古代的兽首人身十二辰像在隋代出现。兽首人身十二辰陶俑在湖南省湘阴的隋大业六年墓（610）、湖北省武汉的马房山墓和岳家嘴墓等墓中都是坐像。此类陶俑从兽形逐渐向兽首人身形象演变。如大业六年墓当中，有兽首人身十二辰像和俑带十二辰像，但前者的造型成为主流，已固定化。十二辰像是从墓室的耳室、龛以及后室棺的左侧出土。与棺材的位置有关系，但并没有按照方位对应放置。扬州司徒庙镇墓是沿着墓室内的四壁放置，似乎有意识按照方位摆放。

从四神与十二辰像的关系看，在隋朝的马房山墓、岳家嘴墓、周家大湾241号墓、唐朝冉仁才墓（652）、陕棉十厂7号墓等的墓室空间内，四神壁画与兽首人身十二辰像并存。存在着将四神与十二辰思想一体化的墓葬观念。十二辰陶俑与四神一起作为守护死者的器物放置在墓中。

另一方面，也有将四神图像和十二辰图像在同一墓志中共同呈现的例子。唐朝史射勿墓（609）和李景由墓（738）中的兽形十二辰像，张去逸墓（748）、韩森寨秦朝俭墓（804）等都是共同呈现。四神图像和十二辰像出现在墓室、墓道、棺材和墓志之中。从上述空间上的改变，可以看到四神及十二辰像思想上的变化。

陶俑的出土位置是墓室内左右耳室（马房山、牛角唐墓）、前室墓道

---

① 校者按：原文没有表格名称，根据内容补入。

（岳家嘴墓）、墓室两壁神龛、后室棺左（黄河路墓）、墓室内（杨庙墓）。

四神图和十二辰像的位置表明空间经历了如下变迁：墓室（四神）→墓室内四神、墓室内墓志（四神）→墓室内墓志（四神、十二辰）。

五、新罗兽首人身十二辰像的服饰

在庆州龙江洞古墓的石室内，棺台周围出土了青铜制十二辰像和陶俑。①十二辰像上半身的衣服不详，但穿着袴和袍。有带的痕迹。男俑头戴幞头，穿袴，重叠穿着襦裙和圆领襕袍（圆领短髁袍）。也有人手执笏板。可以推断圆领襕袍是文官，圆领短髁袍为武官。女俑头扎半球形的发髻，下身穿裳、裱（披帛），上衣着衫。衫襟的形状与唐朝迥异。庆州隍城洞石室墓出土的男子像身穿窄袖长袍和袴。从真德王三年（649）始服中朝衣冠、真德王四年（650）"下教以真骨在位者执牙笏"的记载，推断龙江洞古墓是7世纪后半叶初期，相当于王墓级别的坟墓。②

龙江洞古墓应建于隍城洞石室墓之后不久。青铜十二辰像与隍城洞石室墓的男俑服饰相似，可能是模仿隍城洞石室墓俑铸造的。

关于新罗十二辰像的存在位置，姜友邦分为以着常服的十二辰像护石为主型（推定神文王陵），放置着武服的十二辰神将像型（圣德王陵、景德王陵、元圣王陵、兴德王陵），环绕着平服十二辰神将像护石、在陵墓周围按方位如墓志一样埋设的武服蜡石制十二辰神将像（宪德王陵、据传金庾信墓）三类。③其中可以确定圣德、元圣、宪德、兴德王陵中的墓主。

位于皇福寺东方的墓葬被推定是神文王（681—692年在位）的陵墓，

---

① 〔韩〕文化财研究所、庆州古迹发掘调查团：《庆州龙江洞古墓发掘调查报告》，文化财研究所、庆州古迹发掘调查团1990年版。
② 〔韩〕李熙濬、李康承：《庆州隍城洞石室墓》，韩国国立庆州博物馆1993年版。
③ 〔韩〕姜友邦：《新罗的十二辰像》，近藤出版社1983年版。

在水田中还遗留着护石等石材。十二辰像护石中的2块被移动到了皇福寺石塔附近的耕地里。其中1块位于博物馆，十二辰像（巳像）在短衣（襦）上着右衽的宽袖袍，下身着袴，立于方形台座上。①右手拿着武器，左手拿着带柄的圆状物。下衣的袴跟龙江洞古墓青铜俑的相似。这是一座最古老的护石十二辰像。

隍城洞石室墓的结构是以刀形单室墓附甬道和墓道。在圆形的封土基底环绕着由块石堆积而成的外护列石。龙江洞古墓的坟丘周围环绕着两层外护列石。内侧由块石堆积，外侧由切石加工而成的列石组成。外侧的列石可能是为继续扩建而修筑。内护石和外护石的中间夹杂着厚厚的黏土，推断是同时筑成。石室位于墓道中部，为穹窿顶构造。台面的长度和高度指数是96，后壁和天井的宽度指数是35，穹窿渐进。

但是根据新罗金京在文武十四年（674）建月池（雁鸭池），文武十九年（679）营造东宫，考昭王六年（697）建临海殿、北宫（767年以前）、坊里名等记录，可以确定7世纪末营建了月城、北宫、东宫等宫殿，里坊制被排斥。②

根据这个位于皇福寺东方墓葬的方位，能够确定作为王京即东京的范围。如果新罗金京的葬地已经参照了丧葬令的话，这个墓葬应位于都城外侧。位于西边的路西洞马墓、双床墓等横穴式石室墓也应在京外，是里坊制实行之前的墓葬。

十二辰像在新罗存在于7世纪末到8世纪初。龙江洞石室墓与隍城洞石室墓、皇福寺东方坟墓均被设置于京外。皇福寺东方坟墓之后，据传金庾信墓等墓葬的护石十二辰像有所发展。十二辰像有了镇守护卫坟墓的意思。③

---

① 〔韩〕姜友邦：《新罗的十二辰像》，近藤出版社1983年版。
② 〔日〕东潮、田中俊明：《韩国的古代遗迹（1）·新罗篇》，日本中央公论社1988年版；
  〔日〕东潮：《新罗金京的里坊制》，《条里制·古代都市研究》1999年第15辑。
③ 〔日〕斋藤忠：《古代朝鲜文化与日本》，《斋藤忠著作选集》2，雄山阁2008年版。

十二辰像的位置包含从龙江洞古墓墓室里的俑至墓室外的坟丘护石。从 7 世纪末到 8 世纪初的龟虎古墓将十二辰像绘在了墙面上。

十二辰像的位置，分别在墓室内、棺周围（龙江青铜制）、坟丘护石墙面板石（金庾信墓、兴德王陵、九政洞）、坟丘周围立体像（圣德王陵）等地方。

新罗引进唐朝的四色公服制度，确立为国家的身份等级制度、服饰制度。

  法兴王七年（520），春正月，颁布律令，始制百官公服，朱紫之秩。①

  真德王二年（648），太宗……春秋又请改其章服。以是内出珍服，赐春秋及从者。②

  真德王三年（649），春正月。始服中朝衣冠。③

  文武王四年（664），春正月……金庾信……下教妇人亦服中朝衣装。④

新罗与唐朝联军，在 662—663 年与百济、倭的战争（白江口）中获胜，新罗在 668 年统一占领了百济和高句丽之地。唐朝作为战胜国和新罗不仅有政治上的利害关系，还结成了同盟。倭（日本）从派送遣唐使转向遣新罗使。同时期唐墓的陶俑、墓志上的兽首人身十二辰像上一定会有笏。笏作为养老三年以后的定制，龟虎古墓中的十二辰像没有笏板，而是手持武器、旗帜、枪戟。这一点给人以启发。关于采用笏的制度方面，也

---

① 《三国史记》卷 4《新罗本纪四》。
② 《三国史记》卷 5《新罗本纪五》。
③ 《三国史记》卷 5《新罗本纪五》。
④ 《三国史记》卷 6《新罗本纪六》。

存在一定问题。

> 法兴王七年（520），春正月，颁布律令，始制百官公服，朱紫之秩。①
>
> 善德王元年（632），遣使入唐朝贡。
>
> 善德王二年（633），遣使大唐朝贡。
>
> 善德王四年（635）②，唐遣使持节，册命王为柱国、乐浪郡公、新罗王，以袭父封。
>
> 善德王五年（636）③，慈藏入唐求法。
>
> 真德王元年（647）④，唐太宗遣使持节，追赠前王为光禄大夫，仍册命王为柱国，封乐浪郡王。
>
> 真德王二年（648），太宗……春秋又请改其章服，以是内出珍服，赐春秋及从者。⑤
>
> 真德王三年（649），春正月。穿服中朝衣冠。⑥

近年，在唐朝皇帝、太宗昭陵的北司马门处，发掘了刻有"新罗乐浪郡王真德"铭文的十四国蕃君长石像。⑦真德王在即位的647年（真德王元年）被封为乐浪郡王。三年（649）采用唐朝的朝服（衣冠），四年（650）采用笏作为官员（真骨阶层）的手持物，以及唐朝的永徽年号。并

---

① 《三国史记》卷4《新罗本纪四》。
② 校者按：原文为634年，应为635年。
③ 校者按：原文为635年，应为636年。
④ 校者按：原文为648年，应为647年。
⑤ 《三国史记》卷5《新罗本纪五》。
⑥ 《三国史记》卷5《新罗本纪五》。
⑦ 张建林、王小蒙：《对唐昭陵北司马门遗址考古新发现的几点认识》，《考古与文物》2006年第6期；拜根兴：《唐朝与新罗关系史论》，中国社会科学出版社2009年版，第21—29页；〔日〕奈良县立橿原考古学研究所附属博物馆：《大唐皇帝陵》，《奈良县立橿原考古学研究所附属博物馆特别图录》73，2010年。

且在文武王四年（664）命令妇女穿唐朝服装。663—664年正值唐、新罗与百济、倭联军进行战争，即白江口之战的时期。

六、唐朝皇帝的丧葬与壁画

《大唐元陵仪注》是记述代宗丧葬的史料，可以复原和再现当时的丧葬礼仪。①

山陵之日，吉凶二驾（玉辂和灵驾）于山陵中。卤簿官用黄麾指挥，敲鼓吹乐。至陵门。再用赤麾指挥，至吉帷宫。玉辂、卤簿侍卫官排列在帷宫门外。灵驾到了陵门西边的凶帷殿下，大驾绕着向南。队道（羡道、过洞、天井）的左边是皇亲、诸亲、文武五品以下，奉礼部、礼生、六品以下，队道的右边是公主、王妃、内官以下。到了南神门，将作监、龙輴在灵驾之后前进。将灵驾安置到輴梓宫，设神座，并奉上宝绶案、谥册案、哀册案，排列明器。关闭玄宫。换衣服，凶仪卤簿退下，烧毁辒辌、龙輴。

在举行葬礼之前，墓室已经完工。灵柩、谥册、哀册一起密封于玄室之中。公主、王妃、内官、内侍、奉礼郎、礼生、六品、五品、皇亲、诸亲、文武官、卤簿侍卫等参拜站列，举行葬礼。陵园内葬仪空间的展开顺序为：陵门→南神门→墓门·墓道（斜坡墓道）→甬道→墓门→墓室（玄室）。

元陵由斜坡墓道、过洞、天井、甬道、墓室组成。墓道上有青龙、白虎、过洞、天井，甬道里有仪仗队列、侍从、内官，墓室里绘有屏风画、花鸟、四神、十二辰像。在丧葬阶段，墓室已经建成，墓室内的壁画上色

---

① 〔日〕金子修一、稻田奈津子、金子由纪、小幡道流：《大唐元陵仪注试释》7,《东亚世界的王权形态——陵墓、王权礼仪视角下》，国学院大学文学部古代王权研究会2007年版；〔日〕金子由纪：《〈大唐元陵仪注〉所见唐朝皇帝的埋葬仪礼》，《东亚世界的王权形态——陵墓、王权礼仪视角下》，国学院大学文学部古代王权研究会2007年版。

也已完成。在由壁画装饰的墓道及墓室里举行葬礼。丧葬仪式、送葬队伍与各种礼仪相通。

代宗李豫的元陵陵园，推测东西长1600米，南北长1200米。墓道在连接南门和北门的轴线上。有乳台、鹊台。① 代宗于大历十四年（779）五月二十一日在长安城内驾崩，同年十月十三日下葬。与779年下葬的代宗元陵处于同一时期的墓葬包括豆卢墓（740），742年的李宪墓（睿宗长子），784年的唐安公主墓（德宗长女，参见表3）和787年的郯国大长公主墓（肃宗四女），811年的惠庄太子李宁墓（宪宗儿子），888年的僖宗靖陵等，可以进行比较研究。元陵的时代处于作为太子墓的李宪墓与皇帝陵的靖陵之间。

节愍太子墓（710，参见表4）中，墓道里绘有青龙、白虎及出行仪仗图，过洞、天井、甬道有东宫外府、内宫外府的属吏仆从，墓室内绘有以墓主为中心的歌舞乐奏图和玄武、朱雀。但墓室的东、西墙壁上没有出现青龙、白虎。墓道上有的青龙、白虎组合成四神图案。

惠庄太子李捴墓（724）的墓道上绘有车马出行、仪仗图和山岳树纹。过洞的两壁上有列戟图。起初画了7杆，后改成9杆。东西两壁合为18戟。懿德太子墓是1架12杆（1架13？）戟，合计48—49件。1架中9戟是史无前例的，李寿墓和章怀太子墓是7戟（合计14），永泰公主墓是1架中6戟（合计12戟）。李捴虽是睿宗的次子，但不应当有太子级的身份。太庙、大社、诸宫殿门立24戟，东宫诸门18戟。

豆卢墓（740）是睿宗皇妃的墓。她和永泰公主一样为正一品。墓室上绘有花草、白鹤，甬道上画有行列队伍和牵马图。

李宪墓（742）是睿宗长子让皇帝的惠陵，是现在已知的唐代皇室陵墓中，身份与懿德太子李重润墓（中宗长子）一样高贵的墓。从找到的陵园、陵前石刻、墓室结构、墓志、哀册、壁画等看，可与帝陵匹敌。

---

① 〔日〕来村多加史：《唐代皇帝陵研究》，学生社2001年版。

高力士墓（762）陪葬在玄宗泰陵。玄宗内侍监（正三品）、齐国公（从一品）。墓地全长为52米。墓室是边长为4.2米的外弧正方形，高5.6米。墓室壁面上绘有四神、兽首人身十二辰像和花鸟。

唐安公主墓（784）①。唐安公主是德宗的长女，皇太子李诵（顺宗）的妹妹。兴元元年（784）三月十九日在梁州（汉中）城固县去世，同年十月二十二日安葬在长安城东的龙首原。至埋葬，经历了7个月左右的时间。后被加封为韩国贞穆公主。其墓葬为单室砖墓。斜坡墓道的北端有左右对称的龛室。墓室单边长4.4、高2.1米。甬道长3.8、宽1.2、高1.8米。斜坡墓道的规模不明。皇族的墓室、甬道构造已较为明确。甬道上绘有男女侍群，墓室内绘玄武、朱雀图、花鸟、花草纹。尚未确定墓室的东西壁上是否绘有青龙、白虎。因为石门楣石上刻有"双龙"，所以可能墓室内并没有绘制。墓道的结构和壁画情况不明。唐安公主墓石门上文官（进贤冠）、武官（鹖冠）的雕刻与高力士墓的雕刻相似。唐太宗时期，制作出了"进德冠"的样式，因等级不同其装饰有所区别。②

表3 唐安公主墓

甬道	石门	墓室
东壁：男侍、男侍（马球杆）、二女侍、二男侍 西壁：二男侍、女侍、男侍、女侍、男侍	门墩、门槛、门框：牡丹花纹 门楣：双龙纹 门额：朱雀纹 门扇：持剑戴冠武官、持笏文官	东壁：女人像、男人像、奏乐团？、山石草花 西壁：花鸟图（飞雁）、圆盆（四羽鸟） 北壁：玄武、云纹、男侍、女侍 南壁：朱雀、云纹 顶部：天象图

---

① 陈安利、马咏钟：《西安王家坟唐代唐安公主墓》，《文物》1991年第9期。
② 孙机：《中国古舆服论丛》，文物出版社2001年版。

东亚古代服饰的图像学和考古学　41

表 4　节愍太子墓与李宪墓 [1]

		墓道	第一过洞	第一天井	第二过洞	第二天井	第三过洞	第三天井	前甬道	后甬道	后室
节愍太子墓（710）	东壁	青龙仪仗	五人（圆领袍服、拱手）	二侍女、一男侍	二人（裙装左衽）、三人（拱手二）	男侍二人（持笏）、云纹	二女侍（裙装）、三男侍（男装女官）	一女侍、四男侍（男装女官）	三女官、二男侍、二男侍、二男侍、二女侍	二女官、男侍	屏风画、如意、团扇、拿着手杖的人（黑色幞头、长袍、黑腰带）、云纹、鸟纹
	西壁	白虎仪仗	五人（圆领袍服、持笏）	二侍女、一男侍（持笏）	二人（裙装左衽）、三人（男人）	男侍二人（持笏、裙装）、天女、仙鹤、云纹	二女侍（裙装）、三男侍（男装女人）	一女侍、四男侍（男装女官）	三女官、二男侍、二男侍、二男侍、二女侍	二女侍、三男侍	树下美人像、草花纹、花鸟纹
	南壁			二男侍（持笏）		男侍二人（持笏）		二男侍			屏风画、云纹、鸟纹
	北壁			二男侍（持笏）、仙女、仙鹤		男侍二人（持笏裙装）		二男侍（持笏）			屏风画、树下美人像、云纹
李宪墓（742）	东壁	青龙出行仪仗	二男侍（持笏）	二侍女、一男侍	二男侍	三女侍	二男侍（持笏）	五男侍（持笏）	男女侍二人（团扇、如意、马球杆、函）		东壁：乐奏、歌舞、侍女（团扇） 西壁：家屋 北壁：侍女六、云纹、武 南壁：朱雀、云纹
	西壁	白虎出行仪仗	二男侍（持笏）	二侍女、一男侍	二男侍	三女侍	二男侍（持笏一）	五男侍（持笏）	男女侍二人（团扇、如意、马球杆、函）		

[1] 校者按：原文没有表格名称，此据内容补入。

咸阳底张湾郯国大公主墓（787）。肃宗四女。墓道两侧墙壁上绘有青龙、白虎，第一过洞绘有拱手的男侍，第二过洞绘男侍，第一天井绘牵马侍者，第二天井绘侍女，墓室东壁绘伎乐人，南壁绘莲座。

陕西省乾县靖陵（888）是僖宗李儇陵。墓道上绘有青龙、白虎、仪卫、牵马图，甬道上画有执戟武士，墓室、甬道神龛里有十二辰像。墓室顶部绘有天象图，北壁上绘有侍臣图。

唐玄宗时期的天宝年间（742—756）以前，盛行出行仪仗图。初唐、盛唐时期重视生前的地位和死后墓葬的规模。[①] 据悉有出行仪仗和门前仪仗的仪卫壁画，在三品以上高官的坟墓里才得以见到。以李宪墓（742）为界限，仪卫图所体现出的必然性才逐渐消失。在韦君夫人胡氏墓（742）中，墓道上绘有青龙、白虎，以及两个跟随的武士。过洞、天井上只绘出牵马图和牵骆驼图。像西安的陕棉十厂壁画墓一样，斜坡墓道也变短。仪卫制和丧葬制分离开来。

七、飞鸟时代的服饰体系

关于飞鸟时代的服饰，资料如下：

1. 高松冢古墓壁画人物图像
2. 龟虎古墓壁画兽首人身十二辰像
3. 中宫寺天寿国绣帐人物图像
4. 藤原宫木制品人物像
5. 法隆寺金堂壁画
6. 法隆寺金堂建筑墨绘人物像
7. 正仓院鸟毛立屏风人物像

[①] 范淑英：《唐墓壁画"仪卫图"的内容和等级》，陕西历史博物馆编：《唐墓壁画研究文集》，三秦出版社2001年版。

高松冢古墓的人物"群像"的表现形式与同一时期唐朝壁画相通。人物群像在新城长公主墓（663）、永泰公主墓（706）等送葬仪式中均有所表现。

高松冢古墓壁画的女子像处于从初唐到盛唐逐渐流行丰满样貌的阶段，与正仓院鸟毛立女屏风处于同时期。壁画里的衣服也变得宽大。这可能源于704年回国的遣唐使所见闻的壁画样式。

但是人物的衣服并不是唐朝的样式。女性的服饰是上衣（衫），下衣是裙（裳裙）、条纹裙，但这本身已受到唐朝的影响。[①]

如5世纪后期的水山里古墓，5世纪末的双楹墓、梅山里四神墓，6世纪末的于宿知述干墓，7世纪的天寿国绣帐的人物像，8世纪初的高松冢古墓所展示的那样，各国女性人物图像的衣服在保持一定共同特征的同时，不断发展。飞鸟时代的服饰与高句丽、百济、新罗的服饰共通。

龟虎古墓的壁画由表示方位的四神，表示时间的十二辰、日月、星宿图构成。其中的兽首十二辰像便是受唐朝和新罗的影响发展而来。

从飞鸟时代的7世纪初开始，高句丽的僧人慧慈、昙徵，画师黄文连本实，百济僧侣观勒等人，传入了天文学、漏刻、佛教、道教思想。近年来发掘的法隆寺若草伽蓝壁画与百济弥勒寺的壁画相似，由高句丽、百济传来的基层文化，又吸收和纳入了新罗、唐朝的文化。

在龟虎、高松冢古墓壁画的文化因素中，存在着高句丽、百济元素，以及受唐朝影响的双重结构。一般认为龟虎、高松冢古墓的建造时期是百济和高句丽灭亡后的7世纪末到8世纪初。基于对墓主人的比定，可有效验证该墓的这一绝对年代。

[①] 孙机：《中国古舆服论丛》，文物出版社2001年版。

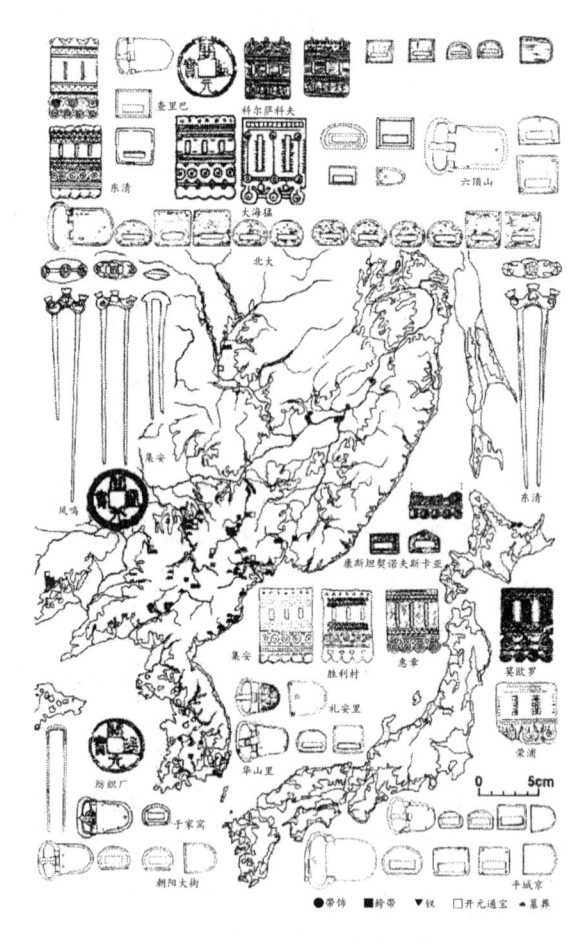

图 1　带饰、銙带、钗、开元通宝、墓葬

　　龟虎、高松冢古墓壁画，展现了日本与百济、新罗、高句丽、唐朝等东亚各国和各地区的对外关系（图1）。

　　龟虎、高松冢古墓的玄武像与药师寺金堂台座的图案相似。在飞鸟时代的7世纪后半期曾有过玄武图。原药师寺和大官大寺是新罗系的双塔式寺院。遣唐使中断的30年间，日本一直与白江口之战的战胜国新罗进行交流。

　　尽管也存在着从高句丽、百济传来的四神图像，但从龟虎古墓兽首十二辰像的谱系关系来看，其中有新罗系的四神图。法隆寺若草寺院和上淀废寺出土的金堂壁画与7世纪前半期的百济壁画相似，比如益山弥勒寺壁画。重建的法隆寺金堂壁画与盛唐时期的敦煌壁画有很深的渊源。这或许和日本通过百济、新罗与唐进行交流有关。662年白江口之战究竟产生了怎样的影响呢？

龟虎、高松冢古墓壁画四神图像的粉本源于苏定方墓等墓葬，其于7世纪末到8世纪初流入。青龙、白虎、玄武图案是7世纪末以来唐朝的样式。龟虎、高松冢古墓壁画与药师寺金堂本尊台座的青龙、白虎图像有别。药师寺的主佛不是在平城京迁都后建造，而是由原药师寺迁移过来。藤原京时期，原药师寺已于698年完工，并按新罗系统的寺院配置殿堂，佛像也和飞鸟样式不同。

药师寺金堂本尊台座的四神图像是唐朝的纹样。庆州芬皇寺板瓦上的青龙的后肢、尾部相互交缠的图像与唐朝的四神图像一起传入新罗。药师寺于文武二年（698）完工，四神图像流入新罗的时期也是7世纪。

龟虎天文图作为飞鸟时代流入的高句丽系之物，从6世纪末开始到7世纪初，经由高句丽或百济传入日本。相反，高松冢古墓属于唐朝系统。

龟虎十二辰像的手持物幢的图案是苏定方墓（667）、懿德太子墓（706）等7世纪末到8世纪初墓葬中图像的样式。寅像的持物可能是盾（钩镶）也可能是弓，应把它视为弓。龟虎古墓十二辰像的衣服是唐、新罗样式。

以下具体探讨一下壁画粉本流入的时间。首先是龟虎、高松冢古墓和唐朝壁画图像的年代，从青龙、白虎图像来看，它的上限是苏定方墓建造的7世纪中期。兽首人身十二辰像的建造上限是隋朝。李爽墓（667）是在中断了遣唐使的670年前后修造的。

7世纪，高句丽和百济的僧侣、画师、遣隋使和遣唐使，传入了四神、天文思想。在《日本书纪》中，齐明十年（671）四月，黄文连本实开始制造漏壶。黄文连本实①是与遣唐使同行，于天智十年回国，带回来了药师寺的佛足石图。另外，大宝二年（702），曾以持统丧仪的作殡宫司，以及庆云四年（707）文武殡宫，作为葬礼的御装司，掌管葬礼威仪。②从其职能来看，这些粉本应是通过黄文连本实等遣唐使传入的。670年前后流行的壁画题材、画风、画法由海外传入，当时很可能已经得到了四神图像的粉本。

龟虎古墓的兽首人身十二辰像刻画出当时日本、新罗、唐朝间的国际形势。从7世纪末到8世纪，日本经历了白江口之战的战败，从669年中断派送遣唐使到702年重新派送遣唐使的这30年间，通过遣新罗使，日本与新罗间的交流较为活跃。藤原京内的原药师寺（686？）、大官大寺等新罗系寺院的双塔式殿堂，飞鸟苑和庆州雁鸭池，藤原京、新罗王京，濑多桥和庆州月精桥的桥墩构造、土木工程技术、新罗陶器的分布以及新罗系外来遗民，正仓院文物中的新罗系文物等，这些都体现了日本与新罗的紧密国际关系。

龟虎古墓、高松冢古墓、原药师寺金堂台座、正仓院十二辰八卦镜所展现的4种图像具有共性。在飞鸟京、藤原京的地域空间内，造墓、画师、金工的分工比较明确，存在着囊括了这些职业的工人集团。他们处于同一时期的历史环境中。

高松冢古墓壁画与渤海贞孝公主墓（792）的服饰和仪仗器具类似。壁画展现了日本、渤海、新罗、唐朝之间的文化交流。

原刊于《服饰文化共同研究最终报告》（2011），2012年3月，第1—11页。

---

① 校者按：原文为黄书造（连）本实，应为黄文连本实。
② 〔日〕岸俊男：《文献史料与高松冢壁画古墓》，《壁画古墓高松冢》，橿原考古学研究所1972年版；〔日〕井上薰：《白凤奈良朝的黄文画师》，《壁画古墓高松冢》，橿原考古学研究所1972年版；〔日〕和田萃：《高松冢古墓备忘录》，《古代学研究》1998年第140辑。

东北亚古代服饰图像

——高句丽、渤海、新罗、日本的服饰

〔日〕东潮 著 郑丽娜 译 郑春颖 校[*]

4世纪末至5世纪,广开土王、长寿王时代高句丽的势力扩展至辽东地区,其版图内分布着高尔山山城等高句丽山城。在辽宁省本溪以及抚顺市前屯、洼浑木墓群发现了这一时期的墓葬。2000年10月,在辽宁省抚顺市顺城区的高句丽晚期至渤海时代的墓群里,发掘出绘有人物群像的壁画墓。作为高句丽长安城时代领土内王畿以外发现的壁画,是研究高句丽末期人物图像、服饰的珍贵资料。本文通过对施家1号墓壁画人物图像的分析,与日本、新罗、渤海、辽的服饰进行比较,比较对象包括以高句丽平壤城为中心的五部五方领域内北部的施家壁画墓、南部小白山脉南麓的新罗于宿知述干墓、高句丽灭亡后建国的渤海贞孝公主墓,以及灭亡渤海的辽的人物、服饰图像。①

---

* 东潮,日本德岛大学名誉教授;郑丽娜,长春师范大学图书馆馆员;郑春颖,长春师范大学高句丽渤海研究院院长、教授。
① 辽宁省文物考古研究所、抚顺市博物馆:《辽宁抚顺市施家墓地发掘简报》(下文简称《发掘简报》),《考古》2007年第10期。

一、高句丽、新罗、渤海、辽的服饰资料

（一）辽宁抚顺施家1号墓（高句丽）

该墓位于辽宁省抚顺市区北部浑河右岸的丘陵上，高句丽高尔山山城东侧，共发掘41座横穴式石室墓。1号墓是石块垒砌的横穴式石室（墓道居中），墓室墙壁用白灰粉刷，北壁、东壁和西壁上均有残留壁画。在距离地面90厘米处画有一条4厘米宽的水平墨带。东西两壁的中间各有1条垂直的墨带将画面区分开。北壁壁画的墨带上方并列着11个人像。东侧的10个人物为女性，有的穿长裙，有的穿短襦[①]，下身为裤。这些人物的轮廓、面目、肢体、手持物件以及衣服等均用细墨线勾勒。再用红、黄、黑色的颜料填充。每个人物只用1种颜色，红黄交替使用。西壁上部的北侧绘有莲花纹。西壁下部的北侧据说有3个"马蹄"。东壁的上侧可见2个人物，其中1人在跳舞。据说在人物的南侧还残留着山峰。1号墓中出土了金耳环、莲瓣纹瓦当[②]、赤色板瓦、铁镞。从1号墓的莲瓣纹瓦当、34号墓的陶器、5号与30号墓的铁镞、5号与39号墓的大环式耳饰、28号墓的心叶形饰来看，该墓群的年代属于高句丽晚期。[③]

1号壁画墓构造为石块垒砌，穹窿状天井。墓道两壁块石横向垒砌。侧石形状较大。墓室为方形。与分布于鸭绿江流域的石室墓类似。在以平壤城为中心的王畿内，三角平行叠涩天井较发达。石室内出土了檐部的瓦当与板瓦，板瓦用在棺床上，瓦当（1件）的用途不明（图1）。

[①] 校者按：原文采纳《发掘简报》的写法，写为"短裙"，从形制来看，应该是"短襦"。
[②] 校者按：原文写为"莲弁纹轩丸瓦"，根据《发掘简报》应为莲瓣纹瓦当。
[③] 校者按：原文写为33号墓和23号墓，根据《发掘简报》应为39号墓和28号墓。

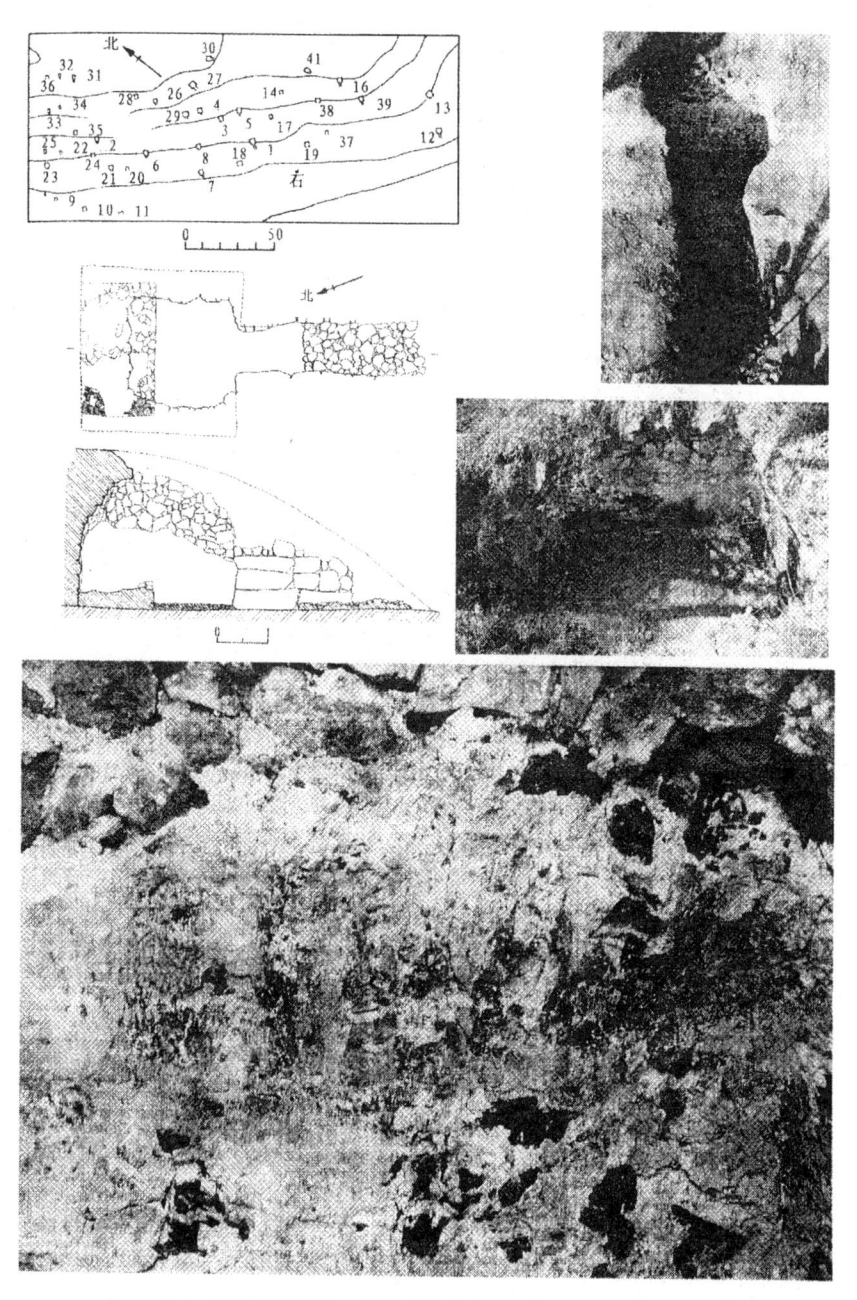

图 1　辽宁抚顺施家 1 号墓（辽宁省文物考古研究所 2007）

壁画的题材为墓主送葬（行列）图。第3个或第4个人物手持物似华盖的东西。其前方人物应该就是墓主。从6世纪初开始，高句丽壁画墓如双楹墓等，不再将人物像作为描绘主体，而是演变为以四神像为主。从高句丽图像的变迁来看，1号壁画墓比双楹墓更晚，应该成于6世纪。有无四神图像尚不明确，但从墓主图到四神图的演变以王畿为中心，周边地区的情况可能会有所不同。

施家1号墓应该是以高尔山山城为核心的"大城"集团所修筑。《三国史记》记载高尔山山城为新城，是高句丽在335年灭玄菟郡之后建造。新城的攻防已达数次，从记录上来看有339年前燕的慕容皝、613年隋的王仁恭、655年唐的程名振与苏定方、667年唐李世勣的军队。① 高尔山山城西约40千米坐落着沈阳的石台子山城，其周边也分布着墓群（石室墓）。

施家墓群1号墓等墓葬自6世纪开始建造，到668年高句丽灭亡一直存在。18号、29号墓出土了唐式銙带，18号墓出土了开元通宝。开元通宝于唐高祖武德四年（621）发行。銙带比西安隋姬威墓（610）的样式更新，与7世纪后半期至8世纪的朝阳大街5号墓（砖筑）的类似。② 抚顺地区可能在高句丽灭亡后成了渤海与唐朝的接触地带。因此，施家墓群或建于高句丽后期至渤海初期。

（二）庆尚北道荣州于宿知述干墓（新罗）

该墓为横穴式石室，墓道石门外侧和墓道天井有壁画遗存。石门外侧涂刷薄薄的白灰，上面绘着人物图像。画像人物穿着襦（上衣）和裳，能够确认有2人以上着青裳或白裳③，似为右衽。佩有形态如蛇的领巾。石门内侧印刻着"乙卯年于宿知述干"的铭文。为新罗真平王十七年的乙卯

---

① 〔日〕田中俊明：《高句丽的山城》，《高句丽的历史与遗迹》，日本中央公论社1995年版。
② 李新全：《朝阳市朝阳大街唐墓清理报告》，《辽海文物学刊》1997年第1期。
③ 〔韩〕秦弘燮：《荣州顺兴壁画古墓发掘调查报告》，梨花女子大学博物馆1984年版。

（595）年筑造的于宿知述干墓。此顺兴之地本高句丽所属。在 6 世纪中叶的丹阳赤城碑（545 年前后）①立碑之前，高句丽的移民居住于此。

在顺兴壁画墓（新罗）中，墓室的右（东）壁画着持蛇力士像，前（南）壁绘有高举系于长柄武器上风幡（旗帜、旌旗）的人物像，甬道东壁绘有门卫（力士）。长柄矛上的旌旗与双楹墓壁画上骑马武人像的手持物类似。包括力士像和鬼面像在内，被统称为"畏兽"。②可以看出受到了通沟四神墓与五盔坟 4、5 号墓的影响。

庆尚北道荣州顺兴壁画墓（579）与于宿知述干墓（595）是高句丽系的壁画墓。新罗占领小白山脉一带是在丹阳赤城碑（540）竖立以后。平壤的江西大墓推测是平原王陵（599）。虽然于宿知述干墓和顺兴壁画墓大体上处于同一时期，但壁画图像以四神为主。这两个古墓无疑是在新罗占领前就已经存在的高句丽移民所遗留。

（三）阿夫拉西阿卜壁画的新罗人

撒马尔罕的阿夫拉西阿卜城遗址的宫殿壁画上绘有人物像。两个人物上身长袍、下身着裳③、蹬靴、佩刀。头上戴鸟翼形装饰，双手拱于胸前。从宫殿址的时间和壁画图像的考证可判定其属于 7 世纪中叶。④时间在 668 年新罗统一之前，因此所绘人物或为新罗人⑤，或为高句丽人⑥。庆州

---

① 校者按：关于新罗丹阳赤城碑竖立的时间，学界存在争议，本文作者在此处认为是 545 年前后，后文又认为是 540 年，特此说明。
② 〔日〕东潮：《高句丽壁画与东亚》，学生社 2009 年版。
③ 校者按：原文写为"裳"。古汉语"裳"指裙子，从图案看是裤，不是裙。
④ 〔日〕穴沢咊光、马目顺一：《阿夫拉西阿卜都城址出土壁画所见朝鲜使节》，《朝鲜学报》1976 年第 80 辑。
⑤ 〔韩〕金元龙：《撒马尔罕阿夫拉西阿卜宫殿壁画中的使节团》，《考古美术》1976 年第 129、130 辑；〔韩〕金元龙：《韩国美术史研究》，一志社 1987 年版，第 433—441 页。
⑥ 〔日〕穴沢咊光、马目顺一：《阿夫拉西阿卜都城址出土壁画所见朝鲜使节》，《朝鲜学报》1976 年第 80 辑。

鸡林路 14 号墓的嵌玉短剑、庆州味邹王陵 C4 号墓的象嵌琉璃玉、兴德王陵的石人像（胡人）等西域文物于 5—7 世纪流入新罗。新罗与北朝、隋、唐皆有交往。

（四）陕西省乾县李贤章怀太子墓壁画（唐）

李贤为唐高宗次子，被武则天废黜，文明元年（684）死于巴州（四川巴州）。中宗（李显）复位后，神龙二年（706）以雍王身份陪葬于乾陵。景云二年（711）被追封为章怀太子，并与太子妃房氏合葬。墓道东壁上绘有 6 人组成的"宾客图"。前面 3 个人是唐朝的文官，头戴笼冠，身着黑领、宽袖的朱衣（袍），飘带曳地，下身着长裤，前襟上有边饰。第 3 个人手持笏板。第 4 个人深目高鼻，身穿翻领褐袍，束腰带，穿黑靴，两手交叉叠置于胸前。第 5 个人头戴饰有 2 支鸟羽的冠帽，身穿红领宽袖白色短袍、大口裤，脚穿黄靴，两手置袖中拱于胸前。第 6 个人头戴皮帽，身穿圆领黄袍，腰部束带，黄皮窄裤，尖皮靴，裹着外套，戴双角饰帽的人穿着右衽长袍和裙裤，长袍下端有边饰。西壁的客使图也由 6 人组成。从墓道向墓室的第 1 个人深目高鼻，头戴胡帽，身穿窄袖长袍，束着腰带，脚蹬黑靴，手持笏。第 2 个人高髻，穿圆领窄袖红色长袍。第 3 个人穿圆领窄袖长袍，持笏板，腰部佩戴短刀。第 4、5、6 个人皆戴有幞头，身着圆领宽袖长袍，双手拱于胸前。① 东壁上的人物被推测是高句丽或新罗使节。② 但还有一种看法认为是渤海王子。"中宗时期，对大祚荣的册封尚未完成。王子大门艺入唐，开元通宝初年（713）③ 才回国。在绘制壁画时以在唐的大门艺及渤海使者为壁画使者的原型并非没有可能。"④ 此时高句丽

---

① 陕西省博物馆、乾县文教局唐墓发掘组：《唐章怀太子墓发掘简报》，《文物》1972 年第 7 期。
② 〔韩〕金元龙：《关于唐李贤墓壁画的使者》，《考古美术》1974 年第 123、124 辑；〔韩〕金元龙：《韩国美术史研究》，一志社 1987 年版，第 425—432 页。
③ 校者按：开元通宝初年（713），疑应写为"开元初年（713）"或"开元天宝初年（713）"。
④ 〔日〕滨田耕策：《渤海国兴亡史》，吉川弘文馆 2000 年版。

虽已灭亡，但 7 世纪时唐朝和高句丽曾有政治上的往来关系（战争）。白江口之战之后，唐朝与新罗在政治、经济上的关系也并不稳定。

新罗真德王于三年（649）"始服中朝衣冠"①，开始穿戴唐朝的衣冠。四年（650）"以真骨在位者执牙笏"②，出现笏的使用。阿夫拉西阿卜壁画所描绘的持笏者被认为是来自高昌等国的使节。《三国史记》卷22《乐》所称"放角幞头"，被认为是双角形立饰帽的新罗人服饰。③

（五）陕西省礼泉太宗昭陵出土十四国蕃君长石像（唐）

昭陵（陕西省礼泉县）的北司马门遗址出土了十四国蕃君长石像，其中发现了带有"新罗乐浪郡王"铭文的石片。④昭陵于贞观十年（636）开始修建寿陵、陵园，贞观二十三年（649）唐太宗下葬。永徽（650—655）⑤初年立十四国蕃君长石像。真德王元年（647），有"唐太宗遣使持节。追赠前王为光禄大夫。仍册命王为柱国。封乐浪郡王"⑥的记载，与出土的铭文一致。在 23 件十四国蕃君长石像中似乎没有新罗使节人物像，其服饰也就无从知晓。但发现了突厥人像。

（六）高松冢古墓壁画（日本）

在墓室的东西两壁上绘有男子、女子的群像。男子穿左衽圆领长袍，下身白色裤裳。手持屏伞、囊（柳笥）、袋装太刀、毯杖、胡床、桙等。

---

① 《三国史记》卷 5《新罗本纪五》。
② 《三国史记》卷 5《新罗本纪五》。
③ 〔韩〕金元龙：《撒马尔罕阿夫拉西阿卜宫殿壁画中的使节团》，《考古美术》1976 第 129、130 辑。
④ 陕西省考古研究所、昭陵博物馆：《2002 年度唐昭陵北司马门遗址发掘简报》，《考古与文物》2006 年第 6 期；张建林、王小蒙：《对唐昭陵北司马门遗址考古新发现的几点认识》，《考古与文物》2006 年第 6 期。
⑤ 校者按：原文写为"永微"，应为"永徽"。
⑥ 《三国史记》卷 5《新罗本纪五》。

女子穿左衽上衣和裙子（裳）下衣。拿圆翳（圆羽）、拂尘、如意。表现出了藤原宫内的侍从（内宫）像以及持物、朝贺等仪式。

从高松冢古墓墓主遵照的是养老三年（719）"右襟"化以前的大宝律令服制，以及墓室的编年等推断，此墓应为705年薨逝的刑部（忍壁）皇子墓。① 有关刑部（忍壁）亲王，《续日本纪》"庆云二年（705）"条中有"五月丙戌。三品忍壁亲王薨，遣使监护丧事，天武天皇之第九皇子也"的记载。即派遣使者，举办丧事。在此之前，还营建了龟虎古墓。庆云元年（704）七月，遣唐使从四位下的粟田朝臣真人回国。在十月初九日粟田朝臣真人等觐见。同月十四日，因其出使"绝域"（断绝来往已久的）唐朝，授粟田朝臣真人大倭国田20町、谷1000斗。在描绘四神图像上，高松冢古墓壁画与龟虎古墓壁画使用了相同的底本。用唐朝最新样式的天文图表现唐墓壁画的礼仪、威仪队列的人物群像。高松冢古墓的造墓、画师集团正是持统丧仪的作殡宫司、兼任文武殡宫，在葬仪中担任御装司的黄文连本实等人。御装司又称御装束司，是以"修饰装扮"，即"以管理葬礼仪式中的威仪为主要工作，建造坟墓则另由造山陵司或者被称为山作司的人负责"。②

文武天皇于庆云四年（707）六月十五日驾崩，按遗诏举国哀悼三日、着丧服一个月。次日六月十六日从五位下黄文连本实等至"殡宫"侍奉。十月初三日，从五位下黄文连本实等任"造灶司"、"造山陵司"，后又被任命为"御装司"。十月十一日，从四位上当麻真人智德带领诔人进行了哀悼。文武天皇谥号倭根子丰祖父天皇，在飞鸟岗火葬，最终葬于桧隈安古山陵。据推测，文武陵即是飞鸟的中尾山古墓。八角形的古墓内筑有刳拔式石椁。自文武天皇六月十五日驾崩至十月十一日安葬共举行了近四个

---

① 〔日〕东潮：《高句丽壁画与东亚》，学生社2009年版。
② 〔日〕岸俊男：《文献史料与高松冢古墓》，《壁画古墓高松冢》，奈良县教育委员会1972年版，第159—171页。

月的丧葬礼仪。在此期间建造坟墓也不无可能。龟虎古墓和高松冢古墓可能也修建于这一时期。

天武十一年（682）禁止穿戴位冠及褌、褶、胫裳。天武十三年（684）男女衣服上有的有襴，有的没有襴。穿着襴衣时腰部系长带，下穿括绪袴。天武朱鸟元年（686）开始，男子穿胫裳，天武十一年的限令被解除。持统四年（690），穿"绮带白袴"。根据大宝元年（701）的服饰制度，直冠以上位阶全都穿着缚口白袴，勤冠以下位阶穿白胫裳。庆云三年（706）禁止胫裳，令穿白袴。养老三年（719）二月改行右襟。同年，首次规定妇女的衣服样式，通过服饰约束女子。

养老三年从左襟至右襟的变化并非单纯为服饰上的变化，也非对唐朝服装样式的模仿，而是天下意识的体现。左衽因被视为胡服和夷敌的规制而受到排斥。在右襟令发布前的正月初十日，遣唐使等拜谒了"天皇"。他们都穿着唐朝授予的朝服。[①] 虽然穿的无疑是圆领袍，但并非为圆领的唐服，而是改成了右襟的衣服。同时也将笏板制度引入进来。

（七）吉林省和龙贞孝公主墓（渤海）

该墓位于吉林省和龙龙头山墓群。[②] 贞孝公主墓（N42°40′54″76，E129°12′31″47）位于西古城（N42°42′38″29，E129°05′55″42）的东南部。直线距离 9.5 千米。贞孝公主墓的后山顶部平缓，可以眺望西古城（中京显德府）。从龙头山顶望去，河岸的平原、盆地一览无余。

墓由南北方向（170 度）的墓室、甬道、墓门、墓道组成。虽然坟顶的塔身已经毁坏，但是塔基仍然保留。斜坡墓道水平高 7.1、宽 3.3—5.8 米。墓门立有门柱，并装有门额。甬道长 1.9、宽 1.7—1.9、高 1.6 米。

---

① 〔日〕直木孝次郎：《高松冢古墓的墓主——墓主论初探》，《高松冢古墓与飞鸟》，日本中央公论社 1986 年版，第 63—76 页。
② 延边朝鲜族自治州博物馆：《渤海贞孝公主墓发掘清理简报》，《社会科学战线》1982 年第 1 期。

墓室长3.1、宽2.1米。南壁垂高1.7米，其他3面墓壁内倾。东西两壁1.4米以下与地面垂直，北壁高1.6米。砖砌塔基在墓室、甬道的上部。南北5.7米，东西5.6米。塔基的中心部分为方形，南北2.7米，东西2.6米。基坛高1.5米。

壁画绘于甬壁和墓室的东西北壁及甬道后部的东西两侧，为并列的12个人物像。用铁线法描绘，以墨线绘制轮廓，染朱、红、赭、青、绿、白等色。甬道西壁的门卫（武士）粉面朱唇，身着战袍，披着肩铠、甲，卷袖，套白色护腕，上饰有花纹和红缨，右手握铁挝，扛于右肩，左手扶长剑，剑鞘饰黑白色的竹节纹。东壁绘制的门卫和西壁的门卫大致相同，只佩剑佩于身后。墓室东西两壁上4人物像中南侧的人物为侍卫。穿着圆领紧袖袍，卷袖，腰间系白色皮带，上有黄色装饰，袍前襟撩起系于带内，里面穿红色花纹内衣。左手握铁挝，扛于左肩。墓室东西壁的南侧画着侍卫。人物约高117厘米。西壁上的侍卫身穿圆领紧袖袍，卷袖，腰系白色皮带，左手握铁挝，扛于左肩，左腰部佩弓囊，右手执剑。东壁上的侍卫着褐色袍，系黑皮带，穿绿色花纹内衣，蹬黑色靴，右手握铁挝，扛于右肩，左手相扶斜垂于身后。西壁上绘有高约110厘米的乐伎3人。头戴幞头，身着圆领宽袖袍，腰系皮带，足蹬麻鞋，各执琵琶、箜篌、锦囊。东壁上绘有3名内侍，分别拿红色包袱、白色包袱、黑色圆状物。北壁的侍从2人侧身对立，均为穿白色圆领长袍的武人，其中1人佩戴弓和箭囊，双手举红色伞状物，形似华盖。

贞孝公主墓壁画中的人物像由2名门卫（武人）、2名侍卫、3名乐师（琵琶、箜篌、拍板）、3名内侍、2名侍从（武人）共12人构成。侍卫佩戴箭囊和弓囊，其形与懿德太子墓（706）里的东西类似。[①] 因为贞孝公主墓壁画的主题是表现渤海王室的内宫，所以由门卫、宫官（内侍）、乐队构成。

---

① 池升元:《浅析渤海贞孝公主墓壁画》,《高句丽渤海研究集成》6, 哈尔滨出版社1994年版。

在龙海墓区的 10 号砖室墓中出土了三彩男女陶俑。女俑是中分发型，双手拱于胸前的姿态。身穿男装，为圆领长衫，腰部系垂着铊尾的带子。与唐代宫廷的侍女一致。男俑头戴幞头，为双手拱于胸前像，铊尾从腰的左后部垂下，与贞孝公主墓的侍从相同。10 号墓为平天井式墓室（3.4 米×1.8 米×2.0 米），斜墓道（4.7 米×2.4 米），是于墓上建造砖塔的"塔葬"构造（图 2）。

贞孝公主是大钦茂（文王，737—793）的第四个女儿，卒于大兴五十六年（793）[①]夏六月九日，同年十一月二十八日陪葬于"染谷之西原"。"染谷之西原"中的染谷即是海兰江的支流福洞河的河谷地带。

贞孝公主墓是和龙龙头墓群的 1 号墓。近年来，相关研究明确了 12 号墓为文王（大钦茂）孝懿皇后墓，3 号墓是第 9 代简王大明忠（816、817—？）的顺穆皇后墓。[②]顺穆皇后于建兴十二年七月十五日，"迁安□陵，礼也"。建兴十二年（830）为大仁秀（宣王）时代，葬于远离上京龙泉府的龙头山陵园。2 号墓据称有可能是第 9 代简王墓。

贞孝公主殁后第二年（793），大钦茂薨，当时正处东京龙原府时期。王妃卒于大兴三十六年（773）[③]，没有关于 12 号墓的孝懿皇后墓志的报告。贞孝公主墓陪葬于孝懿皇后的西原，即中京显德府东南的龙头山的陵园。

大钦茂的第二女贞惠公主卒于宝历四年（777），宝历七年（780）陪葬于"珍陵之西原"。埋葬地位于"旧国"敦化六顶山墓群（陵园）。[④]

大钦茂于 742 年前后迁都至中京显德府，天宝（742—756）末年的 755 年前后迁都上京龙泉府。有"天宝末，钦茂徙上京，直旧国三百里忽汗河之东"、"显州，天宝中王所都"的记载。

大兴四十八年（785），迁都至东京龙原府。[⑤]"贞元时，东南徙东

---

① 校者按：大兴五十六年原文为 792 年，应为 793 年。
② 李强：《吉林和龙市龙海渤海王室墓葬发掘简报》，《考古》2009 年第 6 期。
③ 校者按：《渤海国志长编》中未找到该记载，大兴三十六年原文为 772 年，应为 773 年。
④ 李强：《吉林和龙市龙海渤海王室墓葬发掘简报》，《考古》2009 年第 6 期。
⑤ 《渤海国志长编》卷 3《世纪第一》。

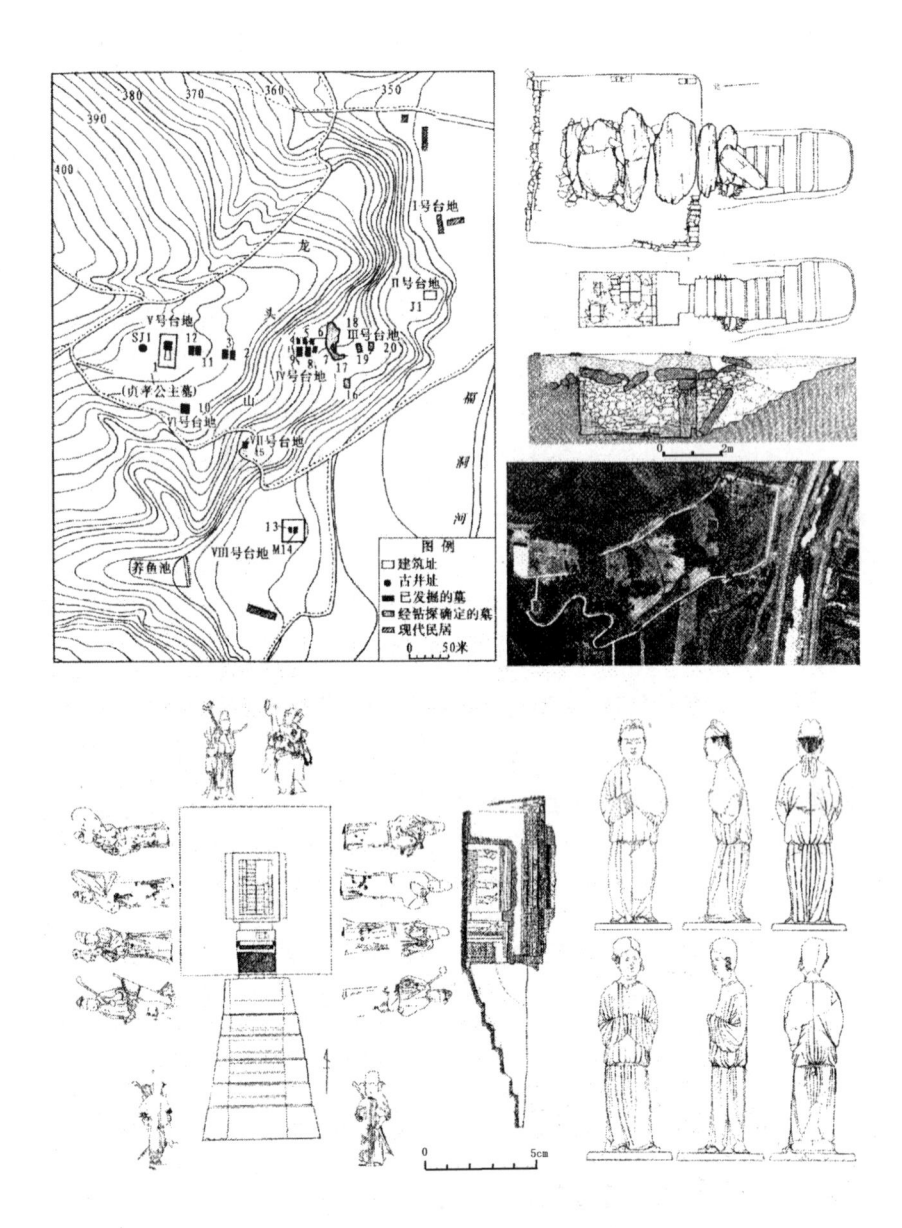

图2　和龙龙海墓区1号墓（贞孝公主墓）与10号墓（吉林省文物考古研究所 2009）

京。"① 贞元元年,即 785 年。② 大钦茂卒后,794 年大华玙即位,同年再次迁都上京龙泉府,薨后谥号"成王"。

贞孝公主卒于东京龙原府作为都城的时期,被陪葬在中京显德府南的陵园王妃墓。贞惠公主卒于上京龙泉府时,葬于旧国六顶山陵园。

(八)内蒙古巴林右旗庆陵兴宗陵(辽)

庆陵东陵,即辽兴宗(1031—1055)的永兴陵。圣宗时期(982—1031)建于永庆陵东部的山峦支脉。由后室、中室、前室、中室两侧室、前室两侧室、甬道以及斜坡墓道组成。墓道两壁绘有出行(归来)图,前室、中室绘有门卫(武人、武官)和文官(侍)。

七十余个人物像高 170—180 厘米,与真人等大,分为穿契丹服和汉服的两种人物群像。墓道入口东壁绘有"身穿圆领(曲领)窄袖契丹服、头戴无檐帽(即胡帽)、双手握长 1 米有余蒜头棒的侍立人物像",西壁画有"穿契丹服、手握蒜头棒、无帽髡发"的人物。前室的东、西两壁画有"头戴幞头,身着汉服的群体像"及乐人像。其他人物像全是契丹人。前室北甬道东壁上绘有"鬓发垂于耳畔、身着淡褐色契丹服、左腰挂收纳短弓的黑色弓袋、手握蒜头棒的站立武人"。③

辽的服饰包括"国服"和"汉服"。国服(契丹服)包括祭服、朝服、公服、常服、田猎服、弔服④,汉服包括祭服、朝服、公服、常服。⑤

契丹服由上衣(袍)、中衣(中单)、下衣(裙襦)、下袴组成。上衣为圆领窄袖,中衣和下衣为直领左衽。帽子除髡发无帽外,还有胡帽(无

---

① 《新唐书》卷 219《渤海传》。
② 校者按:唐德宗贞元元年是 785 年,原文为 758 年。
③ 〔日〕田村实造:《庆陵的壁画》,同朋舍 1977 年版。
④ 校者按:"弔服"同"吊服"。
⑤ 《辽史》卷 56《仪卫志二》。

檐帽）。汉服为圆领、窄袖，头戴幞头或帻。① 由太宗皇帝（926—947 年在位）参照唐、五代晋的制度制定②：

> 大同元年正月朔，太宗皇帝入晋，备法驾，受文武百官贺于汴京崇元殿。自是日以为常。是年北归。唐、晋文物，辽则用之。左右采订，摭其常用者存诸篇。③

东陵壁画"描绘了契丹皇室四季捺钵（行宫）幕廷内群臣侍立的画面"。东陵壁画的四季山水图，则是"以庆云山为原型，将其四季景观分别绘在中室的四幅壁画上"。④

据《辽史·地理志》"庆州"条记载，辽圣宗生前时常在此驻跸、游猎，甚至留下遗言死后要葬于此地。⑤

兴宗生来就喜欢绘画和音乐，刚继承其父辽圣宗之位，便在景福元年（1031）命令绘制已故父帝辽圣宗的圣容，以及功臣北府宰相萧孝先和南府宰相萧孝穆的肖像，并置于永庆陵（圣宗陵）的御容殿，用以拜谒。⑥或将父皇辽圣宗或自己的画像赠予宋朝，以此来换取宋朝的宋真宗或宋仁宗的画像。⑦……庆陵作为辽圣宗及其后宫妃子的陵寝而广为人知，其大墓室内部饰有数十人的人物画、四季山水画、花鸟画、建筑装饰纹样等各式各样精美绝伦的壁画。鉴于辽兴宗对绘画的浓厚兴趣，如此装饰也是理

---

① 〔日〕田村实造：《庆陵的壁画》，同朋舍 1977 年版。
② 〔日〕田村实造、小林行雄：《庆陵Ⅰ·Ⅱ位于东蒙古的辽代帝王陵及其壁画的考古学调查报告》，京都大学文学部 1952、1953 年版。
③ 校者按：原文写为《辽史》卷25《仪卫志二》汉服，应为《辽史》卷56《志》第25《仪卫志二》。
④ 〔日〕田村实造：《庆陵的壁画》，同朋舍 1977 年版。
⑤ 〔日〕田村实造：《庆陵的壁画》，同朋舍 1977 年版。
⑥ 《辽史》卷18《兴宗一》。
⑦ 《契丹国志》卷9。

所当然的了。①

东陵为兴宗陵。在东陵附近发现了辽兴宗耶律宗真的第三子耶律弘世（1087）、次子耶律弘本（1110）的壁画墓。东陵则是辽兴宗自己的墓。虽然是作为寿陵建造的，但在两个儿子的墓中也有壁画装饰。圣宗的中陵没有壁画装饰。道宗的西陵中确有人物画。②

契丹传统服饰为男子圆领左衽、窄袖、髡发。女子直领左衽、窄袖。在内蒙古巴林左旗滴水湖辽墓的敬食图中，男子为髡发，穿白色圆领窄袖长袍。

二、高句丽、渤海、辽的服饰系统

高句丽壁画的人物图像由墓主（夫妇）图像向墓主（夫妇）图像与墓主行列图像并存转变（图3）。这一变化出现于4世纪中期的安岳3号墓（冬寿墓）。5世纪后半期水山里古墓的壁画以墓主行列为中心主题，5世纪末至6世纪初期的双楹墓并未表现出墓主和墓主行列图像，壁画主题转变为四神图像。③

施家1号墓是块石垒砌穹窿状天井，墓道侧壁平叠构造。在高句丽领地内五部五方的中心地区，虽然存在积石垒砌三角平行叠涩式天井的平壤型石室，但块石垒砌的石室墓分布更加广泛。1号墓壁画人物着高句丽后期服饰，18号墓的銙带是渤海时期的服饰。

渤海的官秩为："以品为秩，三秩以上服紫，牙笏、金鱼。五秩以上服绯，牙笏、银鱼。六秩、七秩浅绯衣，八秩绿衣，皆木笏。"④

---

① 〔日〕田村实造：《庆陵的壁画》，同朋舍1977年版。
② 〔日〕鸟居龙藏：《考古学上所见辽文化图谱》1—4，东方文化学院东京研究院1936年版。
③ 校者按：原文如此表达，但双楹墓绘制有墓主和墓主行列图。推测此句应为"5世纪末至6世纪初期的双楹墓，表现有墓主和墓主行列图像，但壁画主题渐趋以四神图像为主"。
④ 《新唐书》卷219《渤海传》；《东亚民族志二》。

高句丽的服饰是，男子穿着大袖衫和袴，女子穿（裙）襦裙。从6世纪的施家1号墓的人物像壁画来看，高句丽直至灭亡都穿着相同的服饰。"丈夫衣同袖衫、大口袴、白韦带、黄革履。其冠曰骨苏，多以紫罗为之，杂以金银为饰。其有官品者，又插二鸟羽于其上，以显异之。妇人服裙襦，裙袖皆为襈。"①

在713年渤海国成立、受唐朝册封后，渤海的服饰制度，包含銙带服饰在内，皆受到了唐朝服饰的影响。792年②贞孝公主墓所绘服饰是唐朝样式。尽管龙海墓群10号墓陶俑的制作地是个问题，但仍是唐朝样式。不过虽然受唐朝服饰的影响，但仍属渤海体制。

宝应元年（762），大钦茂从渤海郡王晋封为渤海国王，从金吾卫大将军（正三品）被册封为检校太尉（正二品）。从武官到文官的变化反映了渤海内政、外交及文化方面的变化。③虽然册封体制和服饰制度有关，但我们不能照此来衡量政治关系。

8—9世纪，銙带在唐、渤海、新罗、日本（奈良、平安时代）得到发展，成为身份制的外在表现。在各国，銙带与唐式服装一同被普及。在北海道的莫欧罗贝墓和荣浦遗址出土了带饰。与对外交流中的渤海使、遣渤海使有所不同，銙带应该有通过北方海路保持交流的关系。同銙带一起，在渤海境内还分布着靺鞨系的带饰，开元通宝便展现了与唐的交流关系。灭亡渤海的辽拥有广大的疆域，存在契丹固有的国服和汉服两种服饰（图4）。这也体现了辽的统治领域。

---

① 《周书》卷49《高丽传》；《东亚民族志一》。
② 校者按：原文为780年，应为792年。
③ 〔日〕滨田耕策：《渤海国兴亡史》，吉川弘文馆2000年版。

安岳3号墓

安岳2号墓

水山里古墓

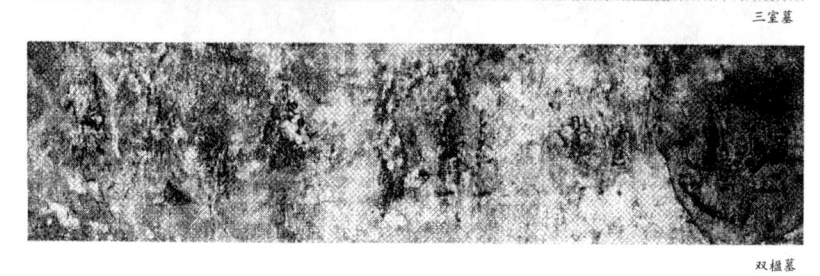

三室墓

双楹墓

图3 墓主行列图像（朝鲜画报社 1985）

图4 高句丽、唐、渤海、辽、日本（飞鸟时代）

1. 莫高窟62窟（隋）；2. 莫高窟375窟（初唐）；3. 莫高窟205、130窟（盛唐）；4. 莫高窟107窟（中唐）；5. 莫高窟9、192窟（晚唐）；6. 水山里古墓（高句丽5世纪后半）；7. 于宿知述干墓（新罗595）；8. 龙江洞古墓（新罗）；9. 靖陵（唐889）；10. 龟虎古墓（7世纪末）；11. 天寿国绣帐（飞鸟）；12. 藤原宫（飞鸟）；13. 高松冢古墓；14. 庆陵东陵（辽兴宗1055）。

本文为东潮"2009—2011年度文部科学省委托服饰文化共同研究项目：东亚古代服饰的图像学与考古学"阶段性成果。

壁画四神图的比较分析
——竹原古墓壁画的再研究

〔日〕基峰修　著　姜瑞玉　译　郑春颖　校*

一、前言

四神是指掌管天地四方的守护神，分别是青龙（东）、白虎（西）、朱雀（南）、玄武（北）四个神兽。① 据说四神起源于中国周代（公元前 11 世纪以后），汉代（西汉：公元前 206—公元 8；东汉：25—220）以后，开始作为铜镜、墓室壁画等的装饰纹样而被频繁使用。② 四神是中国中原地

---

* 基峰修，アーキジオ株式会社考古事业部部长，宝性寺历史文化研究所兼职研究员；姜瑞玉，长春师范大学历史文化学院中国史专业博士研究生；郑春颖，长春师范大学高句丽渤海研究院院长、教授。

① 四神的神兽中，青龙也作"苍龙"，朱雀也作"朱爵"，在本论文中，优先使用常用名称，记作青龙、朱雀。

② 〔日〕上田正昭：《四神的思想》，《周刊朝日百科日本的历史》46，朝日新闻社 1987 年版，第 62 页；〔日〕大形彻：《四神考——以西汉、东汉的资料为中心》，《人文学论集》第 15 号（金子务教授、片仓穰教授退休纪念号），大阪府立大学人文学会 1997 年版，第 127—143 页；〔日〕中川穗花：《在中国的四神像——从汉代到唐代的壁画墓图录》，《亚洲考古学》第 2 号，亚洲考古学研究会 2004 年版，第 71—86 页；〔日〕永岛晖臣慎：《高句丽壁画古墓的四神图墓的出现》，《高句丽壁画古墓》，共同通讯社 2005 年版，第 44—53 页。

区广泛流传的龙蛇信仰①和阴阳五行思想结合而生的②,也存在于现在中国东北部至朝鲜半岛中北部的高句丽,后流传于东亚地区。四神作为壁画古墓的主题,出现在5世纪前半叶,6世纪时四神图成为壁画的主题。③到了6世纪,朝鲜半岛西南部的百济也出现了以墓室壁画形式描绘的四神图。④

在日本,公元7世纪末—8世纪初期建造于近畿地区的高松冢古墓(直径23米的圆坟,奈良县明日香村)和龟虎古墓(直径13.8米的圆坟,奈良县明日香村)因石室(横口式石椁)内绘有四神图而闻名于世。有人指出,6世纪后半期九州地区建造的竹原古墓(直径18米的圆坟,福冈县宫若市)的石室(全长6.7米的复室构造横穴式石室)内也绘有四神图。⑤具体来说,后室内壁上描绘的怪兽可以解释为"龙媒传说中的龙马"或"青龙"、"天马"⑥,前室内壁的右上方描绘的鸟是"朱雀",左侧上部所绘

---

① 〔日〕金子量重:《蛇与龙——土著思想与舶来造型》,《亚洲的龙蛇——造型与象征》,雄山阁1992年版,第13—26页。
② 〔日〕德植勉:《关于亚洲的龙蛇信仰——以中国为中心》,《亚洲文化研究》第11号,国际亚洲文化学会2004年版,第159—168页。
③ 〔日〕东潮:《装饰古墓的源流——东亚的装饰墓》,《装饰古墓的世界》,朝日新闻社1993年版,第126—127页;〔日〕东潮:《高句丽考古学研究》,吉川弘文馆1997年版;〔日〕东潮:《北朝、隋唐和高句丽壁画——以四神像与畏兽图像为中心》,《国立历史民俗博物馆研究报告》第80集,国立历史民俗博物馆1999年版,第261—325页;〔日〕东潮:《古代东亚的鬼神与四神像》,《道教与东亚文化》第13卷,国际日本文化研究中心2000年版,第121—132页。
④ 〔日〕轻部慈恩:《百济遗迹的研究》,吉川弘文馆1971年版,第59页。
⑤ 〔日〕斋藤忠:《壁画古墓的谱系》,学生社1989年版,第118页;〔日〕白石太一郎:《由装饰古墓看他界观》,《国立历史民俗博物馆研究报告》第80集,国立历史民俗博物馆1999年版,第73—95页。
⑥ "表现龙媒传说中的龙马"学说由金关丈夫提出,被森贞次郎、和田萃等人肯定。〔日〕金关丈夫:《竹原古墓内室的壁画》,《博物馆》第215号,国立博物馆1969年版,第11—16页;〔日〕森贞次郎、榊晃弘:《装饰古墓》,朝日新闻社1972年版,第47页;〔日〕森贞次郎:《九州的古代文化》,六兴出版1983年版,第415页;〔日〕和田萃:《四神图的谱系》,《国立历史民俗博物馆研究报告》第80集,国立历史民俗博物馆1999年版,第1—28页。四神之"青龙"学说由斋藤忠、白石太一郎等人提出,并被肯定。参见〔日〕斋藤忠:《壁画古墓的谱系》,学生社1989年版,第118页;〔日〕白石太一郎:

龙蛇的圆形图案则解释为"玄武"。① 如果后室内壁的怪兽可以解释为"青龙",那么它就与前室内壁的壁画相符合,虽然缺少"白虎",但基本形成了四神图的构图。另一方面,有的观点对竹原古墓壁画是否可以解释为四神图持否定态度。② 另外,也有观点认为"四神、龙媒、升仙"等大陆思想被融合引入。③

8世纪以后的日本,从大宝元年(701)开始,当举行元日朝贺等宫廷仪式之时,会在大极殿院前院设立四神图之类的"幡(旗)"④,而且在近畿地区的药师寺(奈良县奈良市)金堂本尊台座也能看到铸造的四神图⑤。

关于竹原古墓所谓的四神图,本文将以同时期及其前后筑造的高句丽及百济四神图、日像图为中心,对其表现方法以及描绘方法进行比较研究,并在此基础上,重新探讨竹原古墓壁画的释义及其谱系。

(接上页)《由装饰古墓看他界观》,《国立历史民俗博物馆研究报告》第80集,国立历史民俗博物馆1999年版,第86—88页;〔日〕斋藤忠:《高句丽壁画古墓之我见》,《高句丽壁画古墓》,共同通讯社2005年版,第29—43页。"天马"学说由东潮提出。参见〔日〕东潮:《装饰古墓的源流——东亚的装饰墓》,《装饰古墓的世界》,朝日新闻社1993年版,第126—127页。

① 〔日〕森贞次郎:《福冈县鞍手郡若宫町竹原古墓的壁画》,《美术研究》第194号,吉川弘文馆1957年版,第1—18页;〔日〕森贞次郎:《竹原古墓》,日本中央公论美术出版1968年版,第23页;〔日〕森贞次郎等:《竹原古墓——竹原古墓保存修理事业报告》,若宫町教育委员会1982年版,第18—19页;〔日〕森贞次郎:《九州的古代文化》,六兴出版1983年版,第419—420页。

② 〔日〕和田萃:《四神图的谱系》,《国立历史民俗博物馆研究报告》第80集,国立历史民俗博物馆1999年版,第10页;参见〔日〕东潮:《装饰古墓的源流——东亚的装饰墓》,《装饰古墓的世界》,朝日新闻社1993年版,第127页。

③ 〔日〕小田富士雄:《北部九州(福冈县)的装饰古墓研究二题》,《福冈县的装饰古墓》,熊本县立装饰古墓馆1997年版,第107—117页;〔日〕小田富士雄:《由装饰古墓看大陆系画题》,《古文化论丛》第40号,九州古文化研究会1998年版,第165—177页。

④ 拉扎尔·玛丽安娜:《东亚四神旗、四神幡的比较研究》,《龙谷大学大学院国际文化研究论集》第13卷,龙谷大学2016年版,第5—18页。

⑤ 〔日〕町田章:《古代东亚的装饰墓》,同朋舍1987年版,第142页;〔日〕和田萃:《四神图的谱系》,《国立历史民俗博物馆研究报告》第80集,国立历史民俗博物馆1999年版,第11页。

二、文献史料的介绍

本章将介绍在考察四神特性方面特别重要的古代日本文献史料,并希望能够对以考古资料为中心进行的比较分析有所帮助。首先介绍《日本书纪》[①]中的两则记载:

　　史料1:乙巳朔辛酉,阿倍大臣薨。天皇幸朱雀门,举哀而恸。皇祖母尊、皇太子等及诸公卿,悉随哀哭。(《日本书记》卷25,"孝德天皇文化五年[649]三月"条)

据此史料记载,文化五年(649)三月乙巳朔辛酉(17日),左大臣阿倍内麻吕去世,因而,孝德天皇在难波宫(大阪府大阪市)南面中央的朱雀门为其死亡而哀悼,并举行了哀悼仪式。在这一史料记载中,重要的一点是,根据四神思想,宫城的南门被赋予朱雀之名,从此,朱雀门在悼念死者时,具有了特殊的意义。

　　史料2:癸未,朱雀有南门。(《日本书记》卷29,"天武天皇天武九年[680]七月"条)

据此史料记载,天武九年(680)七月癸未(10日),朱雀出现在南门。出现朱雀的南门被认为是天武天皇的皇宫(飞鸟净御原宫)(奈良县明日香村)的南门。因为朱雀是掌管南方方向的守护神,所以人们很高兴它出现在南门。结合史料1的记载,朱雀=南方位的观念,在7世纪中期

[①]《日本书纪》的解读及说明,参见小岛宪之等校注、翻译:《新编日本古典文学全集日本书纪》1—3,小学馆1994—1998年版。

以后就固定下来了。①

接下来介绍《续日本纪》②的记载。

史料3：乙亥朔，天皇御大极殿受朝。其仪，于正门树乌形幢。左日像、青龙、朱雀幡，右月像、玄武、白虎幡。蕃夷使者，陈列左右。文物之仪，于是备矣。（《续日本纪》卷2，"文武天皇大宝元年〔701〕春正月"条）

史料3是大宝律令完成后首次举行的元日朝贺仪式的史料，朝贺仪式在藤原宫（奈良县橿原市）的大极殿内举行。这个仪式中，南面正门上竖立着三足乌像的幢，从天皇的角度看，左侧（东）悬挂着日像幢以及象征东方的青龙图、象征南方的朱雀图的幡（旗），右侧（西）悬挂着月像幢以及象征北方的玄武图、象征西方的白虎图的幡（旗）。

这个元日朝贺的仪式，是在大宝律令完成后首次举行的，被认为是庆祝律令国家形成的重要仪式，在作为仪式场所的大极殿院南门前，悬挂着乌形幢和日像、月像以及代表四神的幡（旗），是对律令国家仪式重要意义的认可。另外，有的观点指出蕃夷使者的参加和四神幡（旗）的悬挂，具有军事性质。③

关于此记述中的幢和幡（旗），通过奈良文化财研究所对藤原宫大极殿院南门的南侧、朝堂院朝庭北端的发掘调查，确认了它们的设置地点并

---

① 在《日本书纪》第29卷"天武天皇天武十年（681）七月"条中有"戊辰朔，朱雀见之"的记载。
② 《续日本纪》的解读及说明，参见青木和夫、稻冈耕二、笹山晴生、白藤礼幸校注的《新日本古典文学大系·续日本纪》1，岩波书店1989年版。
③ 〔日〕新川登龟男：《日本古代的礼仪与表现——亚洲内部的政治文化》，吉川弘文馆1999年版，第142页。

推断出旗杆遗迹①（大型柱孔七处）。关于旗杆遗迹，在东西方向分别有三处大型柱孔，它们均隔着藤原宫中轴形成平面三角形，并且有一处大型柱孔单独位于宫中轴线上。（图1）这七处大型柱孔，因其规模和结构类似，所以被认为是同一系列的遗迹。从其位置关系和构造来看，很大可能是旗杆遗迹，而且从其位于大极殿院南门南侧这一位置来看，很可能是史料3记载的证据。②

另外，在长冈宫（京都府向日市）的大极殿院前院③，平城宫（奈良县奈良市）的大极殿院前院④，恭仁宫（京都府木津川市）的朝堂院南侧⑤的发掘调查中都确认出旗杆遗迹⑥。据此可知，奈良时代的宫城继承了大宝元年的元日朝贺仪式。

---

① 旗杆遗迹，是指举行仪式时放置饰有幢和幡的旗帜的旗杆和支柱的遗迹。虽然记为旗杆遗迹，也称为宝幢遗迹。本文较认可以下文献的记载。参见〔日〕奈良文化财研究所都城发掘调查部编、发行：《藤原宫朝堂院朝庭的调查——飞鸟藤原第189次调查现场说明会资料》，奈良文化财研究所2016年版；〔日〕大泽正吾、西山和宏、山本崇：《藤原宫朝堂院的调查——第189次》，《奈良文化财研究所纪要》，奈良文化财研究所2017年版。
② 〔日〕奈良文化财研究所都城发掘调查部编、发行：《藤原宫朝堂院朝庭的调查——飞鸟藤原第189次调查现场说明会资料》，奈良文化财研究所2016年版；〔日〕大泽正吾、西山和宏、山本崇：《藤原宫朝堂院的调查——第189次》，《奈良文化财研究所纪要》，奈良文化财研究所2017年版，第84—102页。
③ 〔日〕吉川真司：《长冈宫时代的朝廷礼仪——对宝幢遗构的考察》，《向日市埋藏文化财中心年报：都城》第10号，向日市埋藏文化财中心1999年版，第201—217页；〔日〕中岛信亲等：《长冈宫北苑·宝幢遗构》，向日市埋藏文化财中心2005年版，第104页。
④ 〔日〕金子裕之等：《平城宫发掘报告ⅩⅣ第二次大极殿院的调查》，奈良国立文化财研究所1993年版，第136页；〔日〕金子裕之：《平城宫的宝幢遗构》，《奈良文化财研究所纪要》，奈良文化财研究所2002年版，第26页；〔日〕金子裕之：《围绕平城宫的宝幢遗构——对宝幢遗构吉川说的疑问》，《延喜式研究》第18号，延喜式研究会2002年版，第106—129页。
⑤ 〔日〕森正：《平成27年度京都府内埋藏文化财调查》，《京都府埋藏文化财情报》第30号，京都府埋藏文化财调查研究中心2016年版，第1—6页。
⑥ 位于新宫寺遗迹（奈良县斑鸠町）推定位置南侧，新堂废寺（大阪府富田林市）确定位于南门南侧，飞鸟时代（7世纪）寺院发掘调查都给予了确认。

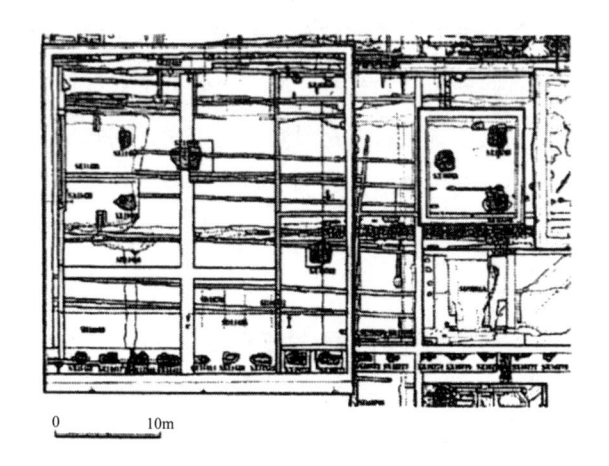

图 1　藤原宫的旗杆遗迹配置图①

进入平安时代后,根据《内里仪式》、《内里式》、《贞观仪式》和《延喜式》的记述,可以窥见在平安宫(京都府京都市)举行朝贺仪式的情况。②据这些书籍可知,在平安时代前期,与大宝元年的元日朝贺仪式相同,都在大极殿的南门竖立四神幡(旗),但是将青龙图和朱雀图、白虎图和玄武图,两两一组东西排列,则是随时代而产生的变化。这种朝贺仪式一直持续到平安时代中期,当朝贺仪式中断之后,和朝贺仪式具有相同仪礼构造的即位仪式继续进行③,仪式的形态和规模在改变的同时一直被延续至今④。

根据以上文献史料,可以得出以下几点结论。第一,从史料1、2可

---

① 〔日〕大泽正吾、西山和宏、山本崇:《藤原宫朝堂院的调查——第189次》,《奈良文化财研究所纪要》,奈良文化财研究所2017年版,第93页,图102。
② 〔日〕新川登龟男:《日本古代的礼仪与表现——亚洲内部的政治文化》,吉川弘文馆1999年版,第142页。
③ 〔日〕斋藤忠:《壁画古墓的谱系》,学生社1989年版,第121页;〔日〕白石太一郎:《由装饰古墓看他界观》,《国立历史民俗博物馆研究报告》第80集,国立历史民俗博物馆1999年版,第88—89页;〔日〕金关丈夫:《竹原古墓内室的壁画》,《博物馆》第215号,国立博物馆1969年版,第14页。
④ 拉扎尔·玛丽安娜:《东亚四神旗、四神幢的比较研究》,《龙谷大学大学院国际文化研究论集》第13卷,龙谷大学2016年版,第5—18页。

以看出，朱雀是掌管南方方向的守护神，与四神的方位相一致；第二，从史料1可知朱雀或者四神与悼念死者之间有一定的关系；第三，在所有记载四神的日本文献史料中，史料3是最古老的记录，同时从其中也可以看出四神和方位的密切关系；第四，追溯史料3的仪式后发现，奈良时代以后，在国家仪式中，四神幡（旗）起到了重要的作用。

三、竹原古墓概要

竹原古墓位于九州地区北部的福冈县宫若市，是直径为18米的圆形墓。封土的东侧、南侧被大幅度削平，并建造了诹访神社的神殿。（图2）目前尚未确认有作为外部设施的葺石和陶俑。埋葬设施为全长6.7米的横穴式石室，该石室呈复室结构。经测量，前室长1.3米×宽1.7米，后室长2.7米×宽2.2米，高度为3米。石室壁面的构筑是所谓的通体堆积，石材主要使用以犬鸣峠（与西方的博多平原交界）为中心的山地出产的花岗岩为主，辅以石灰岩和页岩，但内壁则使用了宗像郡境内出产的砾岩。（图3）

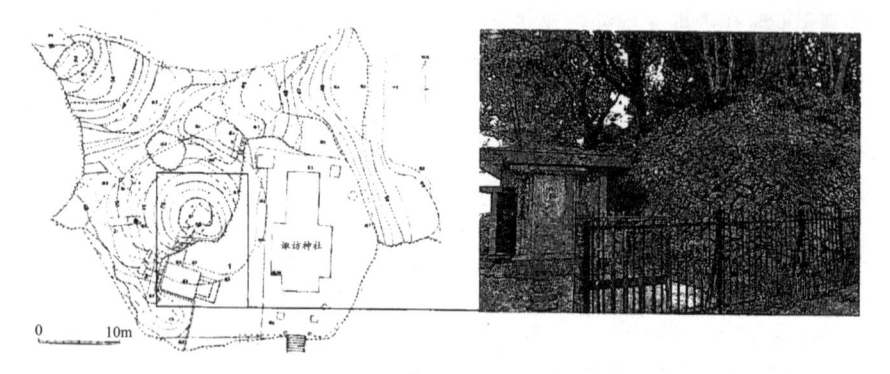

图2 竹原古墓的现状、平面图及封土近景[①]

---

① 〔日〕森贞次郎等：《竹原古墓——竹原古墓保存修理事业报告》，若宫町教育委员会1982年版，第4—5页，图版3。

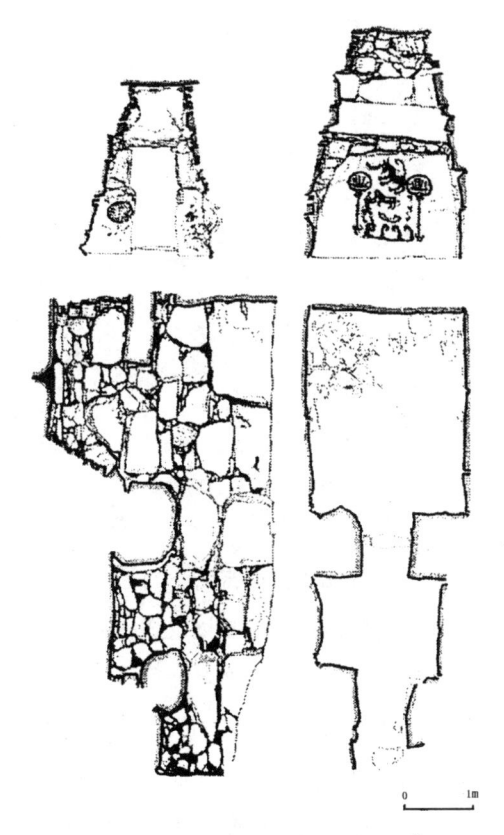

图 3 竹原古墓的横穴式石室[1]

石室内出土的遗物中，除了首饰（勾玉等玉器、耳环）、铁镞、大刀等武器以及马具外，还有作为殉葬的须惠器。尤其是马具种类繁多，仅是马镳就有 3 件，其中包括 1 件铁质镀铜带镀金七叶形镜板的马镳、2 件铁质带素环镜板的马镳。另外，还殉葬了铁质镀铜的七叶形杏叶等（七叶形 3 件、心叶形 3 件、椭圆形 3 件），以及铁质镀金的辻金属具（2 种各 3 件）、云珠（2 种 3 件）等。（图 4）

---

① 〔日〕森贞次郎：《福冈县鞍手郡若宫町竹原古墓的壁画》，《美术研究》第 194 号，吉川弘文馆 1957 年版，Ⅰ、Ⅱ示意图，图版 4。

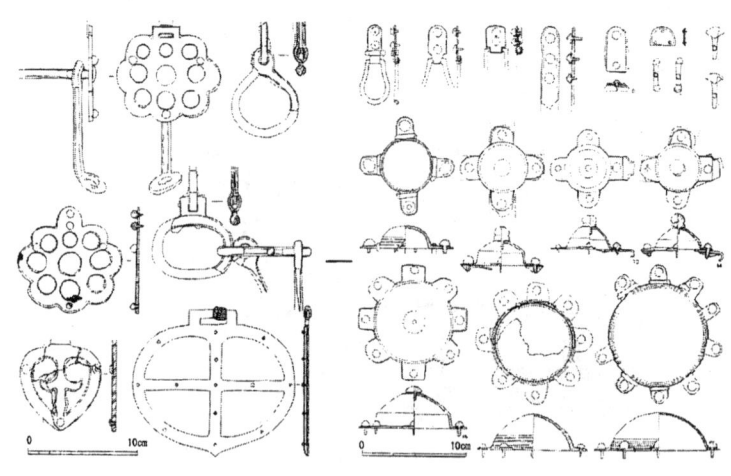

图 4　竹原古墓中陪葬的马具等①

从封土及石室的构造、陪葬品等方面来看，竹原古墓的建造年代是 6 世纪后半期。竹原古墓是以九州地区的福冈县以及熊本县、大分县为中心建造的装饰性古墓之一，以后室内壁的壁画而闻名。后室内壁壁画绘在一块用作腰石的绿泥石片岩的中央位置，在左右两侧的阴影之间，使用黑色和红色两种颜料绘成，下方是向左右扩展的波状纹，上面绘有乘舟牵马的人物，最上方画有怪兽，怪兽的左边是小船，右下角是像旗帜一样的东西。（图 5）

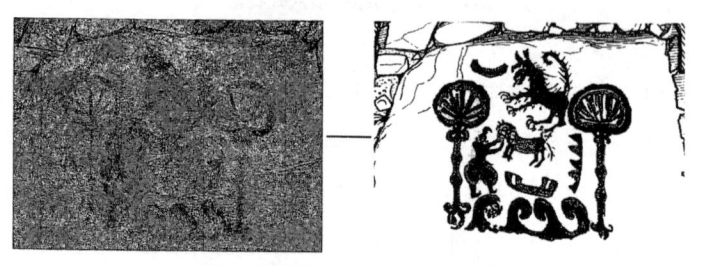

图 5　竹原古墓后室内壁的壁画②

---

① 〔日〕森贞次郎等：《竹原古墓——竹原古墓保存修理事业报告》，若宫町教育委员会 1982 年版，马辔和杏叶出自第 13 页，图 8，辻金属具和云珠出自第 14—15 页，图 9。
② 〔日〕森贞次郎等：《竹原古墓——竹原古墓保存修理事业报告》，若宫町教育委员会 1982 年版，图版 1；〔日〕森贞次郎：《福冈县鞍手郡若宫町竹原古墓的壁画》，《美术研究》第 194 号，吉川弘文馆 1957 年版，Ⅰ示意图。

另外，在前室内壁，由页岩制成的右侧腰石上绘制着面向左的鸟，由花岗岩制成的左侧腰石上绘制着阴影状的椭圆形和曲线文组合的图像。

关于竹原古墓的图案，有人指出其受到高句丽等东亚古墓壁画的影响，带有大陆元素。[①]特别是内壁上的怪兽，在用黑色描绘的全身像中，头发和尾巴上有棘状突起，角、眼睛、长舌、四肢上的尖锐钩爪都用红色来描画。另外，躯干上也呈现出红色的棘状，从其容貌来看，毫无疑问它代表的是神兽，而不是动物。

关于前室内壁的左右腰石上描绘的图像及后室内壁描绘的怪兽图像，下文将进行详细探讨。

四、四神图的比较分析

（一）朱雀图和三足乌（日像）图的研究

如上所述，竹原古墓中，被认为是朱雀的图像绘在前室内壁的右侧，几乎整体地都被描绘在页岩材质的腰石（高89厘米）上。与后室内壁的壁画相比，朱雀图剥落明显且不清楚，不过根据日下八光氏的临摹复原图[②]，可以看出朱雀与后室内壁的怪兽相同，全像都是用黑色描绘，头顶上的肉冠、下颚的肉垂、眼睛、嘴里伸出的舌头、立起来比头顶还高的长长的尾羽、伸展到身体周围的细长羽毛都用红色描绘。头顶上的肉冠和下颚的肉垂，让人联想到鸡冠和胡须。壁画中绘制的朱雀，头部朝向石室

---

① 〔日〕斋藤忠：《壁画古墓的谱系》，学生社1989年版，第121页；〔日〕白石太一郎：《由装饰古墓看他世界观》，《国立历史民俗博物馆研究报告》第80集，国立历史民俗博物馆1999年版，第88—89页。〔日〕金关丈夫：《竹原古墓内室的壁画》，《博物馆》第215号，国立博物馆1969年版，第14页。

② 〔日〕佐贺县立博物馆编、发行：《装饰古墓的壁画——关于原始美术的神秘》，佐贺县立博物馆1973年版，第15页；〔日〕国立历史民俗博物馆编：《装饰古墓的世界》，朝日新闻社1993年版，第47页；〔日〕森贞次郎等：《竹原古墓——竹原古墓保存修理事业报告》，若宫町教育委员会1982年版。

内（左侧），尾巴位于右侧壁（右侧）。（图6）也有人指出，因为基本姿容全部用黑色来描绘，所以它不是朱雀而是乌鸦，它代表金乌即日像。①然而，从其容貌及历史背景来看，更有说服力的是它代表了四神中的朱雀。

图6 竹原古墓前室内壁右侧的壁画和复原图②

接下来，让我们一起了解作为高句丽、百济墓室壁画代表的朱雀图。

在高句丽，有许多古墓绘有朱雀图。比如：朝鲜平壤周边的药水里古墓（规模、墓的形状不明，4世纪末—5世纪初，南浦市）、双楹墓（规模、墓的形状不明，5世纪末，南浦市）、星墓（规模、墓的形状不明，5世纪后半—6世纪前半，南浦市）、湖南里四神墓（边长35米的方台形墓，5世纪末—6世纪初，平壤市）、德花里1号墓（东西22米×南北25米方台形墓，6世纪前半期，平安南道大同郡）、真坡里1号墓（边长25米方台形墓，6世纪后半期，平壤市）、江西大墓（边长51米方台形

---

① 〔日〕和田萃：《四神图的谱系》，《国立历史民俗博物馆研究报告》第80集，国立历史民俗博物馆1999年版，第9—10页。
② 〔日〕森贞次郎等：《竹原古墓——竹原古墓保存修理事业报告》，若宫町教育委员会1982年版，图版3；〔日〕国立历史民俗博物馆编：《装饰古墓的世界》，朝日新闻社1993年版，图版25。

墓，6世纪末—7世纪初，南浦市）及江西中墓（边长45米方台形墓，6世纪末—7世纪初，南浦市），以及中国吉林省集安的舞踊墓（边长17米方台形墓，4世纪末—5世纪初期）、三室墓（直径18米的圆形墓，5世纪初期）、五盔坟5号墓（边长51米方台形墓，6世纪）、通沟四神墓（边长27米方台形墓，6世纪）等。通过研究这些古墓的朱雀图，能够把握朱雀图的整体形象及其特征，而且适合做比较研究。①（图7）

首先，一起领略一下5世纪前后的朱雀图。在给人以4世纪末至5世纪初年代感的药水里古墓（复室构造的石室）中，涂得厚厚的灰泥上，描绘着人物风俗图和四神图。朱雀图描绘在主室南壁上。其图案为：两翼张开，头上长着羽毛，嘴里衔着红色的宝珠，与躯干相比，头、翼、两脚、尾羽之间显得很不对称，甚至看起来很滑稽。同时期的舞踊墓（复室构造的石室），在灰泥上绘壁画。主室天井第四层梁上绘有朱雀图，图中朱雀呈两翼张开的姿势，嘴里衔着红色宝珠，头上有肉冠、嘴的根部附近有肉垂，还有三根分开的长尾羽。5世纪初的三室墓，如其名，采用了三室构造的石室，第二室及第三室的梁上绘有朱雀图。每一幅朱雀图都是展开双翼的姿势，头顶上有肉冠、颚下有肉垂，并且还有长长的尾羽。5世纪末的双楹墓（复室构造的石室），主室北壁和中央上部，用墨线描画着朱雀。由于壁画的剥落，朱雀头部的样子不清楚，但还是可以看出朱雀展开双翼的姿势。同时，在与竖立双柱（双楹墓名字的由来）的通道相连的主室南壁以及上部，用墨线在左右描画着构成一对的朱雀图。同样都是两翼展开的姿势，左侧朱雀图不清晰，右侧朱雀图清晰，在嘴的根部附近可以看到肉垂。

---

① 〔日〕池内宏、梅原末治：《通沟》下卷，"日满文化协会"1940年版；〔韩〕金基雄：《朝鲜半岛的壁画古墓》，六兴出版1980年版；〔日〕朝鲜画报社出版部编：《高句丽古墓壁画》，朝鲜画报社1985年版；〔日〕共同通讯社编、发行：《高句丽壁画古墓》，共同通讯社2005年版。

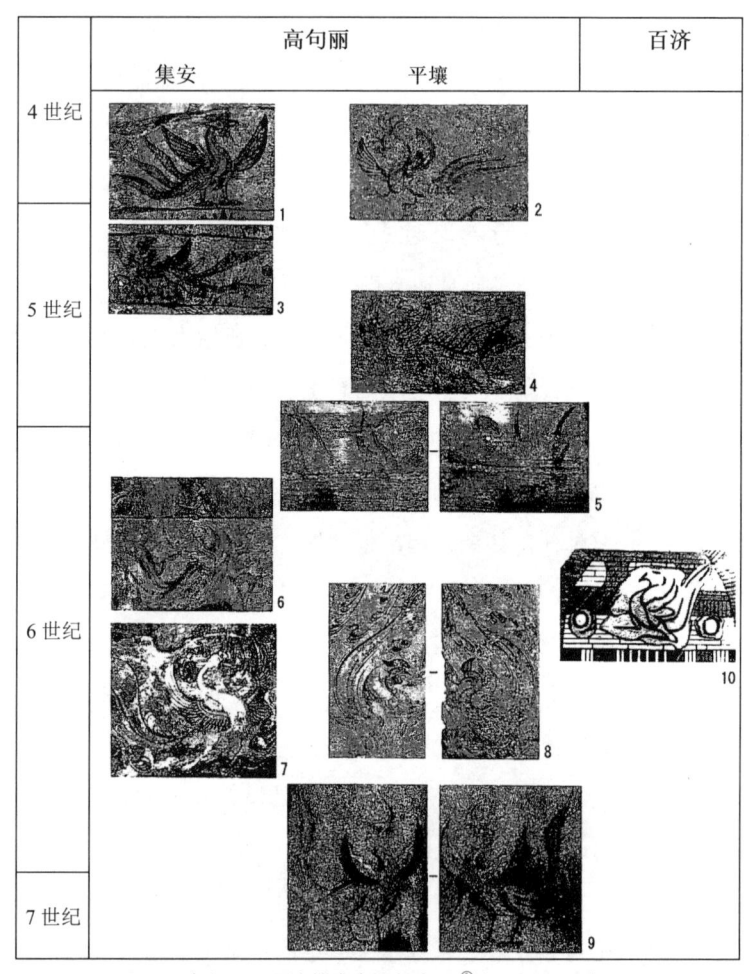

	高句丽		百济
	集安	平壤	
4世纪	1	2	
5世纪	3	4	
6世纪	6	5	
	7	8	10
7世纪		9	

图7 高句丽、百济的朱雀图与变迁①（比例尺不统一）

1.舞踊墓（4世纪末—5世纪初）；2.药水里古墓（4世纪末—5世纪初）；3.三室墓3室（五世纪初）；4.双楹墓（5世纪末）；5.湖南里四神墓（5世纪末—6世纪初）；6.五盔坟5号墓（6世纪）；7.通沟四神墓（6世纪）；8.真坡里1号墓（6世纪后期）；9.江西中墓（6世纪末—7世纪初）；10.宋山里6号墓（6世纪前期—后期）。

---

① 〔日〕池内宏、梅原末治：《通沟》下卷，"日满文化协会"1940年版，图版31（2）、67（2）、72；〔日〕朝鲜画报社出版部编：《高句丽古墓壁画》，朝鲜画报社1985年版，图版50；〔韩〕金元龙：《韩国美术全集（4）·壁画》，同和出版公社1974年版，图版40、97；〔日〕共同通讯社编、发行：《高句丽壁画古墓》，共同通讯社2005年版，图版145、146、203、204、278；〔日〕轻部慈恩：《百济遗迹的研究》，吉川弘文馆1971年版，图版30。

5世纪后半期至6世纪前半期的星墓朱雀图（主室南壁）因画面不清晰，头部的样子不明，但从两翼张开的姿势和尾羽看，形似孔雀。在5世纪末至6世纪初的湖南里四神墓（单室构造石室）中，加工的板石上直接绘有四神图。朱雀图是两只相对的朱雀，画在主室南壁。同样都是两翼展开，头上没有肉冠，细长的脖子（中间细），张开的两翼也很瘦弱，所以看上去很像家鸭。整体上图案朴素，使人感觉不到朱雀特有的威严。6世纪上半叶的德花里1号墓（单室构造石室）中，八角天井架构和石室整体都涂着灰泥，并在上面描绘人物风俗图和四神图。与人物风俗图相比，四神图的比重更大。其朱雀图和湖南里四神墓一样，同为张开双翼的姿势，两只相对的朱雀组成一对，描绘在墓室南壁。虽然由于壁画剥落变得不清楚，但此壁画是在画好线条之后，再填充的彩色。

与竹原古墓同时期，推定是6世纪后半期的真坡里1号墓（单室构造石室）中，整个表面都涂着灰泥，在灰泥上描绘着四神图。朱雀图描绘的是面向墓室南壁的一对朱雀。两翼展开，但左右朱雀图的内容有所不同，左侧朱雀图中，朱雀的头上有肉冠，颚下有肉垂，右侧的朱雀图中，朱雀头上是羽毛，颚下是肉垂，身体上有斑点。这两只朱雀都是尾羽向上，用曲线流丽地描绘出来。

6世纪的五盔坟5号墓（单室构造石室）中的朱雀图，在墓室南壁上描绘着左右成对的朱雀。呈张开双翼、挺起胸膛的姿势，头顶上有羽毛，整体上由红色、白色、褐色、绿色等多种颜色构成。五盔坟5号墓壁画，整体上反映出与众不同的神仙思想，包括朱雀图在内的四神图也受其影响，有着独特的表现。同样，6世纪的通沟四神墓（单室结构石室）的壁画也是用独创的表现手法描绘的。墓室南壁描绘的朱雀，摆着张开双翼的姿势，又长又细的脖颈和长长的尖嘴，看上去像仙鹤。

到6世纪末—7世纪初，在江西大墓及江西中墓（均为单室构造石室）中，水磨花岗岩的光滑墙面上，绘有四神图。江西大墓及江西中墓的四神图,在高句丽墓室壁画中艺术完成度最高。[①] 在江西大墓以及江西中墓,墓室南壁上,绘制着两只隔着墓道相对的朱雀,这两只朱雀成为一对。两只都摆出张开双翼的姿势。江西大墓的朱雀图虽然剥落明显,但可见朱雀头顶的肉冠和颚下的肉垂是用红色绘制的,整体上由红色、黑色、白色等多种颜色构成。此外,朱雀的翅膀强有力地拍打着,高高向上卷起的尾羽,整体曲线凸显出华丽,羽毛像火焰摇曳一般。江西中墓的朱雀图,整体上也由红色、黑色、白色等多种颜色构成,色彩非常鲜艳。朱雀头上是一条直挺的羽毛,下颚上是肉垂。嘴巴上衔着红色的宝珠,细长的颈部,用力拍打着翅膀,向上高耸的尾羽,使之成为充满跃动感的图画。整体上用柔软而流畅的线条描绘也是其特征,给人以优雅的印象,艺术完成度非常之高。

另一方面,在6世纪前半期到后半期建造的百济宋山里6号墓(直径20米左右的圆形墓,韩国忠清南道公州市)中,描绘着四神图和日月图(图8)。在砖砌的单室构造石室中,砖本身被加以装饰,墙面整体的装饰性很强。朱雀图描绘在墓南壁(相当于墓室大门的内壁)的上方,左右方绘有日月图。壁画本身并不清晰,但能够看出朱雀是张开双翼的姿势,同时还可以辨识尖锐的嘴和长长的尾巴。虽然可以辨识出日月图是圆形的图像,但因为不清晰,所以详细情况不太清楚。

其次,再看看作为竹原古墓朱雀图研究资料的、高句丽壁画墓中表示日像的三足乌图。许多古墓中绘有三足乌图,如集安地区:角抵墓(边长15米的方台形,4世纪末)、舞踊墓、长川1号墓(规模及墓的形状不明,5世纪中期)、五盔坟4号墓、五盔坟5号墓、通沟四神墓等,平壤周边:天王地神墓(规模不明的方台形墓,5世纪,平安南道顺川郡)、梅山里四神墓(别名:狩猎墓。规模不明的圆形墓,5世纪末—6世纪初,平安南道龙冈郡)、双楹墓、德花里1号墓、德花里2号墓(东西23米×南

[①] 〔日〕共同通讯社编、发行:《高句丽壁画古墓》,共同通讯社2005年版,第60—61页。

北 26 米的方台形墓，6 世纪前半期，平安南道大同郡）、铠马墓（规模不明的方台形墓，6 世纪，平壤市）、真坡里 1 号墓、江西中墓等。

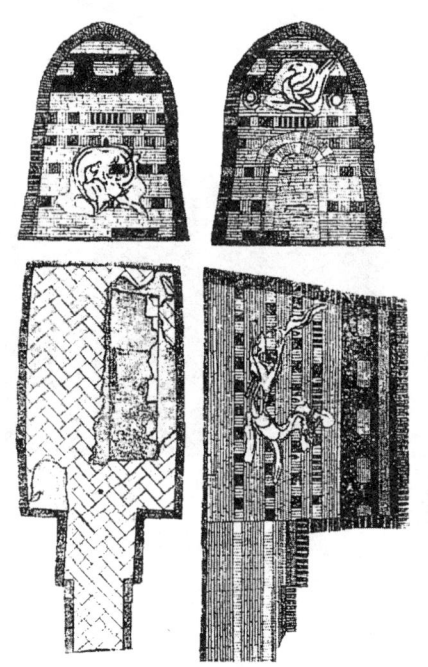

内壁的玄武图（展示馆模型，作者摄）

前壁的朱雀图和日月图（展示馆模型，作者摄）

图 8　百济宋山里 6 号墓的砖积横穴式石室①

4 世纪末至 5 世纪初的角抵墓及舞踊墓中，主室叠涩天井梁上绘有三足乌图。三足乌图的具体内容为：在圆形框的内部，乌鸦头部的后方有细长伸展的蕨手状的肉冠（孔雀样式的羽冠），尖利的伸展开的嘴，顶部带尖的三角形的双翅，圆厚的尾羽、胸部下方伸展的羽毛，下部的三足都是清一色的黑色。另外，在 5 世纪末的双楹墓，主室顶石的东南角绘有三足乌图。在圆形框内部，头部后方有呈圆形伸长的短蕨手状的肉冠（孔雀样

---

①〔日〕轻部慈恩：《百济遗迹的研究》，吉川弘文馆 1971 年版，图版 24，比例尺不明。校者按：砖积横穴式石室，国内一般称为砖室墓。

式的羽冠）、钩状的嘴、尖尖的三条尾羽和胸部的羽毛，下方的三足呈清一色的黑色。与前面讲述的角抵墓、舞踊墓相比，此图描绘的姿态更具有跃动感（图9）。在高句丽壁画墓中描绘的三足乌图，看不到朱雀图中颚下的肉垂。在绘有代表日像的三足乌图的古坟中，还会描绘代表月像的蟾蜍图，和日像图组成一对（图10）。

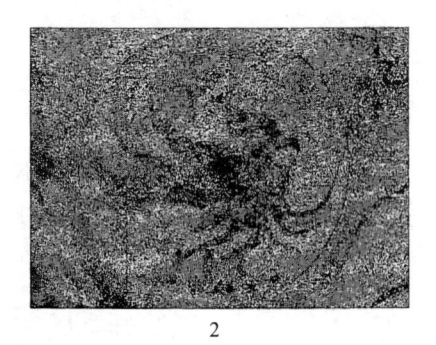

图9　高句丽壁画古墓的三足乌图①
1. 角抵墓；2. 双楹墓。

中国从西汉初期开始描绘表示日像的乌图，到西汉末期或者东汉时才开始发展成为三足乌图。② 高句丽壁画墓中的三足乌图，其特征是头部带有"孔雀样式的羽冠"。有的观点指出，羽冠是用作装饰的，表示金乌。③ 这里所展示代表日像的三足乌图，可以说已经具备高句丽的基本风格。

大约在7世纪中期，日本法隆寺的玉虫厨子中描绘着须弥山世界图，在其中可以看到三足乌（图10）。正如以上史料3中的记载所示，在大宝元年的元日朝贺仪式上，藤原宫大极殿南门竖立着带有乌像的幢，由此可见

---

① 〔日〕池内宏、梅原末治：《通沟》下卷，"日满文化协会"1940年版，图版46；〔日〕共同通讯社编、发行：《高句丽壁画古墓》，共同通讯社2005年版，图版136。

② 〔日〕西川明彦：《日像、月像的变迁》，《正仓院年报》第16号，宫内厅正仓院事务所1994年版，第27—54页。

③ 〔日〕西川明彦：《日像、月像的变迁》，《正仓院年报》第16号，宫内厅正仓院事务所1994年版，第27—54页。

日像即金乌的思想在7世纪以后确实传到了日本。

此外,《日本书纪》卷25,孝德天皇白稚元年（650）二月一节中,记载:"又遣大唐使者,持死三足乌来。国人亦曰:休祥。"由此可见,在《日本书纪》的完成阶段,三足乌就被看作是祥瑞。关于三足乌作为祥瑞的认识,在《延喜式》治部省·祥瑞式中有"三足乌,日之精也"的记载,因此三足乌作为上瑞之一,即使进入平安时代,其性质也没有发生变化。

竹原古墓中,被推测是朱雀的图样为：双翼张开,尾羽高高挺起,头上有肉冠,颚下有肉垂。将其与同时期高句丽壁画古墓中描绘的朱雀图作比较,从两者的共同点来看,可以认为竹原古墓所绘壁画是四神中的朱雀。其与高句丽壁画墓中描绘的三足乌圆形框架没有共同点,同时期中原日像图中的三足乌,也没有体现出头上的肉冠和颚下的肉垂。① 可以说除了主体用黑色描绘外,与三足乌图没有共同点。用黑色描绘主体这一点与竹原古墓后室内壁上描绘的怪兽相同,但竹原古墓还是用红色先简单描绘怪兽的姿态。这种描绘方法和色彩表现,可以说是竹原古墓壁画（神兽）的画法特征。

（二）玄武图的研究

在前一节中,竹原古墓的前室内壁右侧绘制的图案同朱雀一致,与朱雀（南）相反方向是玄武

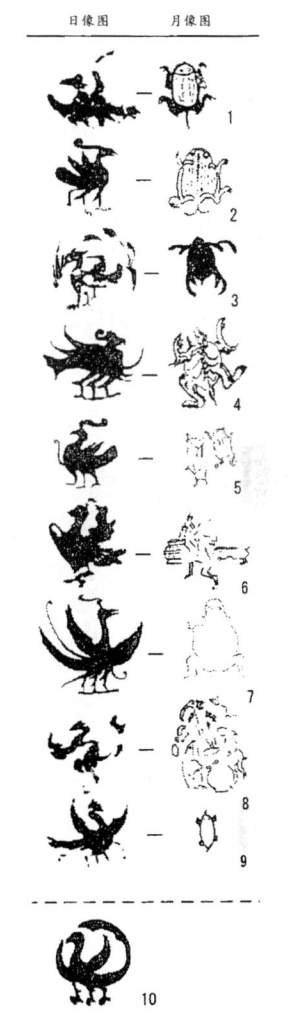

图10 高句丽壁画古墓等的日像、月像图

1. 德兴里古墓; 2. 角抵墓;
3. 梅山里四神墓; 4. 双楹墓; 5. 长川1号墓; 6. 铠马墓; 7. 五盔坟4号墓;
8. 真坡里1号墓; 9. 江西中墓、法隆寺（日本）;
10. 玉虫厨子须弥山世界图。

---

① 〔日〕西川明彦:《日像、月像的变迁》,《正仓院年报》第16号,宫内厅正仓院事务所1994年版,图版2。

（北），因此前室内壁左侧绘制的图案，极有可能是玄武图。该图如上所述，绘制在前室内壁的左侧，以腰石（高90厘米）的上半部分为中心，此处腰石使用的是粗岩肌的花岗岩。正如前室内壁右侧所绘朱雀图一样，剥落明显且不清楚。根据日下八光的临摹图①，在用黑色所描绘的椭圆形的图案内部，同样用黑色绘制了一个手掌大小的图形，并用红色填充椭圆的中间。该图外观类似于后室内壁描画的阴影的形状，不过，在其上部黑色曲线上，绘有红色边缘和棘状的细长波状曲线。有人指出这个波状曲线是"像蛇或龙一样的图案"，在下部也能看到红色绘制的细线（图11）②，与前室内壁右侧所描绘的朱雀图相比较，认为它是玄武图③，但是也有观点认为它是与金乌图相结合的日轮图④。

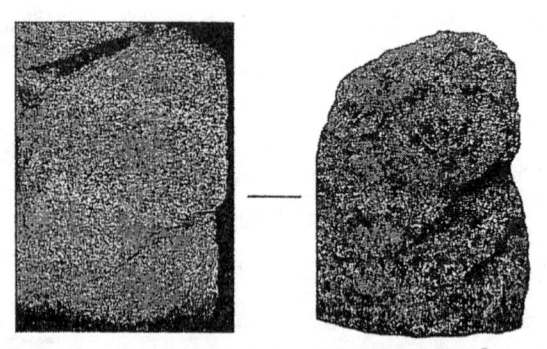

图11　竹原古墓前室内壁左侧的壁画和临摹图⑤

---

① 〔日〕国立历史民俗博物馆编：《装饰古墓的世界》，朝日新闻社1993年版，第47页。
② 〔日〕日下八光：《装饰古墓》，朝日新闻社1967年版，第71页；〔日〕国立历史民俗博物馆编：《装饰古墓的世界》，朝日新闻社1993年版，第47页。
③ 〔日〕斋藤忠：《壁画古墓的谱系》，学生社1989年版，第117—118页；〔日〕白石太一郎：《由装饰古墓看他界观》，《国立历史民俗博物馆研究报告》第80集，国立历史民俗博物馆1999年版，第86—88页；〔日〕斋藤忠：《高句丽壁画古墓之我见》，《高句丽壁画古墓》，共同通讯社2005年版，第29—43页。
④ 〔日〕和田萃：《四神图的谱系》，《国立历史民俗博物馆研究报告》第80集，国立历史民俗博物馆1999年版，第9—10页。
⑤ 〔日〕森贞次郎等：《竹原古墓——竹原古墓保存修理事业报告》，若宫町教育委员会1982年版，图版2；〔日〕国立历史民俗博物馆编：《装饰古墓的世界》，朝日新闻社1993年版，图版26。

玄武和构成四神的其他3只神兽（朱雀、青龙、白虎）不同，在龟的躯体（甲壳）上缠绕着细长的蛇体，表现龟和蛇结合成一对。对竹原古墓壁画进行如实摹写的日下八光认为，上方的椭圆形图案是乌龟，下方的波状曲线是蛇，不过，由于椭圆形图文内部不是龟甲，而是阴影状的，所以这一解释有待进一步验证。①

接下来介绍一下高句丽、百济绘制的具有代表性特征的玄武图（图12）。

首先，看高句丽5世纪前后绘有玄武图的墓葬，分别是4世纪末至5世纪初的药水里古墓，5世纪初的三室墓，5世纪末的双楹墓。药水里古墓主室北壁上部围着帷幕的帐房内绘有墓主夫妇图和侍者、侍女图，再往上有北斗七星图，墓主夫妇图右侧绘着玄武图。玄武图中的龟，颈部粗大，腿很长，姿态像陆龟。蛇体缠绕在薄甲壳的躯干（甲壳）上，其上部的蛇体交叉，分成左右两个部分，半圆形里描绘的蛇头和龟头互相凝视。三室墓的二室及三室叠涩梁上所绘玄武图，是由两尊玄武构成的双玄武图，龟是背甲上有龟甲纹的矮胖形态。蛇体缠绕在龟躯体（甲壳）上，在其上部蛇体交叉，分成左右两个部分，两条蛇的头部互相缠绕，与龟相对视。龟首与兽首类似，三室墓梁上描画的龟首，看上去形似"长了毛的海狗"。②另外，龟的腿又细又长，更使得整个外观显得滑稽。双楹墓绘有安坐在主室北壁的豪华幕帐中的墓主夫妇图，其左侧画有玄武图。双楹墓的玄武图也是两尊玄武的双玄武图。两条蛇互相缠绕，蛇和龟首对视。乌龟整体外观呈矮胖形态，龟背上的甲纹与陆龟相似。

5世纪末—6世纪初的湖南里四神墓墓室北壁也绘有玄武图，龟的身体（甲壳）上缠绕着3层蛇体，并且在龟的尾部上方是蛇面部。龟的脖颈很长，面部和头看上去很像甲鱼。在6世纪初的高山洞1号墓（边长20米的方台形墓，朝鲜平壤市）中，墓室的北壁大部分都涂了灰泥，上面描

---

① 〔日〕日下八光：《装饰古墓》，朝日新闻社1967年版，第22—26、71页。
② 〔韩〕金元龙：《韩国美术全集（4）·壁画》，同和出版公社1974年版，第135—150页。

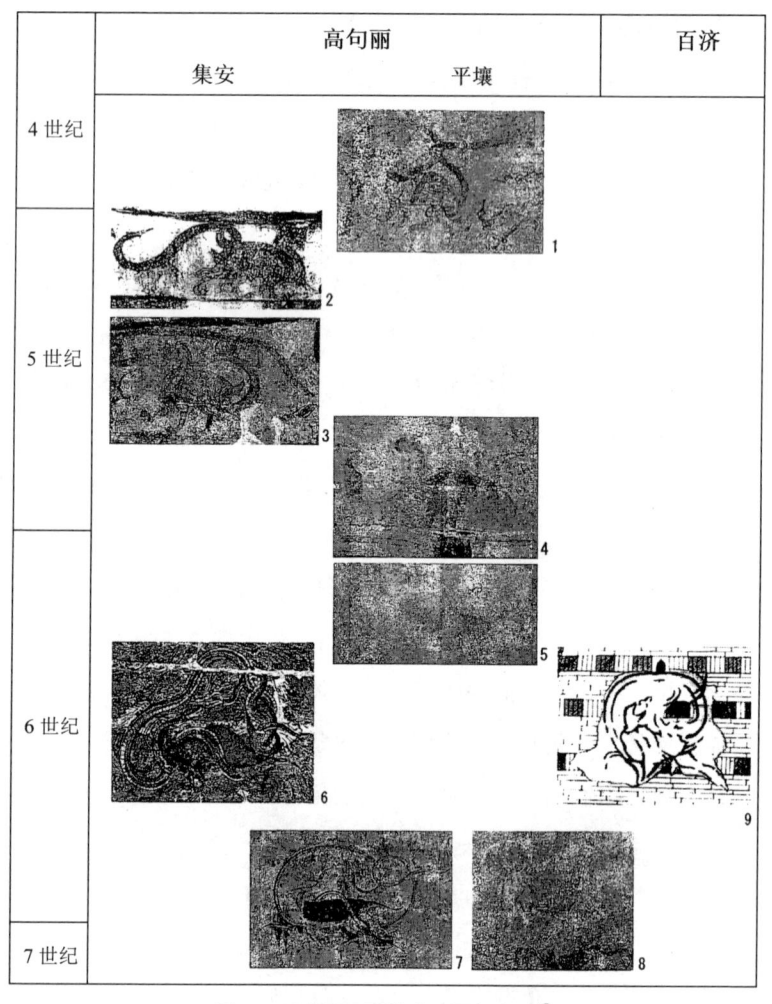

	高句丽		百济
	集安	平壤	
4 世纪		1	
5 世纪	2	3	
6 世纪	6	4 5	9
7 世纪		7	8

图 12　高句丽、百济玄武图与变迁[①]

1. 药水里古墓（4世纪末—5世纪初）；2. 三室墓2室（5世纪初）；3. 三室墓3室（5世纪初）；4. 湖南里四神墓（5世纪末—6世纪初）；5. 德花里1号墓（6世纪前期）；6. 通沟四神墓（6世纪）；7. 江西大墓（6世纪末—7世纪初）；8. 江西中墓（6世纪末—7世纪初）；9. 宋山里6号墓（6世纪前期—后期）。

---

① 〔日〕共同通讯社编、发行：《高句丽壁画古墓》，共同通讯社2005年版，图版142、209、229，临摹图4；〔日〕池内宏、梅原末治：《通沟》下卷，"日满文化协会"1940年版，图版58（1）、67（1）、75；〔日〕朝鲜画报社出版部编：《高句丽古墓壁画》，朝鲜画报社1985年版，图版142；〔日〕轻部慈恩：《百济遗迹的研究》，吉川弘文馆1971年版，图版30。

绘了两尊玄武的双玄武图，以及"武"这一文字。① 两条蛇交叉缠绕，右边的蛇缠绕左边的龟，左边的蛇缠绕右边的龟，形成龟和蛇对视的构图。龟的足部和头部看上去像野兽一样。在上述三室墓和双楹墓中也绘有双玄武图，但是在高句丽壁画古墓四神图中，双玄武图为数不多。在6世纪上半叶的德花里1号墓中，墓室的北壁下半部分大面积用来绘制玄武图。龟的身体（甲壳）上缠绕着三层蛇体，在其上部蛇体交叉，分成左右两个部分，在大半个圆形里描画着蛇和龟对视。龟的姿态，描绘得像狗一样。

6世纪的五盔坟4号墓和通沟四神墓墓室北壁也绘有玄武图，五盔坟4号墓和通沟四神墓，也包括五盔坟5号墓的壁画，特征是受到神仙思想的影响形成了独特的表现形式。通沟四神墓玄武图中，龟的躯体（甲壳）上部缠有白色、茶色、红色、绿色等鲜艳条纹状图案的蛇体，像复杂的锁链一样，呈8字状交织在一起。龟的甲壳涂成了茶色，脖颈又细又长，龟与蛇相互凝视。五盔坟4号墓也是同样，蛇体像错综复杂的锁链一样缠绕成8字状，细长颈的龟和蛇对视，形成了与通沟四神墓大体相同的构图。

接下来，我们来了解6世纪末至7世纪初的江西大墓及江西中墓。两者在墓室北壁上都绘有玄武图。江西大墓玄武图中，蛇体由流畅的细长弧线绘成椭圆状，包围着龟，龟与蛇互相凝视。在龟的甲壳上，绘有条纹图案。江西大墓的玄武图，被称为是高句丽壁画墓中完成度最高最优美的造型。江西中墓的玄武图中，龟像马或者狗一样，腿很长。两层蛇体缠绕在龟的躯体（甲壳）上，蛇用流畅的弧线绘成，围绕着龟的头部成一圈，和龟对视。龟的甲壳上，用红色线条和点来表示龟甲纹。江西中墓玄武图，由于描绘在荒凉的岩山风景的上面，与岩山风景相呼应，给人留下一定的想象空间。

另外，还想探讨一下百济宋山里6号墓的玄武图。玄武图绘制在墓室北壁的下半部分。黏土上绘制壁画，虽然在长期剥落后已经看不太清楚，

---

① 〔日〕共同通讯社编、发行：《高句丽壁画古墓报道写真展》，共同通讯社2012年版，第23页。

但是可以看出它的构图，蛇体多次缠绕在龟的躯体（甲壳）上，其上部是龟蛇对视。

如上所述，随着时间的推移，玄武图作为墓室壁画，在四神图中的作用越来越大，因而占据了墓室北壁的大部分。龟作为玄武图的中心，对其姿态的描绘分成两种：第一种，陆地动物的姿态。在药水里古墓和双楹墓中形似陆龟，在三室墓和高山洞1号墓中形似野兽，在德花里1号墓中形似狗，在江西中墓中，像马或者狗。相反，第二种是水边的龟。比如，湖南里四神墓、通沟四神墓、江西大墓中所绘制的龟的姿态。而且，大部分壁画的构图都是龟蛇对视，但也有像湖南里四神墓那样，龟首和蛇首朝向相反方向。虽然也有人指出蛇体缠绕龟的躯体（甲壳）的程度不同，但基本上蛇被画在龟的上部。龟的甲壳图案也不相同。三室墓、双楹墓、江西中墓为龟甲纹，江西大墓为竖条纹。另外，需要特别注意的一个特征是，玄武图不仅有单玄武图，还有双玄武图，例如三室墓、双楹墓、高山洞1号墓的双玄武图。

关于玄武图的绘画特征，以隋唐时期（581—907）为中心的玄武图，也以龟和蛇的缠绕方式为中心。纲干善教将其分为三个类型：第一类型，龟首和蛇首在龟的面前对视；第二类型，龟首和蛇首在龟的甲壳上对视；第三类型，极其特殊的表现形式。在此基础之上进一步将第一类型分成A（一层蛇体缠绕在甲壳上）、B（两层以上的蛇体缠绕在甲壳上）两式，第二类型分成A（一层蛇身呈8字状缠绕在甲壳上，复杂）、B（一层蛇身缠绕在甲壳上）、C（双层以上的蛇身缠绕在甲壳上）三式。根据以上的分类，有观点指出第一类型可追溯到隋唐时期，第二类型B式在隋唐时期盛行。本文探讨的高句丽壁画墓的玄武图，相当于第一类型A、B式及第二类型A、B式。① 此外，还有以蛇体形状为中心的玄武图分类。②

---

① 〔日〕纲干善教：《壁画古墓的研究》，学生社2006年版，第120—151页。
② 〔日〕飞鸟资料馆编、发行：《龟虎古墓壁画四神玄武》，飞鸟资料馆2007年版，第16—17页。

另外，5世纪的天王地神墓利用木造建筑的架构法建造了特殊构造的石室，在其主室北侧天井上[①]，与"地神"墨书一起，描绘着蛇的躯体上有两张人脸，并与四足的龟合为一体的地神图。图中呈椭圆形的蛇体上涂有白色、红色、茶色等鲜艳的条纹图案，下部有四足和尾巴。由此通过椭圆形的蛇体，显现出龟体的形状。蛇体围成的椭圆形内，两条蛇继续从下方开始扭曲缠绕，伸长至蛇体顶端时，画作人脸。可以看出其强调的特有含义及装饰性效果（图13）。虽然是特殊的画像，不过也可以解释成是将龟和蛇的脸置换成人脸的变形玄武图。[②]

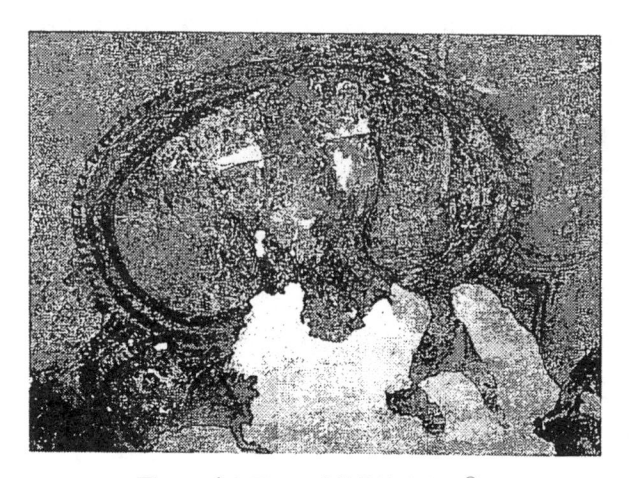

图13 高句丽天王地神墓的地神图[③]

竹原古墓中，在一直被认为是玄武的图画中，黑色椭圆形的内部，绘有黑色手掌般大的图文，中间用红色填充。此外，在图文上下的黑色曲线上可以看到红色边缘和细长的波状曲线。

这个椭圆形的形状，与本文中探讨的朝鲜半岛的玄武图相比，与其说是表现了龟的躯体（甲壳），不如说是在龟的上部画了一条蛇更加形象。

---

① 校者按：此图像绘于主室北侧天井上，原文为主室北壁。
② 〔韩〕金元龙：《韩国美术全集（4）·壁画》，同和出版公社1974年版，第135—150页。
③ 〔韩〕金元龙：《韩国美术全集（4）·壁画》，同和出版公社1974年版，图版11。

蛇体呈椭圆形这一特点，在高句丽的五盔坟4号墓、通沟四神墓和百济的宋山里6号墓都可看到。其中最具典型特征的是高句丽的天王地神墓。天王地神墓建造于5世纪，其他墓葬是6世纪以后。蛇体呈椭圆形这一特点，可在比竹原古墓年代稍早一些的玄武图上看到，或者可以说是同时期的玄武图所表现出的特征。尤其是在天王地神墓的地神图上，椭圆形内部所描绘的两个蛇体的顶端不是蛇脸，而是人脸，更突出了其意义和装饰性效果。在竹原古墓中，也能看到椭圆形的内部，描绘着具有装饰效果的放射状图案。作为朝鲜半岛地区的古墓壁画图，我想指出天王地神墓的地神图与竹原古墓中描绘的玄武图最为相似。关于椭圆形内部填充红色这一点，与朱雀图、后室内壁上描绘的怪兽图和阴影的绘法一样，我们将其理解为竹原古墓壁画的技术特征。另外，从上看到的细长的波状曲线，由于在红色的边缘线上有棘状线，因此，它很可能是蛇体或龙体，不过也可以将其理解为单纯的装饰。底部所见的红色线条，画得极细，看作是装饰比较妥当。不管怎样，上部和下部绘制的线，应该看成是伴随椭圆形图文的，并且我认为它们具有咒术性或装饰性的意义。

　　根据以上考证，可见被看作是竹原古墓玄武的图画，有一定的变形。但其具有了四神神兽玄武的特性，这或者就是刻画玄武的图。正如之前指出的那样，在竹原古墓里，相较于展现得淋漓尽致的朱雀图，玄武图的表现不尽如人意。个人认为，这是由于在描画阶段，玄武图尚未传来，只是得到了样貌、姿态、特征之类的信息。

（三）青龙图的探讨

　　通过对竹原古墓前室内壁的画像与朝鲜半岛壁画墓所绘四神图中朱雀图和玄武图的共同点分析，判断它们是朱雀图和玄武图。接下来探讨后室内壁所绘怪兽（图14）。

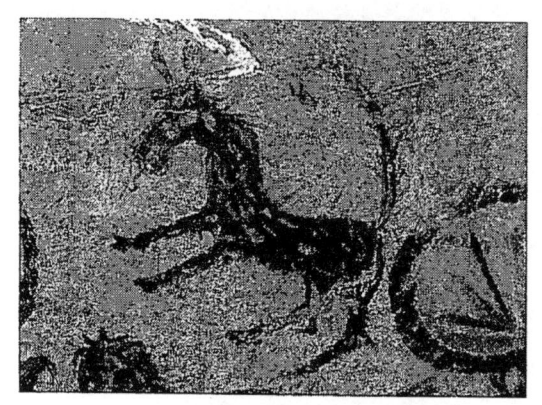

图 14　竹原古墓后室内壁的怪兽摹写图①

如果有意去对应四大神兽中朱雀和玄武的话，后室内壁所描绘的怪兽应该是青龙（东）。如前所述，其像全用黑色描绘，毛发和尾部能看到棘状突起。但是，在角、眼睛、长舌，四肢尖锐的钩爪以及身体的棘状突起等处使用了红色。虽然它的样态与马相似，但是从角以及尖锐的钩爪和棘状表现来看，无疑想表现的并非是马，而是神兽。

关于这个怪兽，斋藤忠认为，从它并非蛇的姿态，而是兽的躯体来看，是"使青龙与白虎合为一体的绝妙的日本式表现"。②另一方面，因石室的开口向西，根据前室内壁左右所绘玄武（北）和朱雀（南）与应处方位一致，白石太一郎认为这个画有怪兽的是青龙图。③另外，根据方位一致的解释进行推断，白虎（西）可能就描绘于石室入口旁，应该有白虎图（堵塞石等）。④

---

① 〔日〕国立历史民俗博物馆编:《装饰古墓的世界》，朝日新闻社 1993 年版，图版 23。
② 〔日〕斋藤忠:《壁画古墓的谱系》，学生社 1989 年版，第 118 页。
③ 〔日〕白石太一郎:《由装饰古墓看他界观》，《国立历史民俗博物馆研究报告》第 80 集，国立历史民俗博物馆 1999 年版，第 88—89 页。
④ 对于白虎图不存在的问题，白石太一郎认为是和高松冢古墓的朱雀图一样，已经无从考证。参见〔日〕白石太一郎:《由装饰古墓看他界观》，《国立历史民俗博物馆研究报告》第 80 集，国立历史民俗博物馆 1999 年版，第 88—89 页。

从后室内壁所描绘的壁画整体调配来看，可以确认在左右阴影间描绘的牵马人物、舟、波状纹等图案和纹饰是图组的构成部分。为了填补上部空白壁面空间所绘制的怪兽图，作为后室内壁的核心图案，其绘制另有意图。从后室内壁壁画的构成来看，这个怪兽被解释为青龙（东）最为妥当。

接下来，探讨高句丽和百济具有代表性的青龙图特征（图15）。首先，探讨舞踊墓和药水里古墓的青龙图。它们作为高句丽壁画墓建造于4世纪末—5世纪初期。舞踊墓主室天井的东南绘有青龙图。呈疾走姿势的独角青龙，张口吐出细舌，颈部至躯干、尾部有格状的鳞片，背部有棘状毛发，前肢末端的爪尖稍作钩状。药水里古墓的青龙图则绘于主室东壁，青龙的独角呈细长、弯曲状，眼睛上方有细长的眉毛，细长的舌头从向上大张的嘴里吐出，向上伸展。能够发现其细长的躯体上有鳞片，前肢、后肢以及尾部有棘状的细毛。

5世纪初的三室墓第三室天井南壁所绘青龙，细长的舌头从张开的大嘴向前方伸展，前肢前端有大而尖的钩爪，前肢和后肢上有羽毛状的毛发。

下面继续探讨5世纪末的双楹墓和大安里1号墓（东西19.5米×南北22.5米的方形台墓，朝鲜平安南道龙冈郡）的青龙图。双楹墓前室东壁所绘青龙图是双角青龙，舌头细长，从张开的嘴里向上方伸展，身体上有条纹状的鳞片，前肢有细长的羽毛。大安里1号墓主室东壁所绘青龙是呈疾走姿态的双角青龙。从张开的口中能够看到牙齿，也能看到细长颈部至躯干的鳞片。前肢细长，据测其爪尖为钩状。其前肢和尾部有纤细的棘状毛发。身体的下半部分由于严重脱落而无法得知。

壁画四神图的比较分析　93

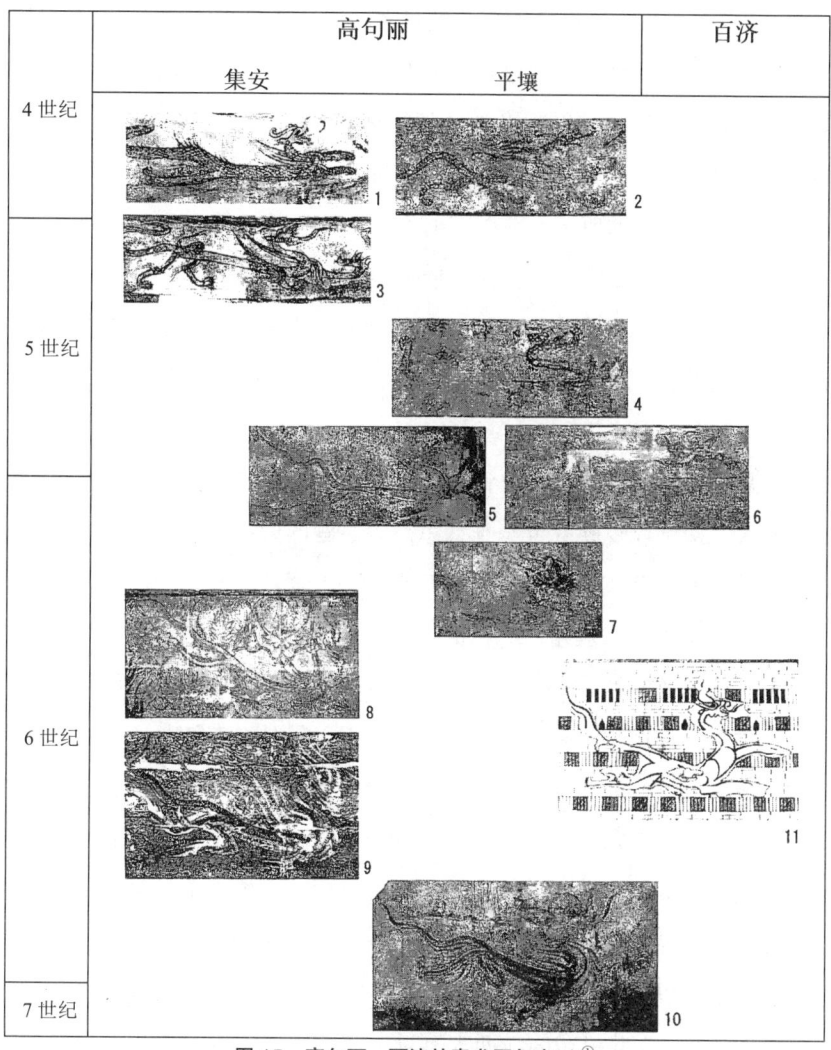

	高句丽		百济
	集安	平壤	
4世纪			
5世纪			
6世纪			
7世纪			

图15　高句丽、百济的青龙图与变迁[①]

1.舞踊墓（4世纪末—5世纪初）；2.药水里古墓（4世纪末—5世纪初）；3.三室墓（5世纪初）；4.大安里1号墓（5世纪末）；5.梅山里四神墓（5世纪末—6世纪初）；6.湖南里四神墓（5世纪末—6世纪初）；7.德花里1号墓（6世纪前期）；8.五盔坟4号墓（6世纪）；9.通沟四神墓（6世纪）；10.江西大墓（6世纪末—7世纪初）；11.宋山里6号墓（6世纪前期—后期）。

---

① 〔日〕池内宏、梅原末治：《通沟》下卷，"日满文化协会"1940年版，图版30（3）、68（2）、74；〔日〕共同通讯社编、发行：《高句丽壁画古墓》，共同通讯社2005年版，图版231、270；〔日〕朝鲜画报社出版部编：《高句丽古墓壁画》，朝鲜画报社1985年版，图版100、140、143，摹写图1、24。

5世纪末—6世纪初的梅山里四神墓，墓室东壁绘有青龙图。细长的躯干上画有格状的鳞片，前肢能够看到钩爪。此外，与梅山里四神墓同时期筑造的湖南里四神墓，青龙图绘于其墓室东壁，呈现扭转细颈，头部向后看的姿势。该青龙是独角青龙，角部细长弯曲，从张开的口中能够看到尖锐的牙齿、长长的躯干。前肢有羽毛。

6世纪初的高山洞1号墓中，青龙图绘于墓室东壁。青龙细长的躯干，从颈至躯干、尾部有格状的鳞片。前肢有火焰般摆动的羽毛，前肢和后肢上画有棘状毛发，前后爪尖呈钩状。头部因脱落，情形暂不明了。

6世纪前期的德花里1号墓墓室东壁所绘青龙图也是双角青龙，躯干细长。颈和尾部的鳞片呈条纹状。

其次，探讨以反映6世纪神仙思想为主题的壁画墓。五盔坟4号墓和通沟四神墓都在墓室东壁绘制了双角青龙。五盔坟4号墓中的青龙，眼睛上方长着带三个瘤的双角，红色的舌头从张开的口中向下伸展。细长的躯干上画有格状的鳞片，鳞片填充了红、绿、蓝等鲜艳的颜色。细长的前后肢端为钩爪，前肢用红色绘出火焰般的羽毛。另外，在细长的颈背部画有摆动的棘状毛发。通沟四神墓中也是如此，青龙眼睛上方长着有三个瘤的双角，红色的舌头从张开的口中向下伸展。从颈至躯干、尾部有格状的鳞片。前肢长着如火焰般的羽毛。6世纪后半期的真坡里1号墓墓室东壁绘有青龙图，虽然能够看出青龙细长的躯干，但是由于绘制于灰浆上的壁画严重脱落，所以不清楚详细的容姿。

6世纪末—7世纪初的江西大墓以及江西中墓，青龙图均绘于墓室东壁。江西大墓绘制的是眼睛上方长有双角的青龙，双角上各有两个瘤。嘴里向上吐出的长舌被施以红色。细长的躯干上画有格状的鳞片，鳞片填充了红、绿、蓝等鲜艳的色彩。前肢部，由于以红色镶边，绘制的羽毛如摆动的火焰。江西中墓的青龙图与江西大墓相比差异不大，青龙的眼睛上方长双角，红色镶边的大嘴和须髭，细长的后肢是其显著特征。又细又长的躯干上涂满了以红色为主的多种色彩。

在高句丽壁画墓中发现的青龙图，可以说除了湖南里四神墓，其他的基本都是向前疾驰的姿态。外观上，头部有一角或者两角，但是随着时代的变迁能够看出向双角过渡的倾向。另外，前肢上的羽毛，随着时代的变迁，也变化为像摆动的火焰。并且，长舌从其张开的口中吐出也是其特征，躯干表现为细长蛇形弯曲状。躯干以格状的鳞片来表现的青龙有很多，有些青龙背部和脚部画有棘状的毛发，尤其是前爪呈钩状的细节刻画最为常见。

下面探讨百济墓室壁画的青龙图。6世纪筑造的宋山里6号墓中，绘制于墓室东壁的青龙图几乎占据了整面墙壁。青龙呈现向前方飞驰的姿态，长舌从张开的口中向前伸长。头部用细长的曲线描绘出长角、长发。宋山里6号墓的青龙由于躯干较短，且前肢和后肢细长，其形态接近马和鹿等动物。虽然作为青龙的基本姿势相同，高句丽壁画墓中的青龙基本都是躯干细长，呈蛇形弯曲状，但仍能够在躯干的表现上看出差异。

以上是高句丽、百济墓室壁画中所绘青龙图的大致特征。接下来，分析它们与竹原古墓内壁所绘怪兽图的异同，进而归纳怪兽图的特点。在此之前，先根据龙马或者天马的解释来看古代中国墓室壁画，特别是高句丽壁画墓中所绘制的天马图。

中国五胡十六国时期的甘肃酒泉丁家闸5号墓（地下式墓，中国甘肃省酒泉市）中，前室天井北壁绘有天马图[①]，上方画有龙头，下面绘有天马。从前肢向前跳跃的姿态来看，很明显是马。马嘴张着，四肢带蹄，屁股的上方画着清晰的尾巴，浑厚健壮的颈背上画有鬃毛，头部有一角（图16）。与竹原古墓怪兽图的共同点仅仅是张开的嘴，四肢和角。在高句丽壁画墓中，位于平壤周边的德兴里古墓（规模不清楚的方台形墓，409年，

---

① 中国墓室壁画全集编辑委员会编：《中国墓室壁画全集（1）·汉魏晋南北朝》，河北教育出版社2011年版，第102页。

朝鲜平安南道南浦市），复室构造石室的前室北侧天井绘有天马图①，安岳1号墓（东西13米×南北17米的方台形墓，5世纪前半期，朝鲜黄海南道安岳郡）单室构造石室的墓室天井绘有飞马图②。（图17）德兴里古墓所绘天马的背部至尾部有巨大的翅膀。然而，在安岳1号墓中，扁嘴状头颅、大大翅膀的飞马（或麒麟）与长耳飞马、飞鱼等动物绘制在一起。所有的动物都长翅膀，未能看出与竹原古墓怪兽图有共同点。虽然，少有事例能与其进行比较，但至少在天马图、飞马图与竹原古墓的怪兽图之间，仍未能找到相似或共同之处。

图16 甘肃酒泉丁家闸5号墓的天马图③

---

① 〔朝·日〕朝鲜民主主义人民共和国社会科学院、朝鲜画报社编：《德兴里壁画古墓》，讲谈社1986年版，第55页；耿铁华：《高句丽古墓壁画研究》，吉林大学出版社2008年版，第334页。
② 〔日〕朝鲜画报社出版部编：《高句丽古墓壁画》，朝鲜画报社1985年版，图版37；〔日〕共同通讯社编、发行：《高句丽壁画古墓》，共同通讯社2005年版，第234页。
③ 中国墓室壁画全集编辑委员会编：《中国墓室壁画全集（1）·汉魏晋南北朝》，河北教育出版社2011年版，图版122。

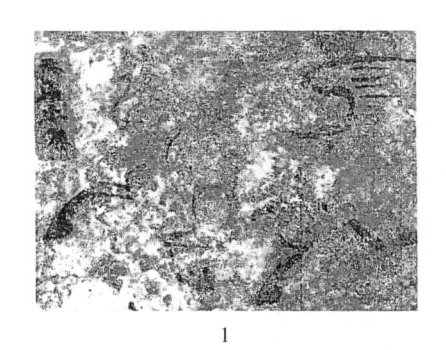

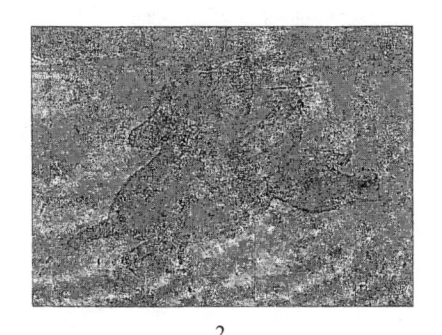

图 17　高句丽壁画古墓的天马图、飞马图[①]
1. 天马图：德兴里古墓；2. 飞马图：安岳 1 号墓。

另一方面，高句丽壁画墓中所绘青龙图与竹原古墓怪兽图的共同点是角，还有从张开的口中吐出的长舌，棘状的体毛以及前后的钩爪。不同点是青龙的朝向，姿势以及蛇形弯曲的躯干等表现方式。竹原古墓中怪兽图表现的特征与百济宋山里 6 号墓青龙图近似，虽然基本姿势有些许差别，但是能看出竹原古墓的怪兽图，具有同一时期朝鲜半岛墓室壁画中所绘青龙图的特征。怪兽图虽然与玄武图同样是变形体，但它具有了青龙的神兽特征，我认为这或许就是描绘青龙的图画。

竹原古墓中朱雀图被准确地刻画，与之相对，玄武图与青龙图并未被准确地描绘，仅仅是捕捉了其特征而绘制的变形体。我们可以认为在描绘阶段，青龙图与玄武图相同，并未传入，其形状和特征等信息仅是被了解而已。

（四）绘画方法和彩色颜料

竹原古墓后室内壁的壁画直接绘制于一块绿泥片岩的表面，前室内壁右侧壁画绘制于页岩，左侧绘制于花岗岩的表面，两幅壁画都是使用黑色

---

① 耿铁华：《高句丽古墓壁画研究》，吉林大学出版社 2008 年版，图版 24；〔日〕共同通讯社编、发行：《高句丽壁画古墓》，共同通讯社 2005 年版，图版 225。

和红色两种颜料直接绘制。

"由于颜料涂抹较厚,整个壁画表面覆盖着极薄的黏土被膜",所以竹原古墓内壁的壁画并没有随着时间消逝而变化[1],保存良好。壁画表面薄黏土上的被膜层,是微量的地下水凝结于石头表面,长期积淀而成。另外,关于竹原古墓壁画描绘以及上色所使用的彩色颜料,黑色为碳素,红色鉴定为印度红(表1),黏着剂的种类不明。[2]

表1 壁画中使用的主要颜料[3]

色	颜料名	矿物名等	竹原古墓	高句丽壁画古墓
红	水银红	辰砂		○
	印度红	酸化第二铁	○	○
绿	铜绿、白绿	孔雀石		?
	绿土	海绿石		
黑	碳素		○	
	油烟、松烟炭黑、本黑			○
		磁铁矿		○
白	铅白	盐基性碳酸铅		○
黄	黄土	含有含水酸化铁的土		○
	石黄	硫化矿物		○

日本涂饰、描绘古墓壁画所使用的色彩为朱色、黄色、绿色、蓝色、

---

[1] 〔日〕森贞次郎等:《竹原古墓——竹原古墓保存修理事业报告》,若宫町教育委员会1982年版,第99页。
[2] 〔日〕森贞次郎等:《竹原古墓——竹原古墓保存修理事业报告》,若宫町教育委员会1982年版,第19页。
[3] 竹原古墓,参见〔日〕森贞次郎等:《竹原古墓——竹原古墓保存修理事业报告》,若宫町教育委员会1982年版,第19页;高句丽壁画古墓,参见〔日〕青木繁夫:《壁画的描写技法》,《高句丽壁画古墓报道写真展》,共同通讯社2012年版,第13页,表1。

白色、黑色等六种颜色。① 朱色在本文表中记为红色。② 装饰古墓的黑彩，是将煤在油中溶解而得，继而用于壁画。然而竹原古墓使用的黑色颜料是碳素，如果通过电子显微镜观察，虽然与明墨粒子的大小和形状相同，但明墨是骨胶熬制凝固而成，其碳素粒是分散的，竹原古墓所使用的碳素则是非常紧密的聚合在一起。③

另一方面，古墓中用到的红色是质地非常好非常浓厚的红颜料，可以知晓它是酸化铁。竹原古墓中作为红色使用的印度红用电子显微镜观察，与质量上乘的红丹（印度红）粒子的性质以及配置非常相似，可见竹原古墓使用了质量上乘的红色颜料。④

接下来要探讨高句丽壁画墓的描绘方法和彩色颜料。6世纪中期之前，高句丽壁画墓一直以称为湿地壁画法与干地壁画法的化妆地法为中心，6世纪中期以后则是使用粗壁地法，在打磨过的石室壁面直接绘制壁画。⑤以4—7世纪所建造的高句丽壁画墓为研究对象，根据韩国国立文化研究所做的荧光X射线分析，可知所有古墓中均检测出铅的成分。而且指出化妆地法，是在灰泥表面用铅白绘好白色轮廓再填充颜色。⑥另一方面，粗壁地法，因为在壁画外形成了薄薄的石灰被膜层，所以壁画的保存性能变得极好。因为壁画整体被灰泥被膜层保护，彩色颜料即使经过很多年也不

---

① 〔日〕日下八光：《装饰古墓》，朝日新闻社1967年版，第22页。
② 朱色是把黑色加入橙色而得，从而接近于褐色或者是茶色，一般认为红色不包括黄色。参见〔日〕日下八光：《装饰古墓》，朝日新闻社1967年版，第22页。本论文中，探讨装饰古坟壁画时优先使用给人印象深刻的颜色，记作红色。
③ 〔日〕日下八光：《装饰古墓》，朝日新闻社1967年版，第24页。
④ 〔日〕日下八光：《装饰古墓》，朝日新闻社1967年版，第23页。
⑤ 〔韩〕全虎兑：《古墓壁画与高句丽文化》，《高句丽的文化与思想》，明石书店2013年版，第307—324页。
⑥ 〔日〕青木繁夫：《壁画的描写技法》，《高句丽壁画古墓报道写真展》，共同通讯社2012年版，第10—15页。意大利对联合国教科文组织在高句丽壁画古墓采集的样品（2004、2005）进行了分析，结果显示，完全没有铅，但今后有必要做进一步的验证（第11页）。

会变化褪色，只要不对壁面本身造成损伤，壁画就能以良好的状态保存。①这一技法与竹原古墓内壁壁画的技法相同。

高句丽壁画墓的彩色颜料，红色使用了水银红和印度红，黑色除了油烟和松烟，还使用了炭黑等（表1）。黏着剂中，除了混合熬干海草的苔胶和动物性的骨胶外，德兴里古墓可能还使用了植物性树脂。②

此外，百济的宋山里6号墓，由于壁面是用砖垒砌而成的，所以，在涂抹了黏土的墓壁上，用胡粉绘制壁画。③

竹原古墓与6世纪中期以后使用粗壁地法绘制的高句丽壁画墓在描绘方法上有共同之处，在壁画彩色部分所使用的黑色和红色颜料几乎相同。

五、结论：四神图的比较分析

通过以上比较分析，得出竹原古墓前室内壁右侧图即是四神中的朱雀，前室内壁左侧图是具有四神中玄武特点的动物（神兽）或者说就是玄武，内壁上所绘怪兽具有四神中青龙的特点，或者就是青龙等结论。竹原古墓与位于朝鲜半岛的高句丽和百济墓室壁画相比较，在描画上有明显的差别，但是，竹原古墓与6世纪中期以后的部分高句丽壁画墓在描绘方法上有共同之处，彩色部分使用的颜料也几乎相同。

以九州地方的福冈县、熊本县、大分县为中心建造的装饰古墓中，几何学的装饰图案是核心。但是，竹原古墓内壁所绘图案则是由人物、动

---

① 粗壁地法，是将几乎不混合黏合剂的无机非水溶性颜料沾在木刷或竹刷上，通过不断用力在石面上描绘，使颜料渗透到壁面凹凸面的粒子中，浸透墙面形成彩色层，与墙壁融为一体。参见〔韩〕全虎兑：《古墓壁画与高句丽文化》，《高句丽的文化与思想》，明石书店2013年版，第351页。
② 苔胶和骨胶是黏合剂的一种，其透明性和可溶性高，黏性低，在高湿度的环境下也具有持久性。参见〔韩〕全虎兑：《古墓壁画与高句丽文化》，《高句丽的文化与思想》，明石书店2013年版，第315页。
③ 〔日〕轻部慈恩：《百济遗迹的研究》，吉川弘文馆1971年版，第59页。

物、华盖、船等容易识读的题材构成。这是与其他装饰古墓最大的不同，也是被称为大陆图案纹样的理由之一。竹原古墓的四神图与四神方位一致的解释之前已经叙述。① 同为九州地区北部装饰古墓的6世纪后半期的珍敷冢古墓（形状不明，福冈浮羽市），其内壁所画蟾蜍图和圆形纹样结合被解释为月像，综上，在分析九州地区北部筑后川流域的装饰古墓壁画时，如果不考虑中国大陆和朝鲜半岛的影响，就难以解释清楚。② 本文的比较分析结果即可证明。

关于四神方位，在汉代编纂的中国古代经书《礼记·曲礼上》③第一中有"行，前朱鸟而后玄武，左青龙而右白虎，招摇在上，急缮其怒"的记载。

现实的行军方向暂且不论，从君主面向南方的原则来看，前锋军队是举南方的旗帜。④ 因此这则史料的意思是，行军的最前列（南）为朱雀旗，尾（北）为玄武旗，左翼（东）为青龙旗，右翼（西）为白虎旗，中军（中央）立招摇星（北斗七星）旗，以此鼓舞士气，巩固军心。由此看来，自古以来四神与方位就有着紧密的关系，并且，从北斗七星的排列来看，能够窥探出四神与天文学可能存在某种联系。在公元前1世纪的古代中国，认为四神有依据方位关系进行守护的作用。

另外，关于四神与天文的联系，在汉代编纂的《淮南子·天文训》⑤中

---

① 〔日〕白石太一郎：《由装饰古墓看他界观》，《国立历史民俗博物馆研究报告》第80集，国立历史民俗博物馆1999年版，第88—89页。
② 〔日〕白石太一郎：《由装饰古墓看他界观》，《国立历史民俗博物馆研究报告》第80集，国立历史民俗博物馆1999年版，第88—89页。
③ 《礼记》的解释及说明，参见竹内照夫：《新释汉文大系（27）·礼记（上）》，明治书院1971年版。
④ 《礼记》的解释及说明，参见竹内照夫：《新释汉文大系（27）·礼记（上）》，明治书院1971年版。
⑤ 《淮南子》的解释及说明，参见楠山春树：《新释汉文大系（54）·淮南子（上）》，明治书院1979年版。

记有:"何谓五星?东方,木也。其帝太皞,其佐句芒,执规而治春。其神为岁星。其兽苍龙,其音角,其日甲乙。南方,火也。其帝炎帝,其佐朱明,执衡而治夏。其神为荧惑。其兽朱鸟,其音徵,其日丙丁。中央,土也。其帝黄帝,其佐后土,执绳而制四方。其神为镇星。其兽黄龙,其音宫,其日戊己。西方,金也。其帝少昊,其佐蓐收,执矩而治秋。其神为太白。其兽白虎,其音商,其日庚辛。北方,水也。其帝颛顼,其佐玄冥,执权而治冬。其神为辰星。其兽玄武,其音羽,其日壬癸。"五星是木星(太皞、句芒、岁星)、火星(炎帝、朱明、荧惑)、土星(黄帝、后土、镇星)、金星(少昊、蓐收、太白)、水星(颛顼、玄冥、辰星)等五个行星。结合阴阳五行思想配置了方位、季节、五神(五兽)、五音、十干等。① 在这里,木星=东=苍龙(青龙),火星=南=朱雀,土星=中央=黄龙,金星=西=白虎,水星=北=玄武,明确地记载了星、方位与五神之间的关系。另外,作为五神核心的黄龙,具备统治四方(四神)的作用。

通过以上考察,可以知晓在古代中国四神与方位有密切关系,四神有守护的作用,与此同时,也可能与天文学有关系。

在古代中国,为了准确地知晓历法,二十八宿被作为赤道坐标。二十八宿分布于东西南北四方各七宿,在对应四季的同时,也对应四神各自的方位。② 汉代以后,由于与阴阳五行思想结合,在四神方位的中央布置具有抑制四方作用的黄龙,可以晓得在天文方面已经从四神变成明确的五位神明了。

---

① 《淮南子》的解释及说明,参见楠山春树:《新释汉文大系(54)·淮南子(上)》,明治书院 1979 年版。
② 〔日〕薮内清:《中国、朝鲜、日本、印度的星座》,《新天文学讲座》第 1 卷星座,恒星社厚生阁 1957 年版,第 123—156 页;〔英〕李约瑟:《中国的科学与文明》第 5 卷《天的科学》,思索社 1976 年版,第 75 页;〔日〕大崎正次:《中国的星座历史》,雄山阁 1987 年版,第 2—24 页。

另外，在高句丽壁画墓中，可以看出四神图与天文图之间的紧密联系。6世纪后，受到中原五神影响，在四神中央增加了黄龙，变成五神图。① 总之，4世纪—5世纪，高句丽壁画墓天井石中部壁画向莲花纹和日像、月像变化，6世纪以后，正如五盔坟4号墓和江西大墓所展现，天井石中部绘青龙（图18）。

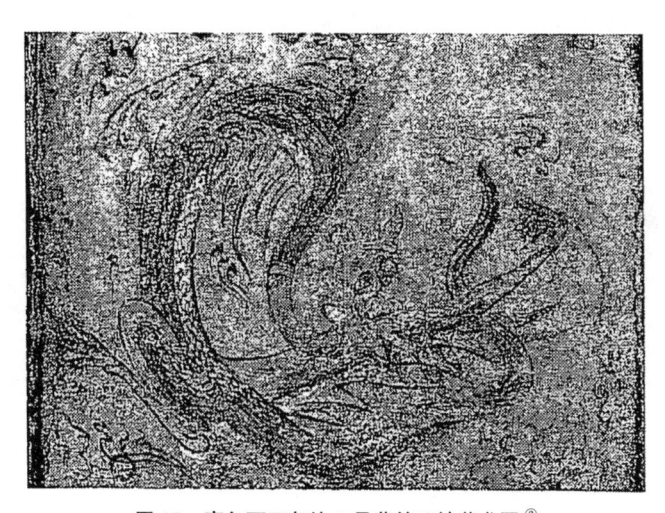

图18 高句丽五盔坟4号墓的五神黄龙图②

通过本论文的分析，可以确定的是，起源于中国的四神，经朝鲜半岛于6世纪后期传播至九州北部。四神所具有的性质并没有太大差别，关于绘制四神图的理由，高句丽与百济相同，都是为了守护被葬者。③

然而，从竹原古墓四神图的特征来看，可以说，只获得了朱雀的准确

---

① 〔韩〕金一权：《高句丽的天文自然观与天思想》，《高句丽的文化与思想》，明石书店2013年版，第187—218页。金一权将高句丽壁画古墓中出现的黄龙图称为"五方位天文大系"，在五神思想中，黄龙位于四神的中心。
② 〔日〕共同通讯社编、发行：《高句丽壁画古墓》，共同通讯社2005年版，图版277。
③ 〔日〕小野山节：《百济宋山里6号墓的四神壁画与墓主的恐惧——从比较考古学对墓室的新解释》，《高句丽美术馆研究纪要》第5号（有光教一先生白寿纪念论丛），高丽美术馆研究所2006年版，第145—154页。

图像。从玄武图和青龙图来看，只是表现了其特征。朱雀的准确图像与玄武、青龙等特征是从哪里传来的呢？竹原古墓的四神图与高句丽壁画墓的四神图相比较，从绘画特征看，很难认定是从高句丽四神图而来。高句丽壁画墓中，集安与平壤地区绘画上也有差别。① 这两个地区的四神图都与竹原古墓的有区别。另外，南北朝时期的南朝装饰墓河南郑县学庄村彩色画像砖墓（河南省邓州市）用画像砖来表现四神② （图19），与高句丽和百济的四神图在绘制手法上有很大的区别。从百济宋山里6号墓用四个壁面的大半绘制壁画来看，这无疑是受高句丽壁画墓影响的结果。

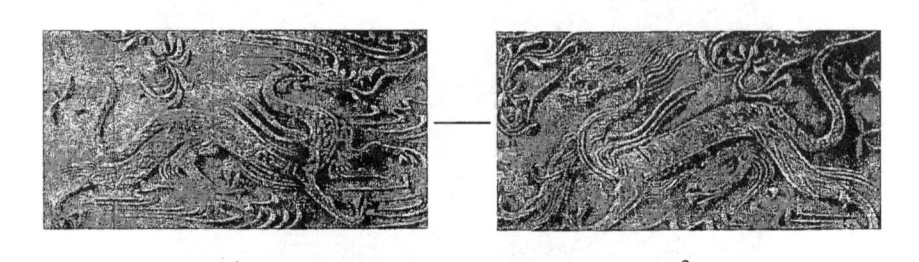

1　　　　　　　　　　　　　　2
图 19　河南郑县学庄村彩色画像砖墓的画像砖四神图③
1.青龙画像砖；2.白虎画像砖。

如果看竹原古墓四神图中的单个特征，其包括了五神图未能涵盖的内容，它经由百济（宋山里6号墓）传入，作为竹原古墓题材的一部分而被纳入到四神图当中。这也与朝鲜半岛的先进文化与文物通过百济传入古代日本的社会背景相吻合。尤其是6世纪中期至后期的钦明天皇（540—571年在位）时代，在百济圣明王（523—554年在位）与在其后即位的威德

---

① 〔韩〕全虎兑：《古墓壁画与高句丽文化》，《高句丽的文化与思想》，明石书店2013年版，第307—324页。
② 〔日〕町田章：《古代东亚的装饰墓》，同朋舍1987年版，第192页。
③ 〔日〕町田章：《古代东亚的装饰墓》，同朋舍1987年版，图版100（3、4）。

王[①]（554—598年在位）时代。据《日本书纪》记载，百济在围绕朝鲜半岛中西部地区领属权问题与高句丽发生战争的背景下，频繁地与日本进行往来以寻求支援，此时日本派遣了援军。

然而，如果从九州北部及其他地区所建造的装饰古墓壁画内容来看，仅竹原古墓有四神图，四神图是稀有的绘画题材。古代日本，在7世纪末—8世纪初高松冢古墓与龟虎古墓出现之前，没有绘制过四神图。

六、结语

昭和四十七年（1972）发现的高松冢古墓四神图，与高句丽壁画墓四神图的关系逐渐被关注，高句丽壁画墓作为研究对象也受到关注。[②] 四神图自4世纪末期开始在高句丽壁画墓中作为壁画的配角出现，至6世纪成为壁画的主角。古代日本的四神图，如本文分析的那样，在6世纪后期九州北部竹原古墓壁画中首次出现。另外，四神与方位有不可分割的紧密联系，可以确认的是，具有方位关系的四神图，在成为高句丽壁画墓壁画主角不久便传到了日本。但是，从谱系看竹原古墓四神图并非直接来自高句丽壁画墓四神图，很可能源于高句丽传播至百济的四神图。

在竹原古墓中，除了四神图，丰富的马具陪葬品是其特色，仅马衔就有3件。其中，带有镶板的铁质素环马衔有2件，是实用性马具。另外，还有铁质裹铜镀金七叶状镶板马衔，铁质裹铜镀金七叶状杏叶，铁质金铜的辻金具、云珠，是组合使用的装饰性马具。可以想象墓主人是拥有优良马匹的人物，这些在判断墓主人的性格上具有特殊意义。

[①] 在《日本书纪》第19卷钦明天皇十八年（557）三月条中有"庚子朔，百济王子余昌嗣立。是为威德王"（庚子之朔，百济的王子余昌即位，称号威德王）的记载。百济王子在圣明王死后并没有直接即位，而是557年3月继承王位。

[②] 〔日〕有光教一：《高句丽壁画古墓的四神图》，《壁画古墓高松冢》，奈良县教育委员会、奈良县明日香村1972年版，第140—150页。

竹原古墓的墓主被认为是拥有优良马匹的九州北部地区的领导者，从能够由朝鲜半岛接受、吸纳先进的四神图判断，其很可能与百济关系密切。

原刊于《人间社会环境研究》第 35 号，2018 年 3 月，第 153—179 页。

高句丽古墓壁画中的人物身份

〔韩〕琴京淑 著 马猛 译 潘博星 校[*]

一、前言

  高句丽的山城和壁画是高句丽的文化遗产,同时也是世界文化遗产,应予以足够重视。古墓壁画通常会反映墓主人生前生活的面貌,起到记录的作用。即使是死后通过壁画也能够反映出墓主人生前的人际关系和社会角色,也正因如此,才能流传下来如此大规模的墓葬,这些壁画墓也反映了当时人们的来世观。

  本文以高句丽古墓壁画中的人物画像为中心,意在考察高句丽古墓壁画中出现人物的身份,因无法考察全部墓葬的照片和相关资料,只选取其中几例进行考察,研究对象也限定于部分壁画墓,主要选取了人物风俗图中保存较好的人物作为研究对象。[①]

---

[*] 琴京淑,韩国江源大学讲师,东北亚历史财团责任研究员;马猛,长春师范大学外国语学院讲师;潘博星,长春师范大学东北亚研究所助理研究员。基金项目:吉林省社会科学基金项目(2021G8),长师大社科合字〔2021〕第006号。

[①] 本文考察的壁画数量不多,但是选取的壁画都对人物进行了精细地描绘,笔者认为符合通过壁画考察高句丽身份问题的研究目的。关于高句丽壁画,综合整理最为完整的是韩国学者全虎兑的文章。参见〔韩〕全虎兑:《高句丽古墓壁画研究》,四季出版社2000年版;《高句丽古墓壁画的世界》,首尔大学出版社2004年版。

到目前为止，推测为高句丽壁画墓的墓葬大概有 100 余座。本文考察的是壁画中呈现的人物，但是不得不说研究过程中也有一定的局限，高句丽史研究领域文献资料本来就不多，壁画资料的重要意义仅次于文献资料，作为当时的资料，某些程度上比文献资料还重要。所以，最近学界的研究焦点又重回到壁画上。尽管如此，我们也要意识到，因为壁画的创作包含被葬者的目的，画家的表现技法也可能不同，在分析过程中要予以注意。虽然受到各种各样的限制，但是我们还是能从壁画中看出当时的生活风俗，因此高句丽古墓壁画仍是非常珍贵的研究资料。

二、不同古墓壁画中的人物分析

朝鲜从 20 世纪 60 年代就开始强调高句丽壁画的阶级性，提到了壁画人物的阶级差异。即"封建统治阶级为了神化他们的'权威'，将他们自己画得很威风，却将其他人物画得很低贱和丑陋"。① 本文试从多样的角度来考察壁画的内容。②

（一）安岳 3 号墓

虽然安岳 3 号墓主问题现在还是争论焦点，但是随着 357 年这一绝对年代的明确，学者们对于安岳 3 号墓的建造时期基本上达成了一致。从壁画的绘画手法和图像学角度来看，安岳 3 号墓可以看作是高句丽壁画墓的一个典型。在人物的表现技法上，安岳 3 号墓和其他墓葬有所不同，如果以其为标准来看的话，安岳 3 号墓不仅是一个典型，也给我们提供了很

---

① 〔朝〕千石根：《高句丽服饰中反映出来的阶级身份关系考察》，《历史科学》1981 年第 3 期；《关于安岳第 3 号墓壁画服饰》，《朝鲜考古研究》1986 年第 3 期。
② 最近的研究成果见《高句丽研究：高句丽壁画反映的社会与文化》17，高句丽研究会 2004 年版。

多启示。① 安岳3号墓墓主和墓主夫人的肖像画中，按照官职顺序围绕在主人公身边的"记室"、"省事"、"小吏"、"门下拜"等依次被画得很小。不管安岳3号墓的主人是不是王，其肖像画都被描绘得异常华丽。通过墓主和墓主夫人所着服饰来看，古代贵族们的生活和文化非常华丽丰富，通过优越的身份享有一定的特权。这一点从服侍墓主和墓主夫人的身边人物也可以得到确认，墓室南壁上夫人和其他人物图体现出他们之间的关系也是如此。以上现象在以双楹墓墓主人帐房图为代表的许多人物风俗画中也都有体现。

安岳3号墓所绘人物的数量不同，不同的数字具有不同的象征意义。前室4名仪仗旗手的衣着为长袍形态。旗的模样也有所不同，笔者认为旗的意义和作用应有区别。其他3名旗手穿着上下分体的衣服。根据旗和职位的重要程度不同，排列的位置也不同。

厨房的3名女性穿着白色衣服，衣服上面镶着有色的襈。无法得知衣服是什么材质，但看起来像是棉布。磨坊里面2名女性中的一人短袄颜色是红色，另一名好像是白色。井边的2名女性上下穿着白色的裙子和短袄。他们的服饰和被葬者夫妇及其亲近人员的服饰相比，描绘得较

---

① 安岳3号墓的墓主问题不仅是墓主的身份问题，其在高句丽政治社会中居于何种地位也有非常重要的意义。4世纪时黄海道一带怎样的势力才能筑造起来如此大规模的墓葬，其真实身份是什么，当时高句丽势力扩张到了哪里，还有地方统治问题，这些都和墓主有密不可分的关系。朝鲜开始认为墓主是美川王，之后修正为故国原王，这一主张一直延续到今天。参见〔朝〕朱荣宪：《关于安岳第3号墓的被葬者》，《考古民俗》1963年第2期；〔朝〕朴镇宇：《安岳3号墓的主人公》，《朝鲜考古研究》1990年第2期；《安岳3号墓是故国原王墓》，《朝鲜古代及中世初期史研究》，教育图书出版社1992年版；〔朝〕孙永钟：《高句丽壁画墓的墨书铭和被葬者》，《高句丽研究》1997年第4期。韩国主流学界认为安岳3号墓是冬寿墓，最具代表的学者是孔锡龟，他在对安岳3号墓墓主的描画进行分析后主张其是冬寿，并坚持这一观点。相关内容参见〔韩〕孔锡龟：《安岳3号墓墨书铭考察》，《历史学报》1989年第121期；《安岳3号墓主人公的冠帽》，《高句丽研究》1998年第5期；《安岳3号墓主人公的节》，《高句丽研究》2001年第11期。本文认为安岳3号墓的被葬者身份固然重要，但壁画中描绘的其他人物也能够在一定程度上反映当时的情况。

为朴素。①

（二）集安通沟12号墓

集安通沟12号墓壁画中正在跳舞的2个人穿着短袄和裤子，无法区分男女。演奏乐器的人也穿着短袄和裤子。

拉车的2名男性穿着短袄和裤子，但是他们的上衣长度一直能盖到屁股，似乎还系着带子。从他们头上什么也没有戴的情形来看，他们的身份不会太高。跟在车后的2名女性穿着长袍外衣和带褶的裙子，另一个穿着有纹样的长袍，头上没有装饰物。另外还有3个跟着车的女性穿着和以上相同，其中一个女性打着阳伞。这幅壁画的表现技法和集安其他壁画墓非常相似，很有地域特色。②

（三）角抵墓③

在角抵墓壁画中墓主坐在椅子上，短袄好像有颜色，线条非常明显。他穿的裤子上饰有点纹。墓主的两位夫人都是长袍配褶裙，男性前面的女性的长袍颜色深一些，后面的女性穿着点纹长袍和褶裙。两个女性头上全戴着巾帼。④

---

① 如果把安岳3号墓看作是高句丽古墓壁画的基准，其是否能够真实地展现4世纪高句丽的实际情况是存在争议的。即，这时的壁画受到了中原文化的强烈影响，壁画具有一定的范式。尽管如此，也不能将安岳3号墓完全排斥在高句丽文化之外。综合考虑以上多种因素，在利用安岳3号墓进行高句丽研究时需多加慎重。
② 全虎兑认为高句丽墓壁画应以集安地区和平壤地区进行区分，各地区有其不同的特色。笔者认为这是系统考察高句丽壁画的一个重要的方法论。
③ 在此墓中，画家的表现技法和集安通沟12号墓相同。
④ 关于女性的头饰，现在还有很多争议。有些人将巾帼看作是头巾，也有认为其是当时女性们使用的假发。不能排除当时统治阶层女性们使用假发的可能性，但是寒冷的北方地区完全可能戴帽子。金龙文探讨了壁画中出现的发型和妆容，及其反映的高句丽的社会和文化。参见〔韩〕金龙文：《壁画中的高句丽发型和化妆文化》,《高句丽研究：高句丽壁画反映的社会与文化》17,高句丽研究会2004年版。

1名侍童在墓主身后，衣服的样子与之相似。看起来身份卑微，年纪也很小。1个女仆在两位墓主夫人旁边，服饰是长袍和褶裙，长袍上有水滴纹样，头部装饰无法确定。不知道是因为身份上的差异还是因为年龄小而被画得很小。2个摔跤的西域人正脱了外套角斗，也许是为了说明摔跤的主题，这个场面上的两个人画得很大。裁判或看热闹的人拿着拐杖，感觉还有些罗锅，看起来像是老人。他穿着盖到屁股的短袄和裤子，头上仿佛戴着什么，短袄染了颜色。1名马夫右手拿着赶马的缰绳，左手拿着鞭子，脸部模糊，穿着没有纹样的裤子。

（四）德兴里壁画墓

德兴里墓中墓主图画有两处，前室北壁和后室北壁上都画有墓主的肖像画。前室北壁墓主的形象是接受13郡太守朝拜的样子。墓主肖像画周边有3名正在演奏乐器的男性，演奏笛子、洞箫的男性，演奏阮咸的女性，以及他们旁边的男性和女性侍从，这些侍从和上述演奏乐器的男性和女性有着不同的形象。特别是演奏阮咸的女性，头上的装饰要比手持扇子的女性头饰更为华丽，这是试图表现伎艺行业者的形象。德兴里壁画中的被统治阶级，也就是被认为是隶属于德兴里墓主的这些人，他们的衣着和头像都和其他墓非常不一样，狩猎的人们模样也不相同，不知道是不是由于画家的表现技法不同造成的。①

---

① 德兴里壁画墓中有墨书铭，与安岳3号墓一样，可以通过墨书铭知道墓的建造年代。但是对于墓主人镇属于中原还是高句丽目前还有争论。朝鲜学界认为镇不仅是高句丽人，还主张高句丽的领域已经达到了幽州。关于这一点，韩国有些学者，如李仁哲，支持朝鲜的观点，相反也有些学者，如孔锡龟，主张镇是中原人物。参见〔韩〕李仁哲：《通过德兴里壁画古墓的墨书铭看高句丽的幽州经营》，《历史学报》1998年第158期；〔韩〕孔锡龟：《德兴里古墓壁画的主人及其性质》，《百济研究》1990年第21期；《德兴里壁画古墓被葬者等级问题》，《韩国上古史学报》1996年第22期。

（五）水山里壁画墓

墓室北壁上画着墓主人的宅邸和其手下。但是本应画着墓主人的中间位置因脱落已经看不出任何痕迹了。

墓室北壁西侧上部画着 2 名男性，形象非常端庄。他们穿着过臀的短衽和裤子，头上戴着帻，他们的表情和姿势都非常端庄和优雅，正在作揖。还有，他们穿着的短衽衣袖和衣领由襈相连，还穿着不同颜色的裤子。相对应的东侧部分对称画着的两个女性，穿着过臀的短衽和褶裙。角抵墓画着的女性人物的服饰是长袍，但是水山里壁画墓中穿着的却是类似现在短外套长度的上衣。同时还穿着非常长的褶裙。女性的头部模样也很特殊，似乎戴着帽子。①

墓室西壁画有各种内容的壁画。首先，中间部分描绘了墓主夫妇正在观看各种伎艺，墓主人似乎穿着正装。紧邻主人公后面就是撑着阳伞的下人，下人被描绘得非常小。撑着阳伞的下人后面好像是墓主人的家人，人物的大小也比墓主人公稍微小一些。他们黑色底色短衽上面带有红色的襈，穿着有纹样的裤子，看起来是有一定地位的人。墓主夫人穿着非常华丽的服装，夫人的脸颊上化着妆，可以推测出当时高句丽女性是化妆的。短衽黑色底色的上面搭上了红襈，黑色底布推断应该是绯缎，黑色底布上面用红线绘制纹样，由此可以推测在纺织物上能够刺绣和织纹样。另外，还可以在褶裙上用几种颜色染色，或者用许多颜色的布料合在一起做褶皱裙子，整体上看起来非常高级和华丽。

紧跟墓主人后面的是撑着阳伞做侍从的女性形象，描绘比例非常小，一下子就能看出来身份上的差异，从图中也可以看出年龄不大。墓主夫人后面人物的描绘中，也有两个和夫人像大小差不多的女性像，她们也是穿着短衽和褶裙，推测他们是墓主的女儿，因为她们后面的女性又被描绘得

---

① 〔韩〕金龙文：《壁画中的高句丽发型和化妆文化》，《高句丽研究：高句丽壁画反映的社会与文化》17，高句丽研究会 2004 年版。

更小。推测为女儿的女性穿着的短袄和墓主夫人相似。从图像上来看是黑色底色上面带有红色的襈,后面的女性则是红色底色上面带有黑色的襈。最后面的2个女性也穿着同样的衣服,应该是侍女。墓主夫人和这些女性,头上好像都戴着帽子。从墓主夫人和侍女们穿着相同式样衣服来看,衣服的样式不体现身份差异,但是也许衣服的材质上会有差异。另外,撑着阳伞的女性从发型来看不好判断她的年龄大小。[①]墓主夫人衣服精致华丽,可以看出身份的差异。

一方面,纵观那些正被观看的表演伎艺的人中,其中一个正在表演踩高跷。从这个人的衣着上来看,为了活动方便,袖子最末端窄且短。但是基本衣服构造是大概在臀部勾线。他们的发型也很奇特,这应该是表演伎艺的人特有的形象。他们的表情非常鲜活,同样的发型在德兴里壁画墓里也能见到。另外,旁边还有表演抛球和耍棍伎艺的人,他们的衣着也是为了方便而穿着短裤,脸上的表情看不清楚。大体上表演伎艺的人的衣着和发型都是为了符合他们活动的功能。从他们头上没有戴东西来看,有可能类似现在的私人乐团。

墓室东壁上是鼓吹乐团的形象,两个人抬着鼓,一个人在敲鼓但只能看到腿。后面还有吹喇叭人的形象,从他们戴着冠帽的样子可以推测他们可能属于官府。他们的服装和其他人一样穿着到臀部的短袄和裤子,从其短袄略带一点色彩来看,有可能是染色了且饰有襈。

水山里壁画中的墓主夫妇以及其亲近的侍从们,大体上都穿着袖筒宽大的短袄。表演伎艺的人和给墓主撑阳伞的人们穿着袖筒窄的短袄,这些体现出了活动的性能和他们的身份。

[①] 全虎兑认为,撑伞的人物不仅体现了其身份,同时也体现了其年龄。笔者也同意这一个说法。参见〔韩〕全虎兑:《墓壁画中体现出来的高句丽人的身份观》,《韩国古代的身份制度和官等制》,学院网出版社2000年版。

（六）安岳2号墓

此墓壁画中由于人物看不清楚，只能大约推测一下。

安岳2号墓的墓室西壁上部壁画中画着约12个人物。脱落的部分较多，所以无法确定男女，似乎女性较多。特别是中间2个女性被画得特别小，说明身份上的差异和重要程度都比较低，但是她们的衣着基本上与其他人没有大的分别。与其他人头上戴着东西相比，她们什么都没戴，看起来像是下人。但是她们的衣服样式和统治阶层没有什么不同。这幅壁画中画有许多女性，墓室北壁西侧部分也画着6名女性，她们服饰相同，发型相似，身穿长袍，镶着黑色襟，下穿裙子，但是看不清其下身穿的是褶裙还是其他裙子。

（七）平壤驿前壁画墓

从前室西壁仪仗兵的摹写图来看，右侧6名武官的图片损毁严重，他们的服装和前室西壁武人的样式相似，这些是壁画墓里很常见的形象。前室南壁一个乐工正在吹喇叭，另一个像是在敲鼓，他们的服装和前室的武人服装没有太大的区分，但是戴着的冠却有差异，应该是乐工。

（八）伏狮里壁画墓

伏狮里位于黄海道安岳郡，壁画的人物表现技法和安岳3号墓的非常相似。墓室西壁上的人物像摹写图中，从冠来判断，推测有1个文人和2个武人。另外，墓室东壁壁画中有4个武人头上有冠，还有头上有装饰的女性2人，表现技法和安岳3号墓相似。

（九）东岩里壁画墓

位于平安南道顺川市东岩里的这座壁画墓，在《朝鲜遗迹遗物图鉴》的年代比定中，判断为4世纪后半期建造。但与这一推断不同的是，全虎兑将其建造年代比定为5世纪初。与其他墓相比，年代比定差异不是很大。壁画脱落非常严重，正在修缮壁画残片，其内容非常丰富。

图上（图1、2）可以看到穿着不同服饰的男女人物和加工饮食的形象，还有打猎场面，跳舞场面，伎艺场面，还有马、鹿、狍子许多兽类形象。

人物的衣服颇具特色，衣服上有几何纹样，还有穿着点状纹样的人物。上衣是黑白色，相比而言，裤子上有红色点纹。上衣上的线与其他壁画不同，有黑色和红色两种线。男性们戴着不同样式的冠，由此可以看出高句丽多种多样的身份制。在东岩里壁画中发现多片女性形象，其中两个残片可以判断为墓主夫人和侍女的形象。通过这些壁画残片可见，她们穿着长袍和褶裙，衣服装饰略显华丽。大概是因为画家想要用红色、黑色形成对比色。看起来像是侍女的女性上衣穿着点纹黑色衣服，饰有同色系的黑色襈，给人朴素的感觉，这个女性的头上没有其他的装饰。这个壁画中类似下人的服饰也是用于体现功能性的窄袖。

图1 东岩里壁画墓残片

图 2　东岩里壁画墓残片

三、不同阶层的人物分析

（一）统治阶层

身份是一个社会中将主要统治阶层的统治制度化的产物，也就是说身份和社会性质密切相关。最容易显示身份的方式就是通过服饰，古代社会更是如此。壁画墓所绘人物风俗图中，不但依据壁画中人物描绘的大小可以反映出身份高低，而且通过他们每个人穿着的衣服式样和戴着的帽子也可以显示他们的社会身份。

与高句丽身份制的相关史料在《三国志》和《三国史记》中也有所体现，高句丽最高统治阶层是以王为中心的王室贵族们。根据《三国志》的描述，高句丽王出自涓奴部，随着桂娄部的得势，王室贵族集团发生转换，之后的王一直出身于桂娄部，由此王室也确定了下来。① 因为壁画墓

---

① 《三国志》卷30《魏书·东夷·高句丽传》："王之宗族，其大加皆称古雏加。涓奴部本国主，今虽不为王，适统大人，得称古雏加，亦得立宗庙，祀灵星、社稷。绝奴部世与王婚，加古雏之号。"

中看不到王陵级墓，所以本文不准备提及王室。

以王为顶点的统治构造体制中拥有贵族身份的人，就是史料中的"大加"集团。关于"大加"，《三国志》中是这样叙述的：

    1. 其公会，衣服皆锦绣金银以自饰。大加、主簿头著帻，如帻而无余，其小加著折风，形如弁。①

    2. 诸大加亦自置使者、皂衣先人，名皆达于王，如卿大夫之家臣，会同坐起，不得与王家使者、皂衣先人同列。②

    3. 其国中大家不佃作，坐食者万余口，下户远担米粮鱼盐供给之。③

统治阶层具体的官位体系类推有对卢、沛者、古邹加、主簿等相关的存在。④他们和王一样有下设的官位体系，其下可设使者、皂衣、先人。而且经济上同被称为"坐食者"。另外，从社会文化层面来说，如同前面史料所说，他们穿着带有刺绣的绯缎和用金银装饰的服装，以此和其他身份相区别。统治阶层分为上层统治阶层和下层统治阶层，上层统治阶层可以认定为大加。大加和小加在外形上的区别显示出了明显的相互间身份的差别性。⑤在壁画墓筑造的初始期，有能力建造壁画墓的人都是大加级的贵族们，是他们主要建造了壁画墓。而大加就包含王室成员，涓奴部的嫡统大人、王妃族等也有可能是大加。以下是与统治阶层衣服相关的其他资料。《翰苑》中有这种说法：

---

① 《三国志》卷30《魏书·东夷·高句丽传》。校者按：原文为"衣服锦绣"，应为"衣服皆锦绣""皆"字。
② 《三国志》卷30《魏书·东夷·高句丽传》。校者按：原文为"与卿大夫之家臣，会动坐起"，应为"如卿大夫之家臣，会同坐起"；原文为"皂衣仙人"，应为"皂衣先人"。
③ 《三国志》卷30《魏书·东夷·高句丽传》。
④ 〔韩〕赵法钟：《韩国古代身份制研究》，《国史馆论丛》1997年第52期。
⑤ 与大加加以区分，小加所处的位置对于理解高句丽身份制有所帮助。一些学者认为小加可以理解为具体处理事务的阶层，他们虽然位处统治阶层底端，但是也可以划分为统治阶层。

贵者冠著帻，以金银为鹿耳，加之帻上。贱者冠折风，穿耳以金环。上白衣衫，下白长袴，腰有银带。左佩砺，而右配五子刀。足履豆礼韦沓。

《翰苑》记载所谓"贱者"只是相对贵者而言①，实际意思是指下层人民，这样称呼是为了与大加和小加相区分。高句丽统治阶层内部，冠帽是从外形上容易辨别身份的，另外，衣服的颜色也是最能区分身份的东西。②

另一方面，与大加相区分的小加们处于统治阶层的中下层，他们的作用是国家统治秩序体系中履行统治行为的承担者。他们在履行统治权力的同时会与被统治阶层发生接触，依据史料，身为小加的人会佩戴折风。

古墓壁画中首先可以从人物大小和其在壁画中的位置上判断谁是主人公，主人公通常会画得很大，其目的是显示其重要程度。肖像画的排列顺序上，也会将主人公画得坐在最前面。而且他们服饰大体上也表现为穿着多种颜色的衣服。前面已经提到了统治阶层的服饰，这些墓的主人公大体上所穿的衣服是由多种颜色、有纹样的材料制作而成。主要穿着宽筒袖子的衣服和长袍，主要是因为他们大多不参与生产活动，所以可以穿着这样宽松的衣服。

称高句丽统治阶层为"坐食者"，显示出了他们有一定的社会经济条件。壁画中体现出的就是他们乘坐车子的形象、观赏伎艺的形象，还有参加朝会的形象。另外，被葬者还穿着活动不方便，但却能彰显作为统治阶层身份的服饰。

壁画墓的被葬者都拥有一定的政治地位，属于统治阶层无疑。他们在政治上可以在自己的身边设置类似家臣的人物。另外，壁画中出现了很多

---

① 译者注：《翰苑》引《职贡图》中为"贵者"、"贱者"。
② 〔韩〕林起焕：《4—7世纪高句丽官等制的展开与运营》，《韩国古代的身份制度和官等制》，学院网出版社2002年版，第209—210页。朝鲜三国时代依据色服制的官服区别一直延续到朝鲜时代。

狩猎的场面,狩猎是最具政治性和军事性的活动,从这个侧面来看狩猎能反映出来被葬者生前的活动场面。① 狩猎场面不仅能反映出来政治和军事侧面,也能很好地反映出经济要素。《三国志》描述高句丽"多大山深谷,无原泽……无良田",因此说重要的营养供给要靠打猎实现,狩猎后产生的毛皮也是重要的贸易物品。安岳3号墓的厨房中挂有狩猎而来的野兽,这些都是狩猎的直接所得物。如果安岳3号墓被葬者的家里可以保存许多野兽,则说明这些统治阶层可能具备经济上的独占能力。归他们所有的还有供骑乘的马以及拉车的牛。另外他们还拥有碓这样的设施,壁画中经常能看到踩脚踏碓的女性。他们所拥有的政治特权也可以通过行列图看出来。行列图表现的是非常正式的活动,虽然不是很常见,但是可以反映出来他们当时所具有的政治社会地位。

壁画(图3)中可以看出来高句丽的统治阶层会享受娱乐。他们直接享受狩猎过程,也会去观赏伎艺。被葬者本人和被葬者夫人一起观赏伎艺的水山里壁画(图4)中的伎艺人和行列图中的伎艺人有一些不同,水山里壁画墓被葬者观赏的伎艺推测为西域来的人,而且从服饰来看他们不属于官府。

图3 德兴里壁画墓的墓主　　图4 水山里墓主夫人

---

① 〔韩〕金瑛河:《高句丽的巡狩制》,《历史学报》1985年第106期。

统治阶层服饰的基本样式和其他阶层没有太大的区别,但是他们在正式聚会中会佩戴用以明确区别身份的冠帽、鞋、带等。

如前面的史料所说:"其公会,衣服皆锦绣金银以自饰。大加、主簿头著帻,如帻而无余,其小加著折风,形如弁。"① 这种以服饰区分身份的方法在每个社会中都会出现。在高句丽历史上的每一个时期中,这些统治阶层一直都在公共聚会中穿着刺绣的衣服并用金银装饰。

高句丽的身份制和新罗的骨品制一样,虽然其内容没有详细地传承下来,但是通过部分文献资料和壁画可以确认一直存在排他性身份制。以王室为首的统治阶层有说明自身家系的独特的传说,可以看出他们对自我价值有自负心理。他们有姓氏这一点也与他们的出身相关。如前所述,这些统治阶层依靠其所属的家族的力量和能力独占重要官职。也如同壁画墓里体现出来的一样,他们不仅想要拥有今生的特权,还想占有来世的特权。

(二)中间阶层

在韩国古代史的框架下身份制已经被广泛论述,但是对于中间统治阶层或者说是中间身份的构成问题一直没有得到更深一步的探讨。其原因要从不同身份阶层统治与被统治的关系中来寻找。一个阶层的形成关系到古代身份制度是否固化的问题,韩国古代国家通常都会存在 600 年以上,在其发展过程中会产生社会分化现象,这一发展过程中应该存在担当国家实务工作的阶层。②

这一阶层身份有可能包含前文所述的处于小加中的下层人物,也可能包括和被统治阶层相区分的不直接参与农业生产的"坐食者"。他们是组

---

① 《三国志》卷 30《魏书·东夷·高句丽传》。
② 金基兴认为,高句丽身份制形成的同时设置了区别于统治阶层的中下级统治层([韩]金基兴:《社会构造》,《韩国史》1994 年第 5 期)。本稿中的中间阶层如果从统治与被统治的观点出发也属于金基兴所设定的中下级统治阶层。其在壁画中体现的数量很多,可以对应为一个阶层,对于他们的考察今后应该更进一步。

成高句丽军队核心军事力量的步兵和骑兵的中坚力量，也是动员一般平民参加战争的初级指挥官。①

本文中所说的中间阶层不是按照高句丽身份制命名的，而是除墓主人外，笔者将画在他周边的人物设定为中间阶层。判定为中间阶层的人物在壁画中有很多，首先是舞踊墓里的僧侣，从其身份上来看僧侣应该是属于知识分子集团，舞踊墓壁画中僧侣和被葬者的身份画得没有很大差异，从这一点来看僧侣有一定的地位。单从壁画来看僧侣们是来到被葬者家中，很有可能是被葬者邀请僧侣来说法。墓主人礼佛没有去寺庙里，却请来了僧侣，由此可以将僧侣看成是墓主人周边的人物。

另外还有帐下督、记室、门下拜等处于墓主周边的这些保护被葬者的人们，通过他们的服饰冠帽来推定，戴着官帽的差不多是武官，虽然从衣服上看他们和墓主人没什么大的区别，着装颜色相似，但是在衣服的纹样和材质上还是体现出身份的差异。尽管他们的衣服也会使用有颜色的布料制作，但其颜色单纯而且褾的处理也非常简单。总之，从很多方面来看，很明显，这些人跟墓主人有所区别。

壁画中可以推测为中间阶层的人，有狩猎图中经常可见的打猎的人和行列图中护卫被葬者的武士们。狩猎图中打猎的人戴着许多种类的冠帽，其中还有冠帽上插鸟羽毛的人。另外，正式演奏音乐的乐工和跳舞的舞人也可以归类为中间阶层。在很多壁画中都见到他们在正式的活动中演奏乐器，跳独舞、双人舞，还有群舞，可以认为他们是属于官府的人物。

侍奉墓主夫人的女性也可以视为中间阶层（图5）。服侍被葬者和被葬者夫人的人，虽然他们被画得较小，但是和周边人物相比，也有大小相差不大的时候，水山里壁画中给被葬者和被葬者夫人打阳伞的人就是这样的。虽然他们被描绘得很小，但是大小和周边的人物差不多。虽然工作是服侍别人，但是他们还是可以分属于亲信这一类中，壁画中的这些女性所

---

① 〔韩〕金基兴：《社会构造》，《韩国史》1994年第5期。

穿着的服饰和被葬者夫人没有什么差异。如前所述，基本服饰非常相似，都是穿长袍和褶裙，只是衣服的纹样与褶裙的颜色和被葬者夫人的有很多不同之处。水山里壁画中被葬者夫人的衣服画得非常细腻，她的衣服上还有刺绣，衣服上围着的襈也描绘得很华丽。相反其周边人物的衣服就被处理得非常简单（图6）。画家应该是想间接地表现出来他们的身份差异。

图5　安岳3号墓墓主的侍从　　　图6　水山里壁画墓的两名男性

（三）平民阶层

作为被统治阶层的主要构成者，以及国家生产和军事的中坚力量，平民阶层是最重要的一个部分，但是在史料中却没有太多记载。这些平民的基本营生就是农业，自给自足的生活比较困难。平民阶层在高句丽社会中分化也比较严重。①

---

① 关于高句丽社会中"民"的分化可以参考以下论文：〔韩〕洪胜基：《1—3世纪"民"的存在形态考察》，《历史学报》1974年第63期；〔韩〕申东河：《韩国古代国家的官等制和身份制》，《同大论丛》1983年第13期；〔韩〕金基兴：《社会构造》，《韩国史》1994年第5期；〔韩〕赵法钟：《韩国古代身份制研究》，《国史馆论丛》1997年第51期；《韩国古代社会的身份和职责》，《韩国古代史研究》1997年第12期。

史料1：冬十月，王畋于质阳。路见坐而哭者，问何以哭为，对曰："臣贫穷常以佣力养母，今岁不登，无所佣作，不能得升斗之食，是以哭耳。"王曰："嗟乎！孤为民父母，使民至于此极，孤之罪也。"给衣食以存抚之，仍命内外所司，博问鳏寡孤老病贫乏不能自存者救恤之，命有司，每年自春三月至秋七月，出官谷，以百姓家口多少，赈贷有差，至冬十月还纳，以为恒式，内外大悦。①

史料2：美川王，讳乙弗，西川王之子古邹加咄固之子。初烽上王疑弟咄固有异心，杀之。子乙弗畏害出遁，始就水室村人阴牟家，佣作。阴牟不知其何许人，使之甚苦。其家侧草泽蛙鸣，使乙弗夜投瓦石禁其声，昼日督之樵采，不许暂息，不胜艰苦。周年乃去，与东村人再牟贩盐。（以下省略）②

上述史料是关于平民的史料中内容最写实的，史料1表明，在2世纪时平民已经是收取赋税的基本对象和军事动员的来源。"赈贷法"的实行是保障社会身份制可持续的一个基本措施③，表明他们被作为公民来控制，是财政收入的主要来源。④

3世纪末期高句丽社会已经分化，"民"阶层中有很多存在形式。这表明高句丽社会向前发展的同时又有变化。当时的平民阶层在贫困状态下又要通过佣作来维持生活。但是史料2中的水室村人阴牟是一个经济上相对富裕的人。由此可见，当时高句丽社会中平民也存在不同的层次。

平民阶层担当大部分的国家徭役，首先就是充当政府的力役，成为宫室建造和寺刹建筑等大规模土木工程的主要征发对象。另一个是军役，年

---

① 《三国史记》卷16《高句丽本纪》"故国川王十六年"条，乙酉文化社2010年版。
② 《三国史记》卷17《高句丽本纪》"美川王即位"条，乙酉文化社2010年版。
③ 赈贷法也要附加利息进行救助，对于贫民救济的保障性仍然不足。
④ 〔韩〕余昊奎：《3世纪高句丽的社会变动和统治体系的变化》，《历史和现实》1995年第15期。

龄在 15 到 60 岁之间的要服军役，军役时间大概是 3 年左右。① 尽管平民阶层中有一些是豪民，但是大部分的平民阶层经济上比较困难，为了不使其成为财政负担并维持其生存，统治阶层会让其做农活或者雇佣他们。事实上很难从墓葬壁画中找到平民阶层的形象。很有可能平民阶层以上下班形式在贵族家中做工。

（四）奴婢阶层

高句丽最底层的是奴婢阶层。依据史料高句丽社会中出现奴婢阶层的原因可以分为以下几种。

首先是战争俘虏。三国发展时期就是扩张领土的时期，这段时期内三国之间不断地发生战争②，战争产生的俘虏中，很大一部分被抓后成为奴婢。另外就是罪犯及其家人。《三国志·魏书·东夷传》"高句丽"条中记载："无牢狱，有罪诸加评议，便杀之，没入妻子为奴婢。"③ 另外，还有债务型奴婢，《周书·高丽传》载："若贫不能备，及负公私债者，皆听评其子女为奴婢以偿之。"④ 上述内容可以理解为高句丽发展过程中出现的暂时现象，也可以理解为这就是高句丽社会中存在的一个常态。

奴婢往往没有作为正常社会成员身份的资格，也就是说他们是国家政权和贵族及其他有经济能力阶层的所有物。奴婢在日常生活中既要服侍主人，也要从事农事或者家庭加工活动。特别是通过战争产生的大多数奴婢们，他们同土地一起被奖赏给有功的贵族，这样贵族就可以实现大规模土地经营。

---

① 尽管高句丽相关记事中没有这种记录，但是从《三国史记》列传中的薛氏女相关故事来看大体上是要服兵役 3 年。
② 广开土王碑的"守墓人"条中提及的"新来韩濊"之类，就是战争俘虏而来的奴婢，以这些守墓人为买卖对象的情况就可以证明他们是奴婢身份。
③《三国志》卷 30《魏书·东夷·高句丽传》。
④《周书》卷 49《异域上·高丽传》。校者按：原文为"若贫不能备负公社债者，皆听评其子女奴婢以赏之"，此处按《周书》改之。

壁画墓中呈现出多种类型的被统治阶层的形象，有看起来像是西域人的摔跤人，特别是主人公旁边打阳伞的人，以及在主人公家里厨房做事的人都可以被看成是奴婢。

高句丽被统治阶层可分为几类，首先是大多数的农民，从事农业生产工作，然后是从事手工业制造，生产各种生活必需品的人。通过壁画来看，首先就是生产衣料的人，制作鞋的人，制作冠帽的人。另外还有给这些被葬者画壁画的画家，也可以归类为被统治阶层。这里还包括演出各种伎艺的人，还有表演手搏戏的人，特别是被建造壁画墓的统治阶层召来表演伎艺的非官属艺人。

但是，壁画中被统治阶层所穿着的衣服和墓主的没有大的区别。因为高句丽的普通服饰和正式官服的样子是不一样的。而且正式场合中穿戴的冠帽的装饰等非常华丽，可以由此判断一个人的身份。

例如，安岳3号墓中干活女性的服饰（图7），和被画得过分华丽的被葬者和被葬者夫人的服饰形成了鲜明对比。通过这些厨房中干活的女性、井边打水的女性、磨坊里磨米的女性形象可以看出，这些奴婢们包揽了贵族家里所有的家务事。壁画中这些奴婢的形象被画得相对很小，这种比主人公及其周围的人矮小的表现方法，就是体现他们身份的一个绘画技法。

图7 安岳3号墓磨米的女性

不仅如此，水山里古墓壁画中给墓主夫妇打阳伞的男女人物有可能是年幼的奴婢。但是从阳伞的重量等因素考虑时，他们也可能是在家内奴婢中地位比较低所以画得比较小。①

四、结论

从一个社会运行角度来看，所谓身份对于统治阶层来说是一种必要的统治手段。在古代社会中，当国家体系建立起来，颁布律令时也会制定公服制度。制定公服制度就是用来构建身份秩序，维持自身的既得权力，同时将其运用为统治手段。根据文献，制定公服大体上使用4种颜色来相互区分。但是文献中没有具体说明是哪些颜色。虽然看不到全部，但是幸运的是我们可以通过高句丽壁画墓看到其中的一部分。

壁画中表现出来许多不同等级的阶层身份。但是壁画中体现出来的身份不能只从朝鲜学者所认为的那样过度强调阶级分化方面来考虑。首先从人物描绘的大小入手研究是事实，但是再进一步思考的话，尽管以高句丽为代表的古代社会是明显的身份制社会，但这会不会和我们后世认为的不太一样呢？

从壁画中的基本服饰样式来看，统治阶层和被统治阶层没有大的差别。只是从衣服的材料和色彩上体现出身份的差异。高句丽历史发展过程中建国初期的基础官职和官等，到灭亡为止其核心部分一直被保留了下来。虽然高句丽历史发展过程中官职和官等进一步细分化，但是其基本的框架不是换掉了而是分化并被维持下来。从这一点来看，高句丽的身份制虽然可被视为延续并保持着古代的制度，但与新罗那样的排斥性模式并不相同。

原刊于《韩国史学报》2005年第21辑，第9—40页。

---

① 墓主人和墓主人夫人这些统治阶层描绘得较大，而描绘较小的就是身份较低的人，目前这种说法是比较通行的。而全虎兑在对壁画中出现的人物进行分析时打破了这种通论，提出了有可能是区分老少的说法。

安岳3号墓

〔韩〕全虎兑 著 潘博星 译 郑春颖 校[*]

一、安岳地区的壁画墓[①]

安岳地区的壁画墓因1949年安岳1号墓、安岳2号墓、安岳3号墓、伏狮里壁画墓的接连发现受到学界关注。之后,又发现和调查了凤城里1号墓、凤城里2号墓、坪井里壁画墓、月精里古墓等。安岳邑古墓、汉月里古墓、路岩里古墓也被确认是壁画墓。最近,在安岳以外的地区,如沙里院市发现了御水里古墓,银波邑发现银波邑壁画墓,燕滩郡发现了松竹里古墓。再次证实了载宁江流域作为高句丽壁画墓集中分布的又一地区,可谓是承载重要历史文化意义之地。迄今为止,包括安岳地区在内的载宁江流域已发现高句丽壁画墓共14处,安岳一地发现的壁画墓构造和内容情况如下:

---

[*] 全虎兑,韩国蔚山大学教授;潘博星,长春师范大学东北亚历史文化研究所助理研究员;郑春颖,长春师范大学高句丽渤海研究院院长、教授。基金项目:吉林省社会科学基金项目(2021G8)、长师大社科合字〔2021〕第006号。

[①] 关于高句丽壁画墓分布和现状的概括性整理资料,参考〔韩〕全虎兑:《高句丽壁画墓研究》,四季出版社2002年版;《高句丽古墓壁画的世界》,首尔大学出版社2004年版。

1. 月精里古墓

黄海南道安岳郡月精里的高句丽时代石室封土墓，由朝鲜社会科学院考古学研究所调查团发掘于 1989 年。① 该墓位于九月山东北方的虎在山山坡上的月精里古墓群中，附近的村里人称之为"虎在墓"。方台形墓封土的边长为 8.2、高 0.8 米，墓室处于半地下。调查当时发现墓内部堆有 1 米厚的土。墓向为南向，墓的入口处有通向墓室的墓道，墓中安置尸身的墓室呈长方形，为单室墓。

月精里古墓为只有一个墓室的单室墓，墓室长为 2.74、宽 2.5、高 2.14 米。墓道偏于墓室东边。墓室入口处有 2 个圆孔门臼，可知原来装有两扇门。墓道地面混合砾石和石灰夯实而成，墓道藻井为叠涩顶。墓室墙由大小为 0.4 米 × 0.3 米和 0.5 米 × 0.3 米的杂石堆砌而成后以石灰抹缝，第一遍抹墙后，重新用灰泥涂抹平整，墓室中有一个靠西壁的棺台，棺台比墓室地面高出一阶，由石块砌成，其表面又抹 2—3 厘米厚的石灰。棺台长 2.52、宽 1.08、高 0.14 米。

墓室藻井为 3 层平行叠涩上加 2 层抹角叠涩的平行抹角叠涩。墓中发现了瓶状的陶器 1 件，陶片 5 枚，水晶珠 1 个。墓道与墓室壁上绘有壁画，但调查时绘有壁画的灰面已经完全脱落。墓道脱落在地上的壁画碎片上可确认画有人脸，墓室地面上拾到的碎片上绘有冠帽装饰、女子的裙摆、凭几、莲花纹和若干装饰纹。从这些可以看出，月精里壁画墓壁画题材应是生活风俗。墓葬建筑材料、结构以及壁画题材都与安岳 1 号墓有很多相似之处。月精里壁画墓的营造时期应为 4 世纪末。

2. 汉月里古墓

位于黄海南道安岳郡汉月里，墓葬结构与壁画内容无从得知。②

---

① 〔朝〕韩仁德：《月精里高句丽壁画墓发掘报告》，《朝鲜考古研究》1989 年第 4 期。
② 〔日〕东潮：《古代朝鲜的古墓壁画与装饰古墓》，国立历史民俗博物馆编：《装饰古墓叙说的事》，吉川弘文馆 1995 年版，第 295 页。

3. 路岩里古墓

位于黄海南道安岳郡路岩里,墓葬结构与壁画内容无从得知。①

4. 安岳邑古墓

位于黄海南道安岳郡安岳邑,墓葬结构与壁画内容无从得知。②

5. 安岳1号墓

位于黄海南道安岳郡大楸里上芝村(原地名:黄海道安岳郡大元面山上里)。③大楸里上芝村后山坡上两座高句丽时期的封土石室壁画墓,其中前面的一座即为此墓。距安岳1号墓北边约400米的丘陵上是安岳2号墓。1949年3月,上芝村农民在为维修道路搜集杂石的过程中,拔取石椁所用石料时发现了该古墓。同年4月13—15日,朝鲜物质文化遗物调查保存委员会对安岳1号墓进行了首次调查。

朝鲜战争期间,安岳1号墓的调查资料已经散失,1957年5月7—15日,在科学院考古学与民族学研究所的主导下对其进行了第2次调查。发现有长1.1、高0.5—0.6米的沙土堆积。墓道入口内竖有宽1.25、高0.8、厚0.12米的封闭式大块板石。墓室入口处墓道东壁和西壁留有安装石门时的门臼和门扉残片。

墓向为南向,向西倾斜2度,是由墓道和墓室构成的单室墓。墓道长2.47、宽0.97、高1.55米,墓室长2.85—2.88、宽2.53—2.55、高3.35米。墓室四壁和藻井由石灰岩和花岗岩碎石垒砌而成,石缝间填以黏土和

---

① 〔日〕东潮:《古代朝鲜的古墓壁画与装饰古墓》,国立历史民俗博物馆编:《装饰古墓叙说的事》,吉川弘文馆1995年版,第295页。

② 〔日〕东潮:《古代朝鲜的古墓壁画与装饰古墓》,国立历史民俗博物馆编:《装饰古墓叙说的事》,吉川弘文馆1995年版,第295页。

③ 〔朝〕蔡秉瑞:《安岳第1号墓与第2号墓发掘报告》,科学院考古学与民族学研究所编:《遗迹发掘报告(4)》,科学院出版社1958年版,第1—21页;文化保存研究所编辑部:《安岳1号墓》,《我国历史遗迹》,科学百科辞典出版社1983年版,第154页;朝鲜画报社编辑部编:《高句丽古墓壁画》,讲谈社1985年版,图版135—143;朝鲜遗迹遗物图鉴编辑委员会编:《朝鲜遗迹遗物图鉴》6(高句丽篇4),外文综合出版社1990年版,图版194—204。

石灰，壁面上抹有4—5厘米厚的石灰。墓室地面由黏土夯实而成。墓室藻井为平行抹角叠涩。墓中出土铁棺钉3枚，金制钮状装饰物1枚，金制心叶形装饰物1枚。墓室四壁与藻井表面涂抹的石灰上绘有壁画，但灰面已变成黄褐色，壁画褪色也十分严重，壁画题材为生活风俗。

墓室的四个墙角处描绘有梁柱和斗拱。斗拱是在托举屋顶的梁柱上有序叠加而成的装饰性建筑构件。墙壁与藻井相连处绘有檩条，使墓室内部如同木屋内一般。檩条是为了擎住椽子在梁柱之间横插的木头。墓室东壁与南壁绘有由仪仗旗手组成的行列和鼓吹乐队。墓室西壁描绘有女人行列和打猎的场面。墓室北壁绘有由四个大门、角楼和回廊构成的大型贵族住宅。

藻井叠涩的第一层绘有变形云纹类装饰纹；第二层有麒麟、天马、飞鱼、人首兽、瑞鸟等，麒麟是想象中的动物，圣人出世的征兆；第三层是同心圆纹；第四层绘有人首鸟、兽首鸟等瑞兆。藻井平行梁的不同方向上绘有鸟兽，其中清晰可见的有飞鱼、飞马、插翅麒麟、一对凤凰、人首鸟和人首兽等。看似排列了12只，但其中只留部分痕迹的有11只。最上面的第五层按照方位绘有北斗七星等星宿。

安岳1号墓是典型的单室墓，墓室藻井为抹角叠涩。① 墓葬结构上与后期的壁画墓并无太大不同，墓室中使用的石材形态、墓室筑造方式等则体现出初期石室墓的特征。壁画题材为典型的生活风俗，使人联想到四神的题材并未出现。墓室藻井壁画主要为神仙信仰相关内容。② 墓室中出土的金制心叶形装饰物等，可能为4世纪的物品。从墓的构造、壁画主题、壁画的题材构成方式、出土遗物等要素综合来看，安岳1号墓可视为4世纪末所营造。

---

① 校者按：安岳1号墓藻井为三层平行叠涩加二层抹角叠涩。
② 〔韩〕全虎兑：《从古墓壁画看高句丽人的神仙信仰》，《新罗文化》17—18合辑，东国大学新罗文化研究所2000年版，第10—11页。

6. 安岳2号墓

位于黄海南道安岳郡大楸里（原地名：黄海道安岳郡大元面山上里）[①]，是大楸里上芝村后缓坡上两座高句丽时代的封土石室壁画墓中后面的一座。1949年5月19日，朝鲜物质文化遗物调查保存委员会对此处进行了第一次调查。朝鲜战争期间调查记录和资料丢散，1957年5月7日至15日，科学院考古学与民俗学研究所主持进行了第二次调查。发掘调查当时安岳2号墓被当地村民们称为"芍药墓"。

通过发掘了解到盗墓者打碎了封住墓道入口的板石上端，把墓室入口的石门完全破坏后进入墓内。墓道内发现棺钉40余枚，灰白色陶片2件、灰色陶片3件、黑色陶片2件和棺木片若干。墓室中没有发现任何遗物，只可见一石棺台。估计是盗墓者把棺椁抬到墓道，将其撬开，盗取其中陪葬品。在墓道发现的一部分遗物也在朝鲜战争中丢失。

安岳2号墓位于安岳1号墓北约400米处缓坡上，挖开自然丘陵南边部做了墓穴，墓道向南。墓道底面与地表几乎平齐，墓室底面在地表之下。墓向为南向，向西倾斜约5度，墓道偏于墓室南壁东侧，是由花岗岩和石灰岩筑造的单室墓。墓室东壁有一龛，西壁处有一经打磨的花岗岩质棺台。墓壁与藻井用石头堆筑后，抹了0.06—0.1厘米厚的石灰，石灰上有绘画。墓室底面也全部抹灰覆盖。

藻井构造为2层平行叠涩加3层抹角叠涩，墓室四壁与藻井上下左右呈平缓的曲线，向上筑造，与其他壁画墓相同。调查当时封土周长约95米，北边高约3.5米，南边高约5米。墓道长2.23米，入口宽1.6、高1.7米，墓室入口门宽1.35、高1.55米。墓室地面东壁长3.44米，西壁长

[①]〔朝〕蔡秉瑞：《安岳第1号墓与第2号墓发掘报告》，科学院考古学与民族学研究所编：《遗迹发掘报告（4）》，科学出版社1958年版，第1—21页；文化保存研究所编辑部：《安岳2号墓》《我国历史遗迹》，科学百科辞典出版社1983年版，第154页；朝鲜画报社编辑部编：《高句丽古墓壁画》，讲谈社1985年版，图版135—143；朝鲜遗迹遗物图鉴编辑委员会编：《朝鲜遗迹遗物图鉴》6（高句丽篇4），外文综合出版社1990年版，图版194—204。

3.47 米，南壁长 3.41 米，北壁长 3.42 米。墓室壁高 2.77 米，从地面到藻井中心高 3.77 米。墓室东侧的龛，宽 0.65、高 0.34、深 0.435 米。墓室地面到龛底高 0.42 米，墓室东壁南端至龛的南端距离为 0.62 米。

墓道两壁、墓室四壁与藻井均以壁画装饰。灰面上所绘壁画题材为生活风俗。除了以烧松木时产生的烟炱制成的松烟墨以外，还使用多种矿物性染料给壁画着色，色彩呈黑色、朱色、青色、绿色、黄色、白色。朱色系又分赤色、朱色、红色、紫色，颜色清晰可辨。安岳 2 号墓墓室四壁墙角与上端的立柱、斗拱、檩条内均饰有华丽美观的壁画。三角梁托举檩条，檩条叠层，三角梁与檩条之间装饰着盛开的莲花纹、玉璧纹中间还穿插着呈"X"形偌大的菱形纹，这些都再现了高句丽贵族住宅内部的华丽感。①

墓道左右的南壁和北壁从南向北描绘有整齐列队的长矛兵行列，还有一对武人守门将。墓室南壁的左右，也就是门的东西两壁分别画着一位身披甲胄、手持武器的守门将。南壁西侧的武人瞪眼龇牙、右手执环首大刀，守卫着墓门，似作将擅闯墓室者驱逐之势。南壁东侧武人右手持竖立的长矛，神似观望着后室门口的动向。门面上绘有翱翔空中的两位飞天。

墓室东壁北侧壁画灰面已完全脱落，只留有南侧壁画的一部分。据说日本强占时期以云母采矿试掘为由，将古墓土坡东边北面挖开后弃置了。可能是因为这个原因，此处流进雨水，导致灰面全部脱落。现可见壁上部有朝北壁方向飞去的飞天两人，下部有三位供养人画像。两位飞天中前面一位更为清晰，可见头戴宝冠，身披珠宝所制璎珞，手托莲花盘。宝冠周围散发着紫色圆光，莲花瓣向上下各伸出两根枝茎，向后飘散。下方两个供养者也像飞天一般在行散花功德，手托莲花盘，莲花盘中莲花枝茎伸展出来，倾斜飘散。

墓室西壁壁画为了表现砖石路，用长长的横线将画面上下区别开来，砖石路上部空间画着由女人、侍女和侍童组成的 14 人行列，下部空间所

---

① 〔韩〕全虎兑：《高句丽安岳 2 号墓壁画研究》，《韩国古代史研究》2009 年第 54 辑。

绘壁画几乎全部剥落，只留有一些火炎纹类装饰纹的痕迹，人物行列以较大的贵妇人为中心，引领行列的贵妇人头戴类似皮草冠帽，长褶裙上着黑色外袍，齐手做拱手姿势，向北行进。贵妇人后面跟着侍女和孩童等5人，排成两队，戴帽子的4位贵妇跟在其后。

墓室北壁正中央画着主人夫妇所在的帐房，帐房中的坐榻上本应绘有朝向正面并肩坐着的贵族夫妇，但东边的墓主人像已经不见了。帐房左右空间像东壁和西壁一样用从上到下的线条将画面分开。帐房西侧描绘有类似西壁贵妇与侍女行列的人物行列。东侧画着与东壁供养者服装相同的人物。上下两排14人的女人行列中，下面一行只依稀可见痕迹，上面一行6人非常清晰。

墓室藻井影作梁枋通过短柱、斗拱、檩条将空间分开。影作梁枋的内部与分开的空间上画着多种华丽的纹样，四壁最上端藻井边缘下面所绘"人"字形短柱之间的倒三角处画着朵朵盛开的莲花。第1层平行叠涩绘有蟠螭纹，北侧以外的其他三面绘有莲叶唐草纹。第2层平行叠涩菱形格子构成的宝轮之间装饰着莲花纹。

藻井第3层开始是底面和侧面都可装饰的抹角叠涩层，抹角叠涩各层的侧面分上下两部分，下面画着檩条，上面中央画着斗拱，营造出一种仰视藻井高处的感觉。抹角石底面的三角形边缘也加了宽边，似能看到檩条的下部。檩条侧面有莲叶唐草纹，下面有突起的云纹（鸟云纹的一种），两块抹角石为一组，表现了一定程度的规律性。巨大的墓顶石正中央有与抹角叠涩第1层看到的相同的盛开莲花，莲叶有4层，花的子房也表现得非常清晰。墓顶石的四角饰有半开的莲花苞，花朵省略了花茎。从整体上来看，安岳2号墓墓室藻井由盛开的莲花表现了莲的世界。

安岳2号墓使用石灰岩和花岗岩建造，墓壁与藻井墙面抹灰后在其上作画，是典型的单室墓，外加简化的龛室。墓室四壁与藻井上下左右曲线平滑，内收。与安岳1号墓相比，表现出了更为进步的土木技术。壁画中佛教题材的比重大幅提高。从墓葬构造、壁画主题、壁画的题材构成等综合来看，安岳2号墓应是5世纪中叶建造。

7. 安岳3号墓

位于黄海南道安岳郡五局里（原地名：黄海道安岳郡龙顺面柳雪里），是高句丽时期的封土石室壁画墓（图1—6）。[①] 发掘前被称为"河冢"。处在载宁平原北边五局里平原正中央一座耸立的丘陵顶端西边。1949年5月，朝鲜物质文化遗物调查保存委员会对此进行了第一次调查，朝鲜战争期间调查记录和资料散失。1957年5月7日至15日，朝鲜社会科学院考古学与民俗学研究所主持了第二次调查。墓向为南向，墓葬由门房、带有左右侧室的前室、回廊和后室构成。封土底部南北长33米，东西宽30米，高约7米，门房入口有宽2.43、高0.75—0.765米的两个石门。门房长2.17、宽2.12、高约3.48米。前室长4.88、宽2.73、高3.47米。左右侧室分别纵深1.22—1.27、宽2.99、高2.97米，纵深1.7、宽3.13—3.23、高2.75米。后室长3.8、宽3.32、高2.8米。"ㄱ"字回廊长10.13、宽0.69—0.87、高2.5米。

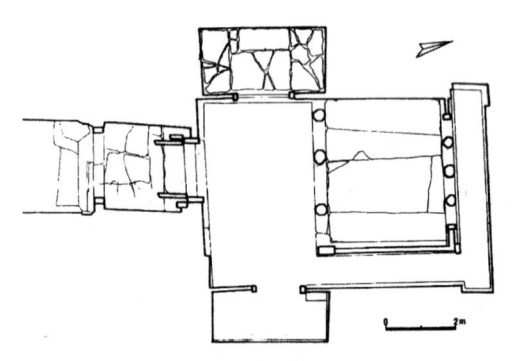

图1　安岳3号墓平面图

[①]〔朝〕都宥浩：《安岳发现的高句丽古墓》，《文化遗产》，1949年第1期；李启烈中译：《在朝鲜安岳发现的一二号高句丽古墓》，《文物参考资料》1952年第1期。学界消息：《歧阳灌溉地区新发现的高句丽壁画墓》，《文化遗产》1958年第4期；朝鲜科学院考古学与民俗学研究所：《遗迹发掘报告（3）——安岳第3号墓发掘报告》，科学院出版社1958年版，第1—32页，图版1—79。

图 2 安岳 3 号墓全景

图 3 安岳 3 号墓内部透视图

图 4 安岳 3 号墓前室及回廊摹写线图

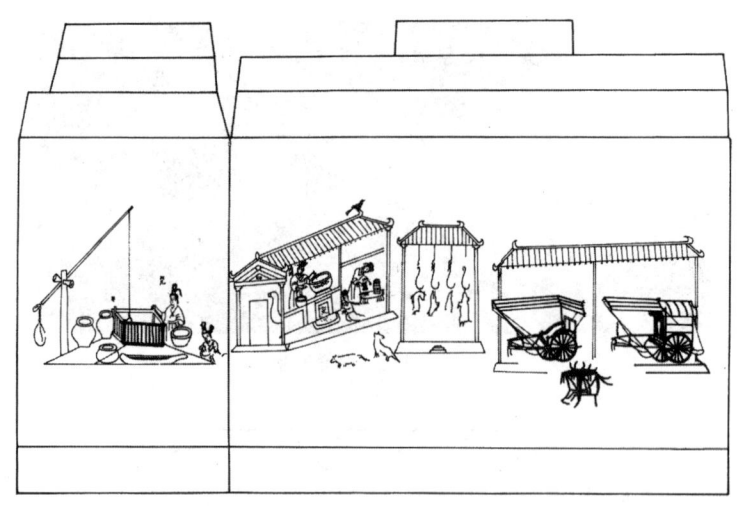

图 5　安岳 3 号墓前室东侧室东壁及北壁壁画摹写线图

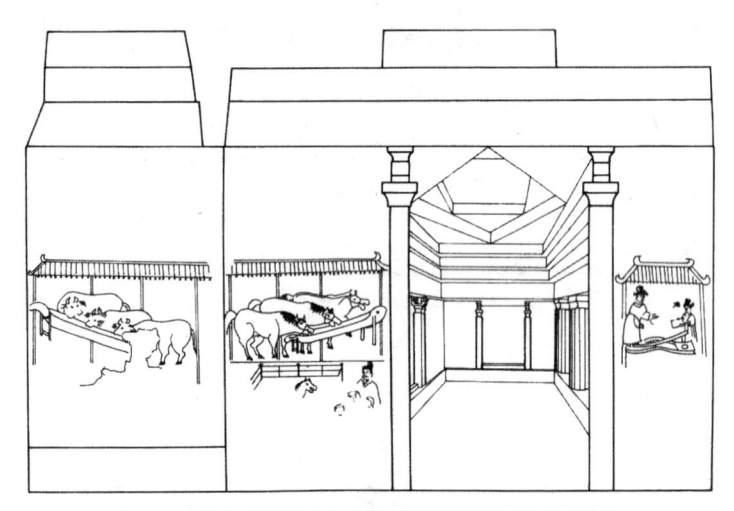

图 6　安岳 3 号墓前室东侧室西壁及南壁壁画摹写线图

该墓将缓坡部分铲平形成半地穴式，其后再用石灰岩建造墓室。墓向为南向。墓道入口装有石门，被竖立的石板挡住。各室的墙面均用一块打磨平滑的石板建造。藻井叠涩石表面是以类似用手斧加工的方式处理而成。墙壁的石板与藻井叠涩石之间，叠涩石与叠涩石之间，墙角的叉口处连接不整齐的地方以白灰涂抹填充。墓室发现了很多陶片、棺钉、铁矛和漆棺板，还有 30 余块人骨。回廊藻井是平行叠涩,其他墓室藻井是平行抹角叠涩。回廊入口竖着两根石柱,后室前方竖有三根石柱(图 7)。① 前室西壁南边(西侧室入口左侧)墙面上有 7 行 68 字墨书铭文。② 壁画的每个场面均有该人物的官职或关于场面的说明。壁画是在石壁上直接作画,题材为生活风俗。

图 7 安岳 3 号墓内部

安岳 3 号墓是平壤、安岳地区生活风俗图壁画古墓中,具有代表性的遗迹。因留有大量墨书铭文而闻名(图 8)。位于后室东边和北边的长 10.5 米的回廊上,绘有超过 250 人的大规模行列图,受到国际学界的广泛关注。安岳 3 号墓的墓主人是鲜卑族慕容氏在辽东一带建立的燕政权向高句丽亡命的将军冬寿,还是高句丽美川王,或是故国原王,是一个备受国际学界关注的重要议题。③ 争议的重要线索是安岳 3 号墓墨书铭,原文与释文如下:

图 8 安岳 3 号墓墨书铭

　　□和十三年十月戊子朔廿六日
　　□丑使持節都督諸軍事
　　平東將軍護撫夷校尉樂浪

---

① 校者按:此处描述不清楚,后室的前方和后方各有三根(没有和墙连在一起)独立的石柱子。
② 校者按:原文为前室西壁北边墙面,应为前室西壁南边(西侧室入口左侧)墙面。
③ 〔韩〕全虎兑:《历史的黑洞——冬寿墓志》,《与古代的通信》,青史 2003 年版。

相昌黎玄菟帶方太守都

鄉侯幽州遼東平郭

都鄉敬上里冬壽字

□安年六十九薨官

永和十三年，初一为戊子日的十月二十六日癸丑，使持节，都督诸军事，平东将军，护抚夷校尉，乐浪相，昌黎、玄菟、带方太守，都乡侯，幽州辽东平郭县都乡敬上里出身冬寿字□安，为官至69岁薨。

"永和"是南朝东晋的年号。永和历经12年后改号升平。铭文中使用已经弃用的年号，将时间记为永和十三年。永和十三年按西历换算是公元357年，也就是高句丽故国原王二十七年，东晋穆帝十三年（升平一年）。"都督诸军事"是指称总管军事者，应并记其负责地区名，但在此墨书上并未言及，与惯用表述不符。在古代中国，郡规模的王国长官，289年以前称"相"，之后称"内史"。357年死亡的墓主历任的官职中不称"乐浪内史"而称"乐浪相"也并非通顺。墨书铭的主人公冬寿应与从五胡十六国之一——前燕亡命高句丽的佟寿是同一个人。

佟寿曾在前燕慕容皝（297—348）麾下任司马。慕容仁不满慕容皝继承王位，发动了叛乱，佟寿前去镇压，但失败，后成为慕容仁的部下。慕容皝再度挥兵击溃慕容仁势力。佟寿认为自己难得慕容皝宽恕，就于336年与郭充等一起亡命高句丽。此后佟寿的行迹不见于史书，357年的安岳3号墓墨书铭可以算是佟寿的再次登场。墨书铭主人公的出生地为辽东平郭县都乡敬上里，357年前后同名之人、拥有一定的地位并同他人一起从辽东亡命高句丽，且高句丽向前燕送还的人员名单中不包括佟寿，综合以上几点，墨书铭的主人公应是与前燕的亡命人佟寿是同一个人。但是墨书铭的主人公是否是安岳3号墓的主人公还没有定论，仍是一个颇具争议性的问题。

安岳3号墓前室南壁绘有仪仗旗手、斧钺手和鼓吹乐队等。前室东壁绘有手扑戏场面与斧钺手等（图9、10）。连接前室东壁的东侧室内画有磨坊、井、马厩、牛棚、车库、肉铺、厨房等家庭设施和男女侍从（图11）。厨房中有三名女子正在忙于烹饪与摆席，深腹锅前一个站着的女子右手持一短柄勺子，左手拿着一个棍状工具向里搅拌。女人的右手下放着一个小坛，头部上方写有"阿婢"。锅台灶门前另一个女子正在专心煽火。放着盘子的小桌旁边一个女人正在摆席。厨房锅台与高句丽建筑遗址或墓葬里出土的陶器和铁制的锅台形态一致。院子里有两只狗踱来踱去。

图9　安岳3号墓前室南壁壁画仪仗旗手与斧钺手

图10　安岳3号墓前室南壁壁画鼓吹乐队吹角人

图 11　安岳 3 号墓前室东侧室东壁壁画厨房、肉铺和车库

前室西壁绘有两个护卫武官，南边的帐下督旁边写着 7 行 68 字的墨书铭，连接西壁的西边侧室内部是墓主夫妇的空间（图 12、13）。侧室内西壁绘有墓主人和侍从，南壁上绘有夫人与侍女，东壁上绘有护卫武官。墓主人面部宽且长，鼻梁长挺，眼睛纤细，眉毛浓密。墓主人的面部细节改动过三次以上，特别是眼睛的位置发生过变化。眉间宽，为表现宽厚仁慈之感。手和衣领经过数次修正的痕迹肉眼也能分辨。黑色内冠上覆白色外冠。右手持一柄上带有鬼面的、被称作"麈尾"的羽毛扇。夫人的眼梢纤长，嘴唇小巧，面部丰润，与高句丽女子一般的形象有一定的差异。头发向上挽成发髻，两边挽成半圆形围住头，剩下的部分从接口垂下。在发髻上又添加多种装饰，衣裳纹饰也极为华丽。

图 12　安岳 3 号墓前室西侧室西壁壁画墓主人

图 13　安岳 3 号墓前室西侧室北壁壁画墓主夫人

石柱将前室和后室分开，后室东壁上画着由乐师 3 人、舞者 1 人组成的舞乐团。对面的西壁没有画作遗留。舞者屈膝与演奏笛子、阮咸和玄琴的乐师们演奏的音乐应和，腿呈"X"形，似做拍手姿势舞蹈。鼻梁向前凸起，面部也显现出异域特征，如果不是戴了假面，那么壁画舞者很有可能是西域人。前室藻井石上绘有日、月和星宿，后室藻井石上绘有莲花。东边和北边回廊绘满了大规模的行列图。壁画中的人物与各种设施旁边附有解说墨书，对理解内容有一定帮助。综合来看壁画的内容与墓的构造，安岳 3 号墓再现了 4 世纪高句丽大贵族的宅邸情况。

大规模行列图整体长 10.13、高 2.01 米，从回廊东壁南边出发驶向北壁西边（图 14）。行列大体可由北壁的前列和东壁的中列组成，墓主人乘坐牛拉的车辇，出现在中列的中心。纵队行列，窄则 5 列，宽则 8—9 列，画家以至上而下俯视的视角，即以鸟瞰图的形式，很好地描绘出行列结构。墓主人乘坐的车辇位于图的中心，承担多种职能和角色的人们呈椭圆形同心圆层层叠叠地包围着主人。旗手、侍女、器乐队、骑马队等在墓主人的车辇前后，弓箭手、斧钺手、环刀手等在主人车辇的左右，外围由徒步长枪队和重甲骑兵队护卫。

图 14　安岳 3 号墓回廊东壁壁画大行列图中列

250 余名人物之中大多数被置于回廊东壁的中列，特别是墓主车辇的周边。这些人物以 4—5 人为一组，呈斜状横列，这样的重叠表现手法使得大行列所占空间的宽度和高度明显可见。作为 4 世纪中叶，即古墓壁画出现初期的作品，行列图体现出了相当高水平的描绘技法，用非常圆润的线条画出行列图中人物的轮廓，并涂以鲜明的色彩。不仅如此，人物的身形和姿态也非常写实，从构图上看，行列的组织结构与排列一目了然。

回廊的大行列图只描绘了行列的一部分，仅限于前列和中列的规模，如考虑到后列的情况，行列整体约具有 500 人规模。行列中的人物重叠描绘，增加了画面的空间感。人物的面部大部分画了四分之三的侧面，姿势和服装各自不同，但面部表情几乎一致。这与将个人视作部族或氏族的成员有关。虽然描绘技法比较成熟，但壁画中的人物缺乏个性，这也可能是由时代的局限所导致的。[1]

前室西边侧室墓主人与夫人坐榻处出现莲花与莲花朵，说明在佛教正式传入高句丽之前，即 372 年之前，最晚也是 4 世纪中叶，佛教还可能存在着个别的，或非正式的传入和接受情况。因此，难以通过包括大行列图在内的安岳 3 号墓壁画的内容、构成、技法等断定它反映了 4 世纪中叶高

---

[1]〔韩〕全虎兑:《高句丽古墓壁画的世界》，首尔大学出版社 2004 年版。

句丽的绘画水平。包括墓主人在内人物的服饰与以集安为中心形成的高句丽固有服饰有相当大的差异。墓主夫人和侍女们丰满的脸颊，实为汉至魏晋时期的中原女子形象，与脸颊略狭长的高句丽女子特有形象有所不同。负责壁画制作的人应该不是原高句丽出身，或许是乐浪系，又抑或是北方地区的汉人画匠。[①] 安岳3号墓的主人公若是高句丽王，那么很可能是高句丽接受墓葬壁画这种葬仪美术形式，并雇佣乐浪系或汉系的画家，制作了壁画。墓主人若是亡命来的佟寿，那么他有可能雇佣汉系或乐浪系画匠，为他绘制早在前燕时已熟知的墓葬壁画。

8. 坪井里壁画墓

位于黄海南道安岳郡坪井里，是高句丽时期的封土石室墓，1988年5月社会科学院考古学研究所调查团对此进行了发掘。[②] 该墓葬位于月岩山南麓，向南约400米处，并排有安岳1号墓和安岳2号墓。其位于坪井里所在地东南约1公里处。该遗址正式名称为坪井里1号墓，当地称之为"东山"。东山原来指东西方向并排的3处高句丽石室墓，坪井里壁画墓是指其中最靠东边的坪井里1号墓。方台形封土，东边长21.4、高3.2米。整体东西长44.2米。由经粗糙打磨的石头堆成壁体，抹灰填涂缝隙。墓向为正南向，是由墓道与墓室构成的单室墓。墓道长1.05、宽0.9、高1.4米，墓室长2.45、宽1.75、高1.4米。墓道偏于墓室东边。墓道入口有巨大的封石，墓道和墓室壁均由杂石堆砌而成。空隙用灰填充，上面再涂一层厚厚的灰。紧贴着墓室东壁与北壁，置有长2.1、宽1.05、高0.24米的棺台。棺台由江石堆就而成，墓室底面也铺着两层厚实的江石。墓室藻井已残损，现可见3层平行叠涩，其上应有过抹角叠涩。墓中发现铁棺钉1枚。

墓道与墓室南壁之外的壁面与藻井均绘有壁画。墓室东壁与西壁还剩下部分的山崖画。西壁山水图有使用了远近法与皴法的痕迹。壁画只用黑

---

① 〔韩〕全虎兑：《再论高句丽安岳3号墓》，《韩国古代史研究》2006年第44辑。
② 〔朝〕韩仁浩：《坪井里壁画墓发掘报告》，《朝鲜考古研究》1989年第2期。

色。东壁上端残留几字铭文,看似外层石灰干燥之前用木条刻写的。铭文从右向左写成四行,共 11 字(囗日年囗/吾五(?)壬(?)妻/大土/王)。墓葬发掘者认为此墓是高句丽壁画墓中墓室壁只画山崖的唯一例子。但因为不确定是否是只留下了壁画一部分,而并非全部,所以现在不确定该如何判断。从墓的构造与壁画内容来看,坪井里壁画墓可能是 6 世纪前半期较早时期建造的。

9. 凤城里 1 号墓

位于黄海南道安岳郡凤城里,是高句丽时期的封土石室壁画墓。社会科学院考古学研究员对此进行了调查。[①] 此墓位于月岩山南边丘陵上,属于凤城里古墓群,或通常称之为"凤城里壁画墓"。距遗址西南 4 公里处有安岳 1 号墓与安岳 2 号墓。方台形封土底部一边长度约为 15 米。墓向为南向向西偏 12 度,墓道连接于墓室东壁。是由墓道与墓室构成的单室墓。

墓道长 2.5、宽 1、高 1.3 米,墓室长 2.55、宽 1.9 米,高度不可知。墓道入口内竖立着宽 1、高 0.8、厚 0.1 米的大块石板将其闭锁。墓道壁由大小不一的杂石堆砌后抹灰而成。地面经夯实后再铺风化石。藻井为覆盖两块石板的平天井。

墓室由打磨粗糙的花岗岩堆砌而成,壁上抹石灰。第一遍抹灰后又规整地进行了第二次抹灰,然后再用细腻的石灰抹平,使其能在上面绘制壁画。用来抹墙的白灰由蛤壳、贝壳、鱼骨和稻草混合石灰而成,像石头一样坚硬,不易开裂。调查时发现后室地面散落着大量的灰片。墓室藻井构造推测为平行叠涩。

墓室中设置的棺台与西壁相连。棺台是由黏土和杂石混合夯成坛后,其上铺风化石而成。墓室地面由黏土和杂石混合夯实后,在其上铺设绿色风化石,造成幽静安宁的感觉。墓中拾获几枚棺钉和若干木头碎片。

调查时发现墓道壁的壁画只留有些许痕迹,内容难以辨认。墓室藻井

[①] 〔朝〕金士峰:《学界消息:关于凤城里壁画墓》,《历史科学》1980 年第 2 期。

叠涩处的壁画完全剥落，墓室壁上的壁画也已剥落了，大部分掉落在墓室的地面上。墓室壁上残留的壁画痕迹与白灰碎片上依稀可辨大小不一的三座山峰、山峰上面盘踞着的鹰、山峰上的几棵松树和云朵等。壁画的主题应是生活风俗。墓的构造和壁画的内容与安岳1号墓相似之处很多，凤城里1号墓筑造时间应在4世纪末前后。

10. 凤城里2号墓

位于黄海南道安岳郡凤城里，是高句丽时期的封土石室壁画墓。[1] 该遗址属于月岩山南边丘陵之上的凤城里古墓群。墓室中发现有壁画的痕迹。凤城里2号墓的筑造时间推定为4世纪末前后。

11. 伏狮里壁画墓

位于黄海南道安岳郡伏狮里（原地名：黄海道安岳郡伏狮里望岩洞），是高句丽时期的封土石室壁画墓。[2] 该遗址位于月岩山北边山脊尾端丘陵的南麓斜坡，在建设灌溉抽水站采石时被发现。墓室建于半地下。墓向为东偏15度的南向。墓道入口的外部立有木门，当封墓时，再以长1.9、宽1.1、厚0.15米的巨大石板立于其前。墓室入口的墓道东壁与西壁留有木门设置的痕迹。是由墓道与墓室构成的单室墓，墓道左右有龛。

墓道长2.4、宽1.1、高1.5米，墓道东边龛深0.5、宽0.85、高0.75米。西边龛深0.55、宽0.75、高0.65米。墓室藻井为穹窿叠涩。用0.1米左右厚度的片麻岩切石堆砌墓室壁，再抹上厚厚的灰。墓室地面也作抹灰处理。墓室西南角附有长为1.1、宽0.55、厚0.15米的长方形祭坛。墓中发现铁棺钉4枚、灰色坛片1片、细绳纹陶片1片。墓室壁与藻井绘有壁画。壁画的主题为生活风俗。灰面剥落比较严重，墓室四壁的大部分和墓室藻井上方的壁画没有保存下来。

---

[1] 〔日〕东潮：《古代朝鲜的古墓壁画与装饰古墓》，国立历史民俗博物馆编：《装饰古墓叙说的事》，吉川弘文馆1995年版，第295页。

[2] 〔朝〕全畴农：《最近发掘的高句丽壁画墓》，《文化遗产》1961年第1期；科学院考古学与民俗学研究所：《黄海南道安岳郡伏狮里壁画墓》，《考古学资料集（3）——各地遗址整理报告》，科学院出版社1963年版，第153—161页，图版77—78。

墓道、墓室四隅、区分壁与藻井的空间画有立柱、柱头和檩条。墓室的东壁和西壁画有行列、持伞的人物等。北壁西侧留有部分莲花、东侧留有部分墓主人和侍从的形象。藻井下方有云纹、鸟、骑瑞鸟的天人。上方画着太阳和北斗七星，还有属于二十八星宿的星座等。星宿填满了墓室藻井，藻井南侧用隶书写着"南方"。伏狮里壁画墓墓道东壁和西壁设有简化的龛，墓室藻井为穹窿叠涩、壁画主题为生活风俗、墓室藻井壁画以云和星宿为基本题材，综合以上种种，加上墓的构造和壁画题材，判断此墓应为4世纪末的作品。

12. 御水里壁画墓

位于黄海南道沙里院市御水里。① 无法得知墓的构造和壁画的内容。

13. 银波邑壁画墓

位于黄海北道银波郡② 银波邑，壁画主题为生活风俗。

14. 松竹里古墓

位于黄海北道燕滩郡松竹里，是高句丽时期的封土石室壁画墓。③ 此墓属于松竹里高句丽古墓群，墓向为南向，是由墓道、长方形前室、通道、后室组成的双室墓。墓室由略经打磨的巨石堆砌而成，石块之间填缝后再抹上厚厚的石灰。灰面上绘有壁画，从残留的壁画来看，主题为生活风俗。

由部分残存的灰壁可以看到墓壁的角落和壁上部有紫色立柱和檩条的痕迹。还有守门神将、马与马夫、"头著帻"的人物、骑马武士射箭的场面、被追猎的老虎、跟着围猎人的犬等。墓中出土了一些银制的棺钉、银簪和其他装饰品。从墓的构造和壁画内容来看，松竹里壁画墓应为5世纪前半期建造。

基于以上内容，将可知墓的构造和壁画内容的7座壁画墓按照结构特征、壁画构成、题材的分布方式等信息整理为表1。

---

① 〔日〕东潮：《古代朝鲜的古墓壁画与装饰古墓》，国立历史民俗博物馆编：《装饰古墓叙说的事》，吉川弘文馆1995年版，第295页。
② 〔韩〕特别取材组：《因何成为世界文化遗产》中，《中央日报》2004年6月23日，第15版。
③ 〔日〕永岛晖臣慎：《朝鲜考古学的最新成果》，釜山大学，2002年10月8日。

表 1 壁画墓构造 壁画构成

壁画墓构造	壁画墓名称	编年	墓向	藻井叠涩	壁画主题	墓道	龛/侧室壁	龛/侧室梁	龛/侧室藻井	前室东壁	前室南壁	前室西壁	前室北壁	前室梁	前室藻井	通道	后室东壁	后室南壁	后室西壁	后室北壁	后室梁	后室藻井
多室墓	安岳3号墓	357	南	平行抹角	生活风俗	仪仗行列	墓主夫妇、车车、肉铺、厨房、磨坊、马厩、牛棚			手搏戏、斧钺手	鼓吹乐队、典吏、斧钺手	官吏、典吏、斧钺手	石柱、鬼面		日、月、星辰	石柱	舞蹈、回廊、回廊、大行列					莲花
单室墓	松竹里壁画墓	5世纪前期	南	?	生活风俗	塞桥行列壁画痕迹							?									
	凤城里4号墓	4世纪中叶	南	平行	生活风俗	壁画痕迹											后室地面壁画碎片: 山、树				壁画痕迹	?
	安岳1号墓	4世纪末	南	平行抹角	生活风俗	?				出行	守门将、官吏	狩猎					仪仗行列	殿阁打猎	行列		莲花、祥瑞动物、星辰	莲花
	伏狮里壁画墓	5世纪初	南	穹窿	生活风俗	梁柱											行列	?	帐房内女主人、侍女		日、月、星辰	?
	安岳2号墓	5世纪后期	南	平行抹角	生活风俗	守门将、武人行列											供养行列	门守、飞天	帐房内女主人、侍女行列		莲花	莲花
	坪井里1号墓	6世纪前期?	南	只残存平行部	生活风俗	?											山、铭文	?	山		壁画痕迹	?

二、安岳文化与安岳3号墓

　　安岳一带的壁画墓在平壤区域壁画墓当中具有最早时期的形态。特别是安岳3号墓，作为初期的古墓壁画，其构成与内容十分复杂，表现技法也很优秀。为了说明题材而附的墨书铭篇幅较长，这一点也很引人注目。应该说作为葬仪美术的古墓壁画，在高句丽发展过程中，安岳地区的价值和地位是不容忽视的。①

　　安岳地区壁画中表现出的又一鲜明特征是单室墓自4世纪中叶开始出现，一直持续到6世纪。多室墓系列的壁画墓每个类型各出现仅1座而已。安岳地区壁画墓从初期开始，单室墓成为主流，这一事实值得关注。平壤区域圈内其他地区到5世纪出现了多种类型，后逐渐以单室墓形式单一化。② 安岳地区单室墓的建造传统延续的原因应引起我们的注意。

　　安岳地区古墓壁画引人注目的特点还有以生活风俗作为基本绘画主题的现象。如安岳1号墓、安岳2号墓将莲花作为墓室藻井叠涩的主要题材，安岳2号墓壁画中可确定的是安岳的古墓壁画将佛教仪礼中的"供养"作为墓室壁画主题。但安岳地区古墓壁画的主题并未从生活风俗中脱离出来。目前为止的发掘调查结果显示5世纪中叶前后，以集安为中心盛行并影响了平壤地区的莲花中心装饰纹壁画，以及在平壤区域圈尤为凸显的以四神为中心的壁画，在安岳地区可能并未制作。这或许与地区文化底蕴有关，值得我们去关注。

　　以安岳为中心的载宁江流域，在东汉末年，曾被辽东公孙氏设为带方郡。之后这一地区一直处于三国、魏晋王朝的影响之下。直到被高句丽所灭为止，带方郡一直都是中原王朝的东方前沿基地。314年高句丽军进入

---

① 〔韩〕全虎兑：《古墓壁画的起源》，《韩国古代史讲座》2002年第9辑。
② 〔韩〕全虎兑：《高句丽古墓壁画的世界》，首尔大学出版社2004年版。

带方郡时，占据该地区的势力似乎并未做积极抵抗。① 在编入高句丽后，相当长的一段时间里，带方郡仍然维系其砖室墓传统，亦制作纪年铭砖石。这可看作地区势力对待高句丽的态度。与此不同，乐浪灭亡后，曾作为乐浪郡中心的平壤大同江南岸乐浪地区一带的砖室墓区域建造了高句丽式封土石室墓。制造纪年铭砖石的传统也断裂了。

通过考古学的发掘调查，综合以上对比性的结果，可推测出中原政权郡县长期设置、存在的两个地区在编入高句丽并且成为高句丽的一部分后，究竟发生了怎样的社会和文化的变化。安岳地区的社会文化传统即便是在上层政治势力更替的情况下也维持了相当长的时间。相反，随着新的支配势力的到来，平壤地区形成和积累的社会体系和文化积淀发生了大幅度的变化，甚至是解体与重构。通过历史记载可知以辽东人张统为中心，积极抵抗高句丽的乐浪统治势力最终失败，于是王遵率千余家归附辽东慕容廆。② 高句丽也通过对乐浪的军事行动俘获男妇二千余口，动摇了乐浪地区的社会秩序。③

与乐浪郡地区不同，得以维系既存社会秩序和文化的原带方郡地区，成为乐浪郡灭亡后其遗民流入的最好选择。实际上乐浪遗民确实流入并定居下来。写有357年墨书铭的安岳3号墓，很可能也是在这样的背景下建造的。冬寿等亡命客在高句丽可以立足并生存的地方，带方郡再合适不过。④ 高句丽利用从前燕亡命的大人物冬寿来试图统辖、维系原有社会秩序、居民结构没有发生大变化的带方故地。安岳3号墓的墓室结构与辽阳

---

① 〔韩〕吴永赞：《高句丽壁画墓中的登场与乐浪、带方郡》，《通过壁画看高句丽文化》，高句丽研究财团2005年版。
② 《资治通鉴》卷88《晋纪》，孝愍建兴元年。
③ 《三国史记》卷17《高句丽本纪五》，美川王十四年。从一般的情况来看，认为高句丽军抓走的2000余人中乐浪的富人占大多数。
④ 〔韩〕吴永赞：《高句丽壁画墓中的登场与乐浪、带方郡》，《通过壁画看高句丽文化》，高句丽研究财团2005年版。

地区的封土石室墓传统相连，壁画中的人物也可看作是汉系文化传统的延伸。①

与安岳3号墓一同被调查发掘的安岳1号墓和安岳2号墓建造墓葬和制作壁画的时间不同，但墓葬的构造几乎看不出差异。值得注意的是，虽然两座墓葬藻井叠涩的方式继承了安岳3号墓，但从单室墓这一基本构造来看是存在非常明显的差异的。考虑到伏狮里壁画墓是穹窿叠涩的单室墓这一点，带方郡故地盛行的穹窿叠涩单室墓系列砖室墓建造方式，多少影响了以安岳郡古墓为代表的新的石室墓的建造。

到伏狮里壁画墓阶段，以生活风俗为基本主题的壁画构成方式在建造松竹里壁画墓、安岳2号墓的5世纪中叶前后与之前表现出相异的面貌。5世纪前期较晚时间的作品，松竹里壁画墓中出现高句丽化非常明显的人物壁画。5世纪后期的墓葬，安岳2号墓的后室壁面上画满了非常熟悉佛教仪礼的人物。伏狮里壁画墓建造的5世纪初，代表原带方郡文化性质的汉系文化要素的比重显著下降，这或许是因为高句丽文化要素替代了汉系文化的位置。

安岳地区古墓壁画中将生活风俗作为主要主题，与高句丽其他地区不同，没有将与佛教有密切相关的莲花纹作为主要题材，平壤地区广泛流行的四神也没有作为主要题材被发现，这种安岳文化的地域性值得注意。带方郡与乐浪郡同样，起到了中原王朝或地方势力的东方前沿基地的作用，但这两个地区之间长期以来形成"中心"与"周边"关系。在东方的"汉系文化圈"中，带方郡处于接受传至乐浪郡的汉系文化，或以乐浪郡为中心形成的乐浪文化的地位，因此才出现如上现象。这很有可能是因为在3世纪掌控辽东实权的公孙康在乐浪郡的屯有县以南荒地设置带方郡的缘故。在带方郡地区最早出现较完整形态砖室墓，也应是之前带方郡地区几

---

① 〔韩〕全虎兑：《高句丽古墓壁画的起源》，《韩国古代史讲座》2002年第9辑。

无汉系文化底蕴的缘故。即,在新设郡县地区植入新文化而出现的结果。[①]

东方的汉系文化圈内,安岳属边远地区,因此该地区壁画墓中自然而然地采用了在辽阳地区墓葬壁画中盛行的生活风俗题材。相反,作为平壤地区壁画主要题材的"四神",在安岳地区,直到5世纪中叶,却未得到关注。5世纪前期"莲花"开始成为集安地区墓葬壁画的主要题材,后延伸为单一主题。莲花在安岳1号墓的壁画制作阶段成为墓室藻井叠涩的核心题材。但是直到安岳2号墓制作时期莲花仍然没有成为单一的主题,作为题材所占的比例不是太高。这样的现象应结合在安岳一带形成的文化的地域性进行考察。

三、安岳3号墓与沂南汉墓

如上所示,在安岳地区,直到5世纪中叶高句丽系文化的主流地位才得以确立。[②]安岳地区作为高句丽领域内的小文化圈可以说是保持其独特性时间最长的地方。从这点来看写有357年墨书铭的安岳3号墓是解读安岳文化性质和内容的最为重要的资料。下面,试通过对安岳3号墓的构造和壁画的制作方法来推测其文化系统,并了解安岳小文化圈的形成和维持的原因。

安岳3号墓与平壤一带的其他壁画墓不同,使用了石灰岩作为建造墓室的材料。壁画也直接画于石壁之上。壁面石板经精细打磨,与之不同,藻井叠涩石则利用手斧粗制的加工方式来修整。墙壁石板与藻井的叠涩石之间,叠涩石与叠涩石之间,边角与分岔没有精确吻合的地方以抹白灰的方式来处理(图15)。抹白灰处理的部分壁画线向石壁延伸,这样的壁画线逐渐模糊,乍看好像是石壁上覆盖的白灰掉落后壁画损伤只留有痕迹的模样。

---

① 〔韩〕吴永赞:《带方郡的郡县支配》,《韩国古代史讲座》2003年第10辑。
② 〔韩〕全虎兑:《高句丽古墓壁画的起源》,《韩国古代史讲座》2002年第9辑。

图15　安岳3号墓墓室叠涩天井

　　石灰岩加工方式如同用钎子剥开薄而短的片层，而此类加工方式常见于山东地区的汉代画像石墓。代表性的有山东沂南县北寨村的汉画像石墓。[1] 该墓在当地被称作"将军冢"，更多的人称之为"沂南汉墓"。该墓葬的筑造时期推测为东汉末期。[2] 沂南汉墓的画像石因其呈现了《山海经》中的形象而闻名于世，日常生活与历史故事相关的题材在墓室的画像构成中也占不少的比重。[3] 引人注目的是，该墓的结构、石材的加工、利用白灰进行的收尾处理、画像装饰等要素，都可与安岳3号墓进行比较。

　　石材加工方式是在成对的石材中间以白灰抹缝，防止漏水并起到强化黏着力的效果（图16）。沂南汉墓石材所饰装饰纹也与安岳3号墓相关（图17、18）。汉代流行的以曲线为主的云气纹在安岳3号墓后室藻井叠涩的1阶侧面与藻井与壁间接口处都有体现。

---

[1] 华东文物队山东组：《山东沂南汉画像石墓》，《文物参考资料》1954年第8期；南京博物院、山东省文物管理处合编：《沂南古画像石墓发掘报告》，文化部文物管理局1956年版。

[2] 华东文物队山东组：《山东沂南汉画像石墓》，《文物参考资料》1954年第8期；南京博物院、山东省文物管理处合编：《沂南古画像石墓发掘报告》，文化部文物管理局1956年版。

[3] 关于图像性质，参见信立祥：《汉代画像石综合研究》，文物出版社2000年版，转引自〔韩〕金龙成：《汉代画像石的世界》，学研文化社2005年版。关于沂南汉墓画像石图版和拓本的详细介绍参见山东省沂南汉墓博物馆编：《山东沂南汉墓画像石》，齐鲁书社2001年版。

图 16　沂南汉墓前室叠涩天井

图 17　沂南汉墓前室壁上端装饰纹拓本

图 18　安岳 3 号墓墓室叠涩天井壁画装饰纹

　　墓室中竖立着的八角石柱与四角石柱用来区分空间，柱头侧面装饰有辟邪鬼面，这也是两座古墓共同的特点（图 19、20）。墓室中竖立着石柱，柱头装饰着辟邪的用例在魏晋之际的辽阳棒台子2号墓中也可以看到（图21）。① 由此可以推测出山东—辽阳—安岳之间可能形成了一条文化传播通路的线索。

图 19　沂南汉墓前室柱头鬼面

图 20　安岳3号墓前室与墓室间柱头壁画鬼面

图 21　辽阳棒台子2号墓前室柱头鬼面

再值得一提的是，两座墓葬同样使用了抹角叠涩藻井（图22、23）。安岳3号墓的前室与后室藻井使用的抹角叠涩并未出现在早期的乐浪古墓

---

①〔韩〕全虎兑：《辽阳魏晋古墓壁画研究》，《美术资料》1999年第62辑。

或北方的高句丽古墓中。从现在考古学成果来看，抹角叠涩藻井是4世纪中叶传入安岳地区的，之后开始在南浦和平壤一带的石室墓中开始使用，成为高句丽较为流行的一种样式。

图22 沂南汉墓前室叠涩天井

图23 安岳3号墓前室西侧室叠涩天井

作为西晋末期作品的辽阳上王家村墓的出行图、墓主人肖像与安岳3号墓在构成和技法方面都密切相关（图24、25）。上王家村墓的墓主人肖像的年代在河北安平县逯家庄发现的东汉壁画墓的墓主人肖像和朝阳十二台营子乡袁台子壁画墓的墓主人肖像之间（图26、27）。[①] 逯家庄壁画墓

---

① 〔韩〕首尔大学博物馆：《2000年前邻国中国辽宁地区的壁画与文物特别展》，2001年；
〔韩〕姜贤淑：《与高句丽相比较的汉魏晋壁画墓》，知识产业社2005年版。

约建造于 176 年，而袁台子壁画墓为 4 世纪初到中叶之间的作品。考虑到这些情况，安岳 3 号墓墓主人肖像的表现技法与构图造型也应在东汉末期的壁画中寻找。① 从墓主人肖像的表现方法可以找到逯家庄壁画墓—上王家村墓—袁台子壁画墓—安岳 3 号墓这一脉络。

图 24　辽阳上王家村墓墓室北壁壁画墓主人摹写线图

图 25　安岳 3 号墓前室西侧室西壁壁画墓主人

---

① 关于两座壁画的编年参见李庆发：《朝阳袁台子东晋壁画墓》，《文物》1984 年第 6 期；河北省文物研究所编：《安平东汉壁画墓》，文物出版社 1990 年版；河北省文物研究所编：《河北古代墓葬壁画》，文物出版社 2000 年版；〔韩〕首尔大学博物馆：《2000 年前邻国中国辽宁地区的壁画与文物特别展》，2001 年。

图 26 安平逯家庄东汉壁画墓主人

图 27 辽阳袁台子壁画墓墓室北壁壁画墓主人摹写图

山东的沂南汉墓中的车马行列被认为是为了表现墓主人升仙之旅的一种手段（图 28）。值得注意的是，虽然行列的目的地为仙界这一点与之前时期的画像石墓车马行列的表现意图并无异处，但车马行列的规模较之以前的任何画像石墓都更为宏大，出行的人物与车辇的构成也更为复杂。但是从筑造的时期来看，与沂南汉墓差异不大的逯家庄东汉壁画墓的车骑出行图不仅在规模上更为庞大，从行列的表现意图上来看，也转变成为显示墓主人现世的威仪（图29）。①

图28　沂南汉墓前室壁上部车马行列图

图29　安平逯家庄东汉壁画墓墓室北壁壁画出行图

　　从壁画题材的构成方式来看，逯家庄壁画墓与以往以"升仙"为主的汉画像石墓传统有一定差异。辽阳上王家村墓的出行图从表现技法和图像的性质上都延续了逯家庄壁画墓的大规模行列图。安岳3号墓的大行列图也是山东—河北—辽阳这一脉络的延伸（图30、31）。② 安岳3号墓的大行列图在构成和内容方面大量的人物层次分明地排列，与以上的行列图有

---

① 河北省文物研究所编：《安平东汉壁画墓》，文物出版社1990年版。
② 〔韩〕全虎兑：《辽阳魏晋古墓壁画研究》，《美术资料》1999年第62辑。

所区别,这可能是时代、地域和规范变化的原因。

图30 辽阳上王家村墓墓室北壁行列图摹写线图

图31 安岳3号墓回廊壁画大行列图

除此之外,还需要加以关注的是,在墓葬的构造方面,安岳3号墓的特色之一,即回廊的起源与类别。除了台城里3号墓与安岳3号墓,高句丽的石室墓均没有回廊(图32)。产生这种现象可能是因为高句丽墓葬建造技术人员对回廊比较陌生或认为其是没有必要的设施。沂南汉墓属盛行于东汉末期的大型多室墓。带有回廊的画像石墓在东汉时期在各地广为营建。在这些墓葬中,回廊以"匚"形设于墓室周围(图33)。[①] 安岳3号

[①] 信立祥:《汉代画像石综合研究》,文物出版社2000年版,转引自〔韩〕金龙成:《汉代画像石的世界》,学研文化社2005年版。

墓的"┐"形回廊应是辽阳魏晋时期壁画墓中围绕棺室设置的"口"形（第3类型）的变形（图34）。①"口"形（第3类型）的壁画墓是辽阳地区魏晋时期壁画墓的三种基本类型中的一种。在平面结构上与鼎盛时期汉画像石墓中带有回廊的画像石墓类型相似。考虑到这些情况，安岳3号墓的"┐"形回廊应是遵循东汉时期带有回廊的画像石墓—魏晋时期辽阳地区第三类型壁画墓—高句丽带有回廊的初期壁画墓这一脉络发展而成的。

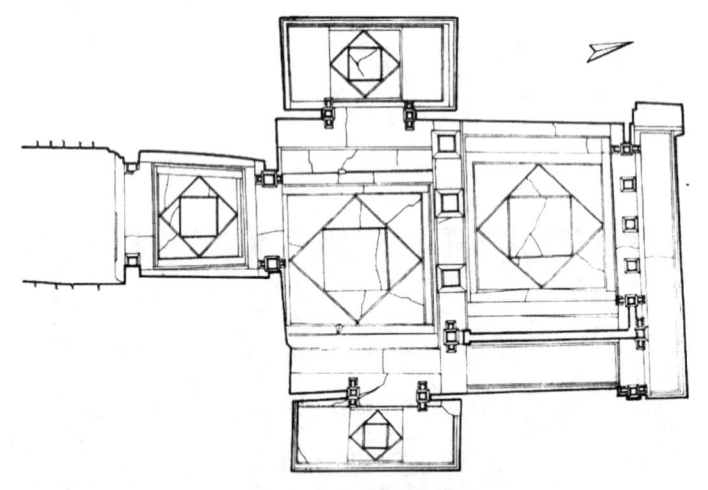

图32 安岳3号墓平面图

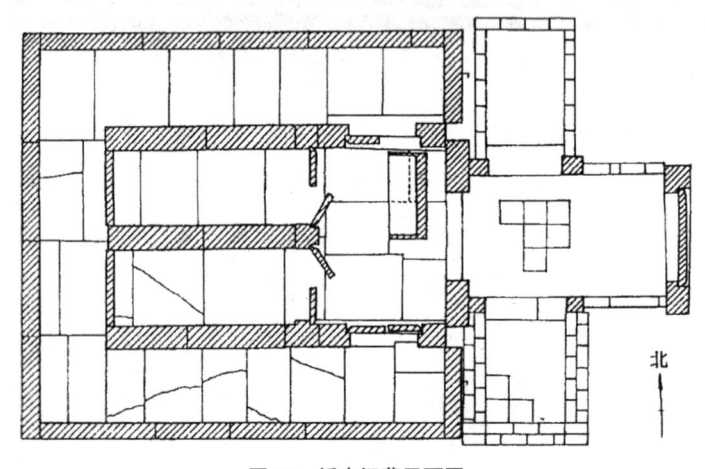

图33 沂南汉墓平面图

---

① 〔韩〕全虎兑：《辽阳魏晋古墓壁画研究》，《美术资料》1999年第62辑。

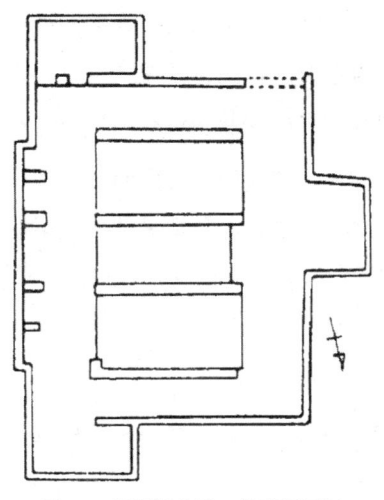

图34　辽阳棒台子1号墓平面图

从石材的加工、藻井结构的处理、墓室内石柱的设置，包括回廊在内的平面结构等相关技术要素的设计方式可以看出，安岳3号墓，近则与辽阳魏晋时期壁画墓相连，远则可及东汉末期山东地区的汉画像石墓。在柱头装饰辟邪鬼面，墓室的墙面上部装饰纹的线连接白灰和墙面；墓主肖像绘制习惯，即，将墓主人正面坐像置于画面的中央，在其周围安排附属物；画像石墓转变为壁画墓的过程中，"车马行列"题材已摆脱自东汉画像石墓中通常表现"升仙之旅"的意图，起到彰显墓主地位的作用。这些也体现了安岳3号墓在系统性方面与辽阳魏晋时期古墓壁画和河北东汉古墓壁画，甚至是山东汉画像石墓中画像的相关性。代表了全盛期山东地区汉画像石墓的沂南汉墓与极致地展现4世纪中叶高句丽南部新开辟地形成的文化性质的安岳3号墓之间，虽然在时间和空间上存在一定距离，但考虑到辽阳魏晋时期壁画墓这一文化桥梁的存在，两者之间也不一定遥不可及。

自东汉末期，经魏晋，以至燕、高句丽，辽东的统治势力不断更替。这期间辽阳地区的壁画墓也在古墓的筑造技术和壁画的制作技法方面发生了变化与发展。可以想象，伴随着4世纪的人口迁徙，这些技术向乐浪和带方一带传播开来的可能性。安岳3号墓所具有的古墓构造和壁画构成方面的特征正是这些政治、社会、文化发展变化的产物。到东汉为止流行于山东一带的画像石墓筑造及画像制作传统的一支，随着2世纪末以来持续不断的政治和社会混乱，流向东北边境。在这个过程当中，又经4世纪初的一场激烈战乱后，故带方地区中心地的安岳一带迎来了从辽阳传入的新的壁画营造模式，安岳3号墓或许是两者催化作用的产物。或许，衍生出安岳3号墓的诸多社会、文化上的变动，及其伴随而来的种种大小结果，终汇聚成安岳文化。

原刊于《高句丽壁画墓研究》，四季出版社2016年版，第33—75页。

高句丽壁画墓的现状及被葬者再探讨

〔韩〕郑好燮 著 金锦子 译 郑春颖 校*

一、绪论

迄今发现的高句丽壁画墓已逾100多座,但事实上半数以上壁画墓都很难了解其具体情况,其原因在于这些墓葬的调查报告仅仅是零散著录或简略提及,并且很多壁画墓都没有图片。可以说目前很多壁画墓都无法了解其构造和壁画内容。尽管近年来诸多研究者通过壁画取得了众多研究成果,但实际上罕有通过实地考察壁画进行的研究,大致上依据的都是有限的图片,其根源就在于存在着难以实地观摩壁画等各种局限。

高句丽壁画墓的研究基础就是首先要收集相应墓葬的确切资料。不过目前由于没有收录全部高句丽壁画墓的资料集,往往都是通过几座重要的壁画墓来探讨壁画墓的大致情况。在目前所取得的研究成果中,成为集中研究对象的壁画墓不过20—30座,这也明确体现了上述问题。在这种情况下,秉承着最重要的任务是获得研究资料的观点,首先对目前已经确认的高句丽壁画墓的调查和分布现状进行考察。

众所周知,以集安、桓仁、平壤一带为中心,高句丽修建了数万座古

---

* 郑好燮,高丽大学文科学院韩国史系副教授;金锦子,延边大学人文社会科学学院副教授;郑春颖,长春师范大学高句丽渤海研究院院长、教授。

墓，在众多古墓中最引人关注的则是王陵级墓葬。集安一带有超大型积石墓，平壤一带的石室封土墓中则有大型壁画墓。不过时至今日在被认为是高句丽王陵的墓葬中还没有一座完全确定其被葬者的，即便是认为存在墓志铭文的安岳3号墓，尽管对其被葬者提出了诸多观点，但争论却并未停止。高句丽壁画墓被葬者问题并非是通过历史学、考古学就能立竿见影得到解决的难题。因此本文首先以石室封土墓为中心对其被葬者进行探讨，大致推定被葬者或王陵位置。考虑到目前通过文献来考察被葬者问题研究并不充分的情况，试图依据《三国史记》、《三国遗事》和日本方面史料进一步探讨高句丽王号和葬地，以期推定王陵之所在。

二、高句丽壁画墓的调查及分布现状

一直以来都没有机会对朝鲜境内高句丽壁画墓进行实地调查，直到2002年朝鲜和日本学者共同发掘、调查了松竹里壁画墓，2005年和2006年韩国和朝鲜学者又共同调查了高句丽壁画墓。[①] 共同调查高句丽壁画墓是非常值得赞赏的。如果这种共同调查能够得以持续进行，高句丽墓葬和壁画研究将会取得很大进展。

高句丽壁画墓为世人所知始于1902年江西郡守一行人进入江西大墓和江西中墓时发现了壁画。1907年，法国人沙瓦纳在散莲花墓中发现壁画并向学界进行了介绍[②]，中国境内的高句丽壁画墓由此为世人所知。此后日本的关野贞和小场恒吉等人从1912年开始对高句丽壁画墓展开调查，发

---

① 高句丽研究财团编：《平壤一带的高句丽遗迹》，高句丽研究历史财团2005年版；南北历史学者协议会、国立文化财研究所编：《南北共同高句丽壁画墓实态调查报告书》1、2，南北历史学者协议会2005年版；南北历史学者协议会、国立文化财研究所编：《南北共同高句丽壁画墓保存调查报告书》，南北历史学者协议会2006年版。

② Chavannes, Edouard, "Les Monuments de l'ancien royaume de Coreen de KaoKeou-Li", *Toung Pao*, serie, Vol.9, 1908;〔韩〕金贞培译：《韩国古代王朝高句丽的历史纪念物》，《白山学报》1976年第21辑。

现了更多的壁画墓，还绘制了部分墓葬的摹写图。

随着真坡里4号墓中的墨书铭文被确认为"咸通十一庚寅三月"，有学者指出约在870年前已有人进入墓葬。这也就是说，根据真坡里4号墓铭文可推定，高句丽古墓被发掘甚至打开已有870年的历史了。① 不过，铭文不仅不是墨书，而且西壁左侧中间部分的线刻铭文的内容也被重新确定为"咸通十一庚寅三月，七日任□"。这与以往的报告略有差异，特别是铭文按从右向左方向自上而下分两行书写，其书写方法比较特殊。因为这种书写方法见于近代以后，因此应是近代以后某人的涂鸦。② 由此对真坡里4号墓铭文就很难赋予其历史意义，认为墓葬已被盗掘甚至打开已有约870年的观点也是没有说服力的。

平壤地区高句丽壁画墓的调查和发掘历史可分为解放前和解放后两个时期。③ 后来对包括中国境内高句丽古墓壁画在内的调查可分为平壤一带和集安一带两个区域。④ 另外，日本共同通讯社出版的资料中也对高句丽壁画墓进行了系列整理。⑤ 综合这些资料来看，可以发现各资料在发现和调查时间等方面略有差异，这是由于日帝强占时期以后各壁画墓的调查报告书并不充分，以及在使用参考资料过程中导致的混乱。在此将首先通过对这部分进行确认来整理高句丽壁画墓的调查历史，以已发表的各种资料为中心，对可以大致确定调查时间的高句丽壁画墓的调查和发掘历史进行

---

① 自梅原末治和小泉显夫发表调查结果以来（〔日〕梅原末治：《朝鲜古文化综鉴》，养德社1966年版；〔日〕小泉显夫：《中和真坡里古墓群调查》，《朝鲜古代遗迹遍历》，六兴出版1986年版），在其他研究中也原文引用着这些报告（〔韩〕徐永大：《其他壁画墓墨书铭》，《译注韩国古代金石文》1，驾洛国史迹开发研究院1992年版；〔韩〕俞弘濬：《高句丽壁画墓发掘研究史》，《高句丽古墓壁画解说》，草光1995年版；〔韩〕全虎兑：《平壤、安岳地区的壁画墓》，《高句丽古墓壁画研究》，四季出版社2000年版）。

② 〔韩〕郑好燮：《高句丽壁画墓铭文再探讨》，《南北共同高句丽壁画墓现状调查报告书》1，南北历史学者协议会2005年版，第129—130页。

③ 〔韩〕徐吉洙：《平壤地区壁画墓的分布现状和保存方向》，《高句丽研究》1997年第3辑。

④ 〔韩〕全虎兑：《高句丽古墓壁画的再发现与分布现状》，《高句丽古墓壁画的世界》，首尔大学出版社2007年版。

⑤ 〔日〕共同通讯社编：《高句丽壁画古墓》，共同通讯社2005年版。

整理，可参见表1。

表1 高句丽古墓壁画调查现状

调查年度	中国境内壁画墓	朝鲜境内壁画墓
1907年	散莲花墓	
1913年左右	散莲花墓（再调查）、美人墓、龟甲墓、折天井墓、三室墓、五盔坟5号墓	龙冈大墓、双楹墓、莲花墓、狩猎墓、江西大墓、江西中墓、星墓、龛神墓
1916年		铠马墓、湖南里四神墓、天王地神墓、检山洞古墓
1935—1936年	角抵墓、舞踊墓、三室墓（再调查）、通沟四神墓、牟头娄墓、环纹墓	高山洞1号墓、内里1号墓
1937年	通沟12号墓	高山洞9号墓、双室墓
1941年		真坡里1号墓、真坡里4号墓
1949年		安岳1号墓、安岳2号墓、安岳3号墓、伏狮里壁画墓
1950年	五盔坟4号墓、通沟12号墓（再调查）、通沟四神墓（再调查）	
1953—1954年		辽东城墓、平壤驿前壁画墓、大安里1号墓
1955年		大安里2号墓
1956年		加庄里壁画墓
1957年	五盔坟5号墓（再调查）	台城里1号墓、台城里2号墓
1958年		药水里壁画墓、普林里11号墓
1958—1961年		八清里壁画墓、高山洞7号墓、高山洞10号墓、高山洞15号墓、伏狮里壁画墓（再调查）
1961年	禹山下3319号墓	
1962年	五盔坟4号墓、五盔坟5号墓、通沟12号墓（以上为再调查）	长山洞1号墓、长山洞2号墓
1962—1963年	麻线沟1号墓	
1966年	山城下332号墓、山城下983号墓、万宝汀1368号墓、下解放31号墓	
1970年	长川1号墓	
1971年	长川1号墓（再调查）	水山里壁画墓
1972年	长川2号墓	

续表

调查年度	中国境内壁画墓	朝鲜境内壁画墓
1973 年	长川 1 号墓（再调查）	清溪洞 1 号墓、清溪洞 2 号墓、凤城里 1 号墓、凤城里 2 号墓
1974 年	禹山下 1041 号墓	传东明王陵、高山洞 7 号墓（再调查）
1975 年	三室墓（再调查）	传东明王陵、高山洞 7 号墓（再调查）
1976 年	东大坡 365 号墓	德花里 1 号墓、德花里 2 号墓、德花里壁画墓、双室墓（再调查）
1977 年		保山里 1 号墓、牛山里 1 号墓、牛山里 2 号墓、牛山里 3 号墓
1981 年	山城下 322 号墓、山城下 983 号墓、角抵墓、舞踊墓（以上为再调查）	龙兴里 1 号墓
1983 年		云龙里壁画墓
1985 年	长川 4 号墓	
1987 年		东岩里壁画墓
1988 年	折天井墓（再调查）	安鹤洞 7 号墓、安鹤洞 9 号墓、鲁山洞 1 号墓、坪井里壁画墓
1989 年		月精里壁画墓
1991 年	米仓沟将军坟、万宝汀 645 号	
1993 年	山城下 798 号墓、山城下 1305 号墓、山城下 1405 号墓、山城下 1407 号墓、山城下 1408 号墓、山城下 0491 号墓、山城下 1020 号墓、山城下 725 号墓、禹山下 2174 号墓、万宝汀 709 号墓、万宝汀 1022 号	檀君陵
1997 年	禹山下 3319 号墓（再调查）	
2001 年		台城里 3 号墓
2002 年		松竹里壁画墓（朝鲜、日本共同调查）、金玉里 1 号墓
2003 年		大城洞壁画墓
2004 年		龙岳山壁画墓
2005 年		台城里 3 号墓、真坡里 1 号墓、真坡里 4 号墓、真坡里 7 号墓、江西中墓、江西大墓、湖南里四神墓、水山里壁画墓、安岳 3 号墓、德兴里壁画墓（以上为南北共同再调查）
2006 年		真坡里 1 号墓、真坡里 4 号墓（以上为南北共同调查）

目前所知的高句丽壁画墓大部分都不确定调查或发掘时间，这也可以认为是由于每座古墓的发掘或调查报告不够缜密所致。通过上述高句丽壁画墓的调查虽然积累了较多资料，但仍存在着墓葬壁画具体现状和内容资料不足的问题。

另外，还留存着日帝强占期以后绘制的高句丽壁画墓摹写图。关于日帝强占期绘制的摹写图的现状和沿革，近来有研究指出，现存的高句丽壁画墓摹写图藏于日本东京大学、东京艺术大学和韩国国立中央博物馆。日本东京大学藏有双楹墓、江西大墓、江西中墓、狩猎墓等4座墓葬壁画摹写图89幅，东京艺术大学藏有双楹墓壁画摹写画28幅，韩国国立中央博物馆藏有龛神墓、龙冈大墓、星墓、双楹墓、狩猎墓、天王地神墓、通沟12号墓、铠马墓、真坡里1号墓、江西大墓、江西中墓等11座墓葬壁画117幅。① 除此之外，根据最近国立中央博物馆编撰的资料，还增加了莲花墓摹写图，东京艺术大学还藏有龛神墓、龙冈大墓的摹写图。这些摹写图大部分都是由以小场恒吉和太田福藏为中心的日本人在1912年以后摹写的。② 这些摹写图因保留着20世纪10年代前半期高句丽墓葬壁画的样态而弥足珍贵。东京大学博物馆出版的资料集③和共同通讯社出版的资料集④都对日本所藏资料进行了概况介绍。最近国立中央博物馆所藏摹写图也以韩文和英文进行了综合整理。⑤ 日帝强占时期绘制的摹写图对于一定程度恢复目前毁损较为严重的壁画原貌具有重要作用。总之，这是研究者难以亲眼所见高句丽壁画时值得参考的资料。同时今后在探讨高句丽墓葬壁画保存方面，也需要对日帝强占时期的摹写图和各时期所拍摄的图版资料等

---

① 〔韩〕朴雅琳：《高句丽古墓壁画基础资料整理与探讨》，《东北亚历史论丛》2006年第13辑。
② 〔日〕早乙女雅博等：《高句丽壁画墓的调查与小场恒吉的摹写制作》，《高句丽古墓壁画》，共同通讯社2006年版，第333—336页。
③ 〔日〕早乙女雅博等：《关野贞亚洲踏查》，东京大学出版会2005年版。
④ 〔日〕共同通讯社编：《高句丽壁画古墓》，共同通讯社2005年版。
⑤ 〔韩〕国立中央博物馆：《高句丽古墓壁画》，国立中央博物馆2007年版。

按照年代顺序进行比较和分析。通过技术装备进行紫外线拍摄来制作目前壁画的毁损图，这对于了解墓葬壁画的原貌和保存也是非常重要的。最近完成的真坡里1号墓和真坡里4号墓的毁损图被认为揭开了壁画保存和研究的新篇章。[①]

对日帝强占时期以后调查的高句丽壁画墓现状的深入了解始于20世纪90年代。关于高句丽壁画墓的分布状况，20世纪60年代朝鲜学界认为集安地区有13座，朝鲜境内有31座。[②]到20世纪90年代则确认高句丽壁画墓有80余座。[③]同年在韩国有学者指出高句丽壁画墓按地区划分，集安一带有23座，平壤一带有38座，黄海道地区有6座，共67座。[④]另外，1991年在分析朝鲜美术史研究现状过程中指出集安地区有20座，平安南道有47座，黄海道有9座，共76座。[⑤]到1993年则指出壁画墓在中国境内有22座，朝鲜境内有68座。[⑥]以后又确认了日帝强占时期、解放后朝鲜发掘调查的高句丽壁画墓，认为朝鲜境内为44座，中国境内为20座[⑦]，但这一研究并没有反映出以往的研究成果，同时在引用的资料中平安南道慈城郡地区的照牙里、西海里、法洞里、松岩里等4座古墓为积石墓，而非壁画墓[⑧]，因此只有60座。1997年按照调查年度对墓葬壁画的分布现状

---

① 〔韩〕韩京淳、任权雄（音译）：《真坡里1号、4号墓壁画墓毁损状态调查及应急保存处理方案研究》，《南北共同高句丽壁画墓保存研究报告书》，南北历史学者协议会2007年版。
② 〔朝〕朱永宪：《高句丽壁画墓的构造形式与壁画内容发展变化》1、2，《文化遗产》1960年第2、3辑。
③ 〔朝〕《朝鲜遗迹遗物图鉴》编纂委员会：《朝鲜遗迹遗物图鉴》5，外文综合出版社1990年版，第5页。
④ 〔韩〕李浩官：《高句丽墓葬》，《韩国史论》1989年第19辑。
⑤ 〔韩〕李成美：《朝鲜美术史研究现状：古墓壁画》，《朝鲜的韩国学研究成果分析》，韩国精神文化研究院1991年版，第303—307页。
⑥ 〔日〕东潮：《朝鲜三国时代横穴式石室墓的出现与发展》，《国立历史民俗博物馆研究报告》1993年第47辑；《高句丽考古学研究》，吉川弘文馆1997年版，第119—169页。
⑦ 〔韩〕俞弘濬：《高句丽壁画墓发掘研究史》，《高句丽古墓壁画解说》，草光1995年版，第21—22页。
⑧ 〔韩〕郑灿永：《慈城郡照牙里、西海里、法洞里、松岩里高句丽古墓发掘报告》，《考古学资料集（3）——各地遗址整理报告》，科学院出版社1963年版。

进行了具体梳理①,不过虽然对朝鲜境内的 71 座墓葬根据其发现、调查年代按区域进行了现状分析,但由于庆新里 1 号墓不是壁画墓②,因此应认为是 70 座。同年高句丽研究会以高句丽壁画为主题出版的资料中指出集安和桓仁地区有 24 座,平壤一带有 71 座。③ 此后朝鲜方面制作了高句丽壁画墓一览表,称朝鲜境内为 66 座,中国境内为 22 座,共计 88 座。④ 在此值得关注的是,朝鲜学界对朝鲜境内的壁画墓也没有进行确切的综合整理。在近来的研究中,比较突出的是将为论证古朝鲜平壤中心说而有目的地制造出的檀君陵也纳入到高句丽壁画墓中,即将檀君陵也视为高句丽壁画墓,从而与以往朝鲜学界的立场存在一定差异。日本也对高句丽壁画墓现状进行了重新整理⑤,认为高句丽壁画墓在中国境内有 23 座,朝鲜境内有 68 座。对这些研究成果进行综合整理,包括新发现的壁画墓在内,将高句丽壁画墓分布现状分为中国境内和朝鲜境内进行整理,共计有 106 座。⑥ 以后日本的共同通讯社对高句丽壁画墓进行整理,根据其中高句丽壁画墓一览所提供的资料,认为中国境内有 31 座,朝鲜境内有 73 座。⑦ 另外,在韩国的研究成果中迄今最具综合性的是增加了近来在中国抚顺施家沟发现的高句丽壁画墓施家墓地 1 号墓⑧,认为共计有 107 座⑨。不过根据中国近来发刊的各种资料来看,山城下古墓群中的 4 座(山城下 1408 号墓、山城下 356 号墓、山城下 1020 号墓、山城下 725 号墓)、禹山下古墓

---

① 〔韩〕徐吉洙:《平壤一带古墓壁画的分布现状与保存趋势》,《高句丽研究》1997 年第 3 辑。
② 庆新里 1 号墓在大正三年的报告书中称可能在墓室壁面和甬道东西两壁上端存在壁画,但目前还无法确认壁画痕迹。
③ 高句丽研究会:《高句丽研究(高句丽古墓壁画)》1997 年第 4 辑。
④ 〔朝〕孙秀浩:《高句丽古墓研究》,社会科学院出版社 2001 年版,第 129—132 页。
⑤ 〔日〕李成市、早乙女雅博:《古代朝鲜的考古与历史》,雄山阁 2002 年版,第 236—239 页。
⑥ 〔韩〕全虎兑:《高句丽古墓壁画的世界》,首尔大学出版社 2004 年版,第 91—92 页。
⑦ 〔日〕共同通讯社编:《高句丽壁画古墓》,共同通讯社 2005 年版,第 336—337 页。
⑧ 李新全:《近年辽宁高句丽考古发现与研究》,哈佛高句丽历史与考古研讨会,2005 年。
⑨ 〔韩〕全虎兑:《墓葬壁画所体现的高句丽历史与文化》,《高句丽墓葬壁画》,株式会社联合新闻 2007 年版,第 6 页。

群中的 1 座（禹山下 2174 号墓）、万宝汀古墓群中的 2 座（万宝汀 709 号墓、万宝汀 1022 号墓）等墓葬中也发现了壁画残片，仅在集安一地就确认了 36 座壁画墓。[①]因此，中国境内的壁画墓集安地区为 36 座，桓仁地区为 1 座，抚顺地区为 1 座，共计达 38 座。

上述壁画墓的现状是根据在此期间的发掘调查报告书、简略介绍资料以及其他媒体报道等进行整理的。在存在谬误的资料中把握壁画墓的现状也是比较困难的。具体了解以往对高句丽壁画墓所进行的现状整理是值得肯定的，这对于高句丽墓葬壁画研究而言应是最先着手的基础工作。但在被确认为壁画墓的墓葬中，会发现对于一部分墓葬的资料还存在着些许谬误，对此还有必要予以改正。作为大型石室封土墓而受到关注的庆新里 1 号墓和土浦里大墓虽然也被认为是壁画墓[②]，但到目前为止还没有在这两座墓葬中发现壁画。特别是朝鲜学界虽然曾将庆新里 1 号墓视为壁画墓[③]，但根据近来的研究已确认其不是壁画墓[④]。

另外，朝鲜顺川一带的检山洞古墓也被认为是壁画墓，因此可将其新增入壁画墓中。[⑤]虽然顺川检山洞墓葬一直以来被认为与东岩里壁画墓为同一座墓葬，但比较日帝强占时期的调查资料和东岩里壁画墓发掘报告[⑥]来看，两座墓葬的规模、形制不同，目前还很难认为两座墓葬为同一墓葬。平壤一带的壁画墓中，在真坡里古墓群中现已不见原貌的双室墓（真坡里 16 号墓）中曾发现了壁画痕迹[⑦]，2006 年南北历史学者协议会进行调

[①] 孙仁杰、迟勇：《集安高句丽墓葬》，香港亚洲出版社 2007 年版，第 103—129 页。
[②] 有观点认为庆新里 1 号墓属于壁画墓，见〔韩〕徐吉洙：《平壤一带古墓壁画的分布现状与保存趋势》，《高句丽研究》1997 年第 3 辑；〔日〕共同通讯社编：《高句丽壁画古墓》，共同通讯社，2005 年；也有观点认为土浦里大墓属于壁画墓，见〔韩〕姜贤淑：《高句丽墓葬研究》，首尔大学博士学位论文，2000 年，第 87 页。
[③] 〔朝〕李昌彦：《东岩里壁画墓发掘报告》，《朝鲜考古研究》1988 年第 2 期。
[④] 〔朝〕孙秀浩：《高句丽古墓研究》，社会科学院出版社 2001 年版，第 107 页。
[⑤] 朝鲜总督府编：《高句丽时代的遗迹》，朝鲜总督府 1930 年版。
[⑥] 〔朝〕李昌彦：《东岩里壁画墓发掘报告》，《朝鲜考古研究》1988 年第 2 期。
[⑦] 金日成综合大学：《东明王陵及其周边的高句丽遗迹》，金日成综合大学出版社 1976 年版，第 50—53 页。

查时，通过紫外线拍摄在真坡里 7 号墓中也确认了隐约存在的格纹壁画痕迹①。另外，有学者指出，在檀君陵中也发现了类似仙人和神将的壁画②，由于檀君陵也被视为 5 世纪的高句丽石室墓③，因此可以将其纳入高句丽壁画墓的范畴。至此目前可以确定的高句丽壁画墓中国境内为 38 座，朝鲜境内为 80 座，共计 118 座。即除以往统计的 107 座壁画墓外，还包括了朝鲜顺川地区的检山洞古墓、檀君陵、最近确定发现壁画痕迹的真坡里 7 号墓以及以往报告中确认的双室墓等 4 座壁画墓，同时增加了通过中国方面资料确认的山城下古墓群、万宝汀古墓群、禹山下古墓群中的 7 座壁画墓。

关于高句丽壁画墓分布现状的研究可整理如表 2。④

表 2　高句丽古墓壁画调查现状

地区	古墓群	壁画墓	数量
集安	下解放古墓群	下解放 31 号墓、牟头娄墓、环纹墓	3
	山城下古墓群	山城下 332 号墓、山城下 983 号墓、美人墓、龟甲墓、山城下折天井墓、东大坡 365 号墓、山城下 798 号墓、山城下 1305 号墓、山城下 1405 号墓、山城下 1407 号墓、山城下 1408 号墓、山城下 0491 号墓、山城下 1020 号墓、山城下 725 号墓	14
	禹山下古墓群	禹山下 1041 号墓、角抵墓、舞踊墓、散莲花墓、通沟 12 号墓、三室墓、通沟四神墓、五盔坟 4 号墓、五盔坟 5 号墓、禹山下 3319 号墓、禹山下 2174 号墓	11

---

① 南北历史学者协议会、国立文化财研究所：《南北共同高句丽壁画墓实态调查报告书》1、2，2005 年版。
② 〔朝〕孙秀浩：《高句丽古墓研究》，社会科学院出版社 2001 年版，第 107 页。
③ 〔韩〕崔梦龙：《对檀君陵发掘的几点不同看法》，《韩国上古史学报》1994 年第 15 辑；李善福：《近来的檀君陵问题》，《韩国史市民讲座》1997 年第 21 辑。
④ 根据全虎兑整理的壁画墓分布现状表，见〔韩〕全虎兑：《高句丽古墓壁画的世界》，2004 年版，第 9—92 页，被认为中国集安壁画墓的东大坡 385 号墓实际是对东大坡 365 号墓的误记，宝林里 1 号墓是对宝林里 11 号墓的误记，见〔朝〕全畴农：《江西郡台城水库内部地区的高句丽墓葬》，《各地遗迹整理报告》1963 年 3 辑，第 189—194 页。另外，安岳地区的坪井里古墓群是由 3 座墓葬构成的高句丽古墓群，其中只有坪井里 1 号墓为壁画墓，因此应标记为坪井里 1 号墓，宝山里壁画墓也应标记为宝山里 1 号墓。

续表

地区	古墓群	壁画墓	数量
集安	万宝汀古墓群	万宝汀 645 号墓、万宝汀 1368 号墓、万宝汀 709 号墓、万宝汀 1022 号墓	4
	长川古墓群	长川 1 号墓、长川 2 号墓、长川 4 号墓	3
	麻线沟古墓群	麻线沟 1 号墓	1
桓仁	米仓沟古墓群	将军墓	1
抚顺	施家古墓群	施家 1 号墓	1
以上为中国境内壁画墓			38
平壤	顺川	天王地神墓、辽东城墓、龙凤里壁画墓、检山洞壁画墓、东岩里壁画墓	5
	平原	云龙里壁画墓	1
	大同	青宝里壁画墓、德花里 1 号墓、德花里 2 号墓、加庄里壁画墓、八清里壁画墓、大宝山里壁画墓	6
	平壤	平壤驿前壁画墓、长山洞 1 号墓、长山洞 2 号墓、清溪洞 1 号墓、清溪洞 2 号墓、和盛洞壁画墓、嵋山洞壁画墓、高山洞 1 号墓、高山洞 7 号墓、高山洞 9 号墓、高山洞 10 号墓、高山洞 15 号墓、高山洞 20 号墓、安鹤洞 7 号墓、安鹤洞 9 号墓、鲁山洞 1 号墓、铠马墓、内里 1 号墓、南京里 1 号墓、湖南里四神墓、金玉里 1 号墓、龙岳山壁画墓、传东明王陵、真坡里 1 号墓、真坡里 4 号墓、大城洞壁画墓、真坡里 7 号墓、双室墓、檀君陵	29
	南浦	星墓、龛神墓、狩猎墓、牛山里 1 号墓、牛山里 2 号墓、牛山里 3 号墓、龙兴里 1 号墓、龙冈大墓、双楹墓、大安里 1 号墓、大安里 2 号墓、保山里 1 号墓、莲花墓、台城里 1 号墓、台城里 2 号墓、台城里 3 号墓、普林里 11 号墓、龙湖里 1 号墓、水山里壁画墓、江西大墓、江西中墓、德兴里壁画墓、药水里壁画墓	23
	温泉	麻永里壁画墓、桂明洞壁画墓	2
安岳	燕滩	松竹里壁画墓	1
	银波	银波邑壁画墓	1
	沙里院	御水里壁画墓	1
	安岳	月精里壁画墓、汉月里壁画墓、路岩里壁画墓、安岳邑壁画墓、安岳 1 号墓、安岳 2 号墓、安岳 3 号墓、坪井里 1 号墓、凤城里 1 号墓、凤城里 2 号墓、伏狮里壁画墓	11
以上为朝鲜境内壁画墓			80
总计		高句丽壁画墓	118

118座高句丽壁画墓主要分布在中国集安和朝鲜平壤一带。大部分高句丽壁画都绘于石室封土墓中，积石墓中也发现有壁画，即存在着外部结构为积石墓但内部构造属于石室墓系统的壁画墓。山城下折天井墓、禹山下1041号墓、禹山下3319号墓、山城下1405号墓、山城下1408号墓、山城下725号墓等6座墓葬都是积石壁画墓。在积石墓中发现壁画对于揭示壁画墓的起源具有重要启示。

事实上很多高句丽壁画墓都没有关于细节内容的报告，在这种情况下大部分研究都会反复介绍部分壁画墓，对高句丽壁画的研究也有所影响。为促进高句丽墓葬壁画的研究首先就需要对壁画墓的墓葬形态、藻井结构、方向、壁画内容、位置、壁画绘制方法等进行综合整理，由此可以为各领域的研究者提供最基础的信息，对于先行研究中没有涉及的壁画墓也可以结合此前的研究进一步加以拓宽和深化。

有论著结合说明、图片等对40座高句丽壁画墓的具体内容进行了介绍①，此后亦有论著对截至2000年所确认的集安、桓仁地区的24座壁画墓和平壤安岳地区的68座壁画墓的具体内容，即位置、名称、发现过程、结构、规模、壁画主题等进行了整理。②另外，还有调查报告以中国境内的23座壁画墓为研究对象，结合图版对壁画内容进行了简单整理。③不过在这些研究中对于十余座壁画墓仅列出名称和位置，完全没有关于壁画的内容，大多数墓葬都没有全部壁面的图片或图版，其原因在于这些壁画墓只是被确认存在于朝鲜或日本方面的资料中，并没有刊出发掘报告书或简报。另外，由于中国和朝鲜对调查的壁画墓仅进行了简略报告，很多都省略了图版和图片，因此很难获得详细的内容。目前几乎完全没有关于壁画

---

① 〔韩〕李泰浩：《高句丽壁画墓解说》，《高句丽古墓壁画解说》，草光1995年版。
② 〔韩〕全虎兑：《壁画墓的分布与壁画构成》，《平壤、安岳地区的壁画墓》，《高句丽古墓壁画研究》，四季出版社2000年版，第357—419页。
③ 吉林省文物考古研究所、集安市博物馆：《洞沟古墓群——1997年调查测绘报告》，科学出版社2002年版。文中提供了21座壁画墓平面结构图，并按照位置分别简要介绍了壁画内容。

内容介绍的墓葬有 20—30 座。此外还有很多壁画墓只是简单介绍了其墓葬形制、结构、壁画主题等内容。因此了解这些墓葬的具体情况对于高句丽古墓壁画研究也是非常迫切的课题。

三、高句丽壁画墓的被葬者

如前所述，高句丽壁画墓除 6 座积石墓外，大部分都是石室封土墓。高句丽壁画墓在规模、壁画内容等方面消耗大量的人力和物力，因此应是高句丽具有较高身份者的墓葬。目前能够在一定程度上确认被葬者的墓葬只有安岳 3 号墓、德兴里壁画墓和牟头娄墓等 3 座。这些墓葬留有标记确切修筑年代的墨书铭，成为确定墓葬年代以及高句丽壁画墓研究的基点。不过对于这些墓葬的被葬者也存在着诸多争议。①

关于安岳 3 号墓主要有冬寿墓说、美川王陵说、故国原王陵说等，目前还没有定论。仅就关于冬寿的墨书铭而言，可以认为是冬寿的墓志铭，因此冬寿墓说是无法否认的。但随着朝鲜学界发现在前室右侧帐下督的上面也存在文字，因此也无法排除与冬寿墓志铭文存在关联或是记述其他帐下督的可能性。另外，如果认为是冬寿墓，那么依然还存在着如何对墨书"圣上幡"进行阐释的问题。

安岳 3 号墓王陵说是结合文献提出的新观点，这一点还是有一定意义的。不过近来作为朝鲜学界主要观点的故国原王说由于无法说明修筑墓葬的 357 年与故国原王死亡的 371 年之间存在 14 年间隔的问题而被质疑。由此来看，问题在于墓志的编写时间，即使冬寿的墓志铭完成于冬寿死后的 14 年，那也无法说明使用错误年号的缘由。就目前而言，首先存在着

---

① 笔者曾对近年来关于安岳 3 号墓、德兴里壁画墓墓主的主要争论进行了整理，见〔韩〕郑好燮：《高句丽壁画墓铭文再探讨》，《南北共同高句丽壁画墓现状调查报告书》1，南北历史协议会 2005 年版。

关于冬寿的墨书铭，其次墓葬修筑于高句丽王陵盛行积石墓的357年，因此很难将其视为高句丽王陵，还有墓葬壁画属于当时周邻地区盛行的壁画样式，由此将安岳3号墓视为冬寿墓是正确的。值得关注的是，以往一直认为安岳3号墓墓主所戴的冠是高句丽王所戴的白罗冠，但也有观点认为安岳3号墓墓主所戴的冠并不是白罗冠，而是汉服常见的武冠，特别是武官阶层所佩戴的惠文冠。①从服饰史层面来看，认为安岳3号墓墓主是高句丽王缺乏客观性。另外，高句丽王的王号源于葬地名，根据《三国史记》和牟头娄墓志铭记载，故国原王的葬地为故国之原、国岗上，由此可见高句丽的故国原应是指现在集安国内城附近的广阔平原。故国原王陵应位于集安，安岳3号墓为故国原王陵的可能性微乎其微。

安岳3号墓铭文②记录了冬寿的死亡日期、历任官职、籍贯、字、死亡年龄等内容。虽然学者们普遍都将铭文视为墓志，但其与汉代墓志的编写方法存在着较大差异。墓志铭为何会如此简单？相对于安岳3号墓的大型修筑规模以及壁画的绘制，将墓志铭与历史事实进行比较，不知为何会有如此多的谬误之处，又为何会遗漏出生年代、家族关系等基本内容。这说明墓志铭在这座壁画墓中所占的比重并不大。因此可以认为编写安岳3号墓墓志铭的目的是为了记述被葬者冬寿的身份以及死亡时间，是为了记录墓主身份及其生前所历任的官职。不过其中提到的官职与当时的情况存

---

① 〔韩〕孔锡龟：《安岳3号墓墓主的冠帽》，《高句丽研究》1998年第5辑；《高句丽的南进与壁画墓》，《韩国古代史研究》2000年第20辑；〔韩〕郑宛真：《高句丽服饰》，《韩国古代的世界骄傲：高句丽》，通川文化社2005年版，第257—258页。

② 永和十三年十月戊子朔廿六日
　癸丑时持节都督诸军事
　平东将军护抚夷校尉乐浪
　相昌黎玄菟带方太守都
　乡侯幽州辽东平郭
　都乡敬上里冬寿字
　□安年六十九薨官

在较大差异，很有可能记录的是实际官职和其他虚职。① 由此来看，墓志反映了冬寿死后的夙愿，即墓志本身夸大了冬寿生前官场生涯中值得铭记的部分并表现为虚构的官职。

这一点还与中国人的死亡观念略有背离。古代中国人的死亡观念认为人死后意识并不会消亡，而是继续生存在与生前不同的世界，死亡时人的灵魂分成魂与魄，并与肉体分离。② 从中国人的灵魂不灭思想来看，理想的死后世界是继续过着生前的生活。不过墓葬壁画虽然也描绘了死者生前的荣耀，但也将死者期盼的生活或死后想要实现的生活等作为壁画的重要主题。③ 根据冬寿墓志来看，并不是对生前现实世界的再现，而是略有夸张和虚构的表现，因此可以认为是超越现实的对来世所期盼生活的表现。

这一点也体现在出行图中。如果将安岳3号墓视为冬寿墓，出行图中出现的"圣上幡"就是与历史事实不符的表现，因为标记有"圣上幡"的出行图可以认为是王的出行。由此可以认为安岳3号墓出行图不仅仅反映了能够延续前世生活的继世思想，同时也蕴含着来世有更好生活的愿望。因此应从这种脉络上来对安岳3号墓壁画，特别是对标记有"圣上幡"的出行图来加以理解和认识。虽然绘制安岳3号墓出行图是为彰显和再现墓主的地位，但与墨书内容一样，都是超出现实有所夸张的表现。即冬寿生前并没有尊享过出行图中那样的出行，而是将其予以夸张，把对来世的期望用出行图加以表现。这样存在矛盾关系的冬寿墨书铭与出行图墨书就与事实相符了。

与此相关联，绘有王字图案的壁画墓也可进行同样的阐释。绘有王字图案的墓葬在高句丽壁画墓中被归类为装饰纹壁画墓的有山城下332号墓、长川2号墓、米仓沟将军墓、龛神墓等，被认为是高句丽贵族的墓葬，即便只是具有装饰图案意义，但在非王墓葬中使用王字图案也是难以

---

① 〔韩〕孔锡龟：《安岳3号墓墨书铭考》，《历史学报》1989年第121辑。
② Ying-Shih Yu, "'O Soul, Come Back!' A Study in the Changing Conceptions of the Soul and Afterlife in Pre-Buddhist China", *Harvard Journal of Asiatic Studies* 47, 1987.
③ 〔韩〕金元龙：《韩国壁画墓》，一志社1980年版，第87页。

令人理解的。同样这种情况也可以认为是蕴含着贵族们期望来世能够拥有像王那样生活的愿望。另外，集安通沟四神墓、五盔坟4号墓还绘有黄龙，虽然这些墓也被推测为王陵，但在平壤都城时期是否可能将王陵修筑在旧都集安还存在疑问。作为贵族墓葬的通沟四神墓、五盔坟4号墓等绘有黄龙，由此看来似乎不能因为墓室内绘有黄龙就断定为王陵。绘有象征王的黄龙的墓葬也表现了死者想要成为世界中心的来世观。虽然有些壁画是基于在来世继续前世生活的继世思想而绘制，但也有很多蕴含着期望来世有更高地位和更好生活愿望的壁画。

另外，通过德兴里壁画墓的相关铭文资料来看，对德兴里壁画墓的诸多争论可归结为墓主镇的籍贯问题，即镇的出生地是否是在高句丽。如果认为镇出身于高句丽①，就需要阐明墓葬样式、壁画内容、墓志铭等存在过多的汉系要素以及镇所历任的官职与历史记载的差异等问题。目前普遍认为镇从中国河北省一带亡命而来，在高句丽任大兄。虽然通过对镇的墓志铭中出生地和姓氏的识读存在解决这一点的些许可能性，但通过紫外线拍摄也不能识读铭文资料来看，籍贯争论还很难终结。②牟头娄墓的墓志铭是仅次于好太王碑的内容较为丰富的高句丽金石文资料，根据牟头娄墓中被视为墓志的墨书，关于被葬者虽然存在冉牟说和牟头娄说，但目前普遍认为该墓是好太王时期高句丽贵族牟头娄的墓葬。③

关于平壤地区④的壁画墓，目前朝鲜学界将安岳3号墓视为故国原王陵的观点转变为美川王陵⑤，台城里1号墓的被葬者则被认为是乐浪本地有权势

---

① 〔朝〕孙永钟：《德兴里壁画墓墓主的国籍问题》，《历史科学》1987年第1期；《对德兴里壁画墓被葬者为亡命人说的批判》1、2，《历史科学》1991年第1、2期。
② 〔韩〕郑好燮：《高句丽壁画墓铭文再探讨》，《南北共同高句丽壁画墓现状调查报告书》1，南北历史协议会2005年版。
③ 〔韩〕卢泰敦：《牟头娄墓志》，《译注韩国古代金石文》第一卷，驾洛国史迹开发研究院1992年版，第92页。
④ 译者注：原文为平壤驿前，但根据内容来看应为笔误。
⑤ 〔韩〕孙秀浩：《高句丽古墓研究》，社会科学出版社2001年版，第109页。

者或与中原有关的人物①，在安岳3号墓被认为是故国原王陵时，台城里3号墓被认为是美川王陵②。如前所述，通过史料已经证实故国原是高句丽集安国内城一带的平原地带，因此故国原王陵和美川王陵不可能位于平壤地区。

虽然朝鲜学界认为传东明王陵就是东明王陵③，但也有观点认为是长寿王陵④。传东明王陵虽然也存在着不是某位王的王陵而是象征物⑤或者东明王假陵的可能性，但从迁都平壤后才出现的积坛石室封土墓的墓葬形式或墓葬规模来看，长寿王陵说似乎更具有说服力。根据迁都平壤以后安臧王三年"王幸卒本，祀始祖庙"⑥的记载，就间接证实了在卒本存在着东明王陵或作为始祖庙的东明王庙。因此很难将传东明王陵设定为起着始祖庙作用的象征物，而且实际在传东明王陵中虽然没有发现棺台，但却出土了金制棺饰和棺钉，因此很有可能是真实墓葬。⑦目前来看可以推定传东明王陵为长寿王陵，认为真坡里古墓群中葬有长寿王之后的几位高句丽王或王族的观点应是合理的。根据出土文字资料来看，东明王陵区域内所在的定陵寺具有确定王陵的含义，可以认为是为491年死去的长寿王而建。在平壤地区修建定陵寺这一象征性寺院的王很有可能就是进行平壤迁都的长寿王。如果传东明王陵就是长寿王陵，那么首先就要解决关于高句丽寿陵的问题。虽然高句丽王的葬地有的在生前就已选定，但高句丽是否存在寿陵还是令

---

① 〔韩〕姜贤淑：《高句丽石室封土壁画墓的渊源》，《韩国考古学报》1999年第40辑。
② 〔朝〕金仁哲：《台城里3号壁画墓的修筑年代和墓主问题》，《朝鲜考古研究》2002年第1期。
③ 〔朝〕全制宪（音译）：《东明王陵研究》，社会科学院出版社1994年版。
④ 〔日〕永岛晖臣慎：《高句丽都城与建筑》，《难波宫址研究》1981年第7辑；魏存成：《高句丽考古》，吉林大学出版社1994年版。
⑤ 〔韩〕姜贤淑：《传东明王陵与真坡里古墓群的性质探讨》，《湖西考古学》2008年第18辑。
⑥ 《三国史记》卷19《高句丽本纪7》"安臧王三年"，乙酉文化社1992年版。
⑦ 有观点认为没有棺台削弱了是王陵的可能性，见〔韩〕姜贤淑：《传东明王陵与真坡里古墓群的性质探讨》，《湖西考古学》2008年第18辑。但并不是在平壤地区的所有王陵级墓葬中都发现有棺台，因此不能认为棺台是修筑王陵时的必备要素。特别是在传东明王陵中出土了棺饰和棺钉，因此可以推测没有棺台而是将棺直接置于墓室地面上。

人质疑的。①集安的将军坟不可能是长寿王陵,因此平壤一带能够推定为长寿王陵的墓葬就是传东明王陵,其修建年代大约应在长寿王死去的491年。

从地理环境、墓葬结构、壁画内容来看,结合以四神图为中心的墓葬大量出现的时期,湖南里四神墓被认为是阳原王陵。②值得关注的是,这些研究者站在集安地区出现的积石墓与平壤一带的石室封土墓具有一定的连贯性并相互结合形成大型墓葬的观点上,认为传东明王陵、湖南里四神墓是迁都平壤后修建王陵过程中出现的墓制。③

江西大墓和江西中墓从其规模和壁画内容来看,结合时代特征江西大墓可能为平原王陵,江西中墓可能为婴阳王陵。④也有观点认为江西大墓为婴阳王陵,江西中墓则是婴阳王之弟、宝臧王生父大阳的墓⑤,真坡里4号墓则被认为是文咨明王陵⑥。与此同时,朝鲜学界综合高句丽石室封土墓的构造形式、规模、壁画、遗物关系将其划分为六个等级,壁画墓中的安岳3号墓、传东明王陵、台城里1号墓、平壤驿前壁画墓为第一等级,龙冈大墓、莲花墓、高山洞7号墓、高山洞9号墓、湖南里四神墓为第二等级。⑦由此可见是将第一、第二等级设为王陵或王陵级别。朝鲜在整理高句丽墓葬的同时还确定了一些墓葬的被葬者。例如对传东明王陵区域内的

---

① 高句丽修建王陵很有可能不是寿陵制。首先闵中王生前将闵中原石窟确定为自己的葬地。但从闵中王在闵中原狩猎时发现石窟遂指出"吾死必葬于此,不须更作陵墓"的记载来看,虽然可以认为闵中王的葬地是生前确定的,但王陵的修筑却应是在王死后进行的。结合高句丽一般殡期为三年来看,应该是在王死后的殡期内修建王陵。
② 〔日〕东潮:《高句丽考古学研究》,吉川弘文馆1997年版。
③ 虽然大型石室封土墓庆新里1号墓和土浦里大墓不是壁画墓,但也是将积石墓与石室封土墓结合,从而使人关注到积石墓与石室封土墓的关系。庆新里1号墓和土浦里大墓也曾分别被认为是长寿王陵和文咨明王陵,见〔日〕东潮:《高句丽考古学研究》,吉川弘文馆1997年版。
④ 〔日〕关野贞:《朝鲜建筑与艺术》,岩波书店1941年版;〔韩〕李丙焘:《江西古墓壁画研究》,《东方学志》1966年第1辑。
⑤ 〔韩〕崔泽善:《高句丽壁画墓被葬者研究》,《考古民俗论文集》1988年第11辑;〔韩〕朴镇旭:《关于3—7世纪的高句丽壁画墓》,《亚细亚学会报》1991年第15辑。
⑥ 〔日〕永岛晖臣慎:《高句丽都城与建筑》,《难波宫址研究》1981年第7辑。
⑦ 〔朝〕孙秀浩:《高句丽古墓研究》,社会科学院出版社2001年版,第95—99页。

所有墓葬都具体推定了被葬者，将真坡里1号墓、4号墓、7号墓分别标记为将军骨忽墓、温达与平岗公主合葬墓、大臣摩离墓。虽然推定了各墓葬的被葬者，但都是与传东明王陵相联系的，可以认为这种认定几乎没有具体依据。① 对于位于中国境内的米仓沟将军墓则认为是在王权斗争中以桓仁地区为依托的拔歧的后代墓葬。②

以坟丘规模为基准，壁画墓中的五盔坟4号墓、五盔坟5号墓、长川2号墓、长川4号墓被认为是王族墓，长川1号墓、环纹墓、下解放31号墓、通沟12号墓被认为是上层贵族墓。③ 亦有观点认为稍晚时期的通沟四神墓和五盔坟4号、5号墓属于王陵级别。④

对于不是壁画墓但却是代表性大型墓葬的庆新里1号墓和土浦里大墓，也有观点认为它们属于王陵级别，其中庆新里1号墓为长寿王陵，土浦里大墓为文咨明王陵。⑤ 近来中国学者提出了迁都平壤后的高句丽王陵也都位于集安的观点⑥，认为壁画墓中的通沟四神墓为平原王陵，五盔坟4号墓为荣留王陵，五盔坟5号墓为大阳墓。虽然这种推断毫无根据，但之所以会提出这种观点是因为在平壤一带6世纪中叶以后的墓葬中，除江西大墓和江西中墓外再也没有王陵级的墓葬，而特别引人关注的是，从规模和壁画内容来看，集安的五盔坟4号墓、5号墓等既是大型石室封土墓也是四神图墓葬。不过就目前而言，还是应该认为迁都平壤以前高句丽王陵主要分布在集安一带，迁都平壤以后则主要分布在平壤一带，文献记载的高句丽王号和葬地名亦可证实这一点。情况类似的百济在迁都后王的葬地都选择在迁都地区（扶余陵山里古墓群、公州宋山里古墓群）。这种脱离

---

① 曾向朝鲜学者询问确定被葬者的目的，其结果是比起学术来更主要是出于教育的目的。
② 武家昌：《米仓沟将军墓壁画与诸壁画被葬者研究》，《高句丽渤海研究》1997年第4辑。
③ 武家昌：《米仓沟将军墓壁画与诸壁画被葬者研究》，《高句丽渤海研究》1997年第4辑。
④ 〔韩〕崔泽善：《高句丽壁画墓被葬者研究》，《考古民俗论文集》1988年第11辑；〔朝〕孙秀浩：《高句丽古墓研究》，社会科学院出版社2001年版。
⑤ 〔日〕东潮：《高句丽考古学研究》，吉川弘文馆1997年版。
⑥ 张福有、孙仁杰、迟勇：《高句丽王陵通考》，香港亚洲出版社2007年版。

地域格局来推定王陵的观点是背离史实的。

在众多石室封土墓中，学者们对壁画墓的被葬者进行了推定，大多都是基于考古学或美术史立场的尝试。但首先有必要通过史料记载来进行考察。虽然《三国史记·高句丽本纪》没有详细记载迁都平壤后高句丽王的葬地名，但还是可以通过零散记载来推断其葬地。《三国遗事》中记载有王号的别称，日本方面的史料也记载有高句丽王号。对此综合整理可参见表3。

表3　高句丽20—28代王号及葬地

谥号	《三国史记》	《三国遗事》	其他
长寿王（413—491）			
文咨明王（492—519）	明治好王		
安臧王（519—531）			安冈上王 （《新撰姓氏录》）
安原王（531—545）			狛鹄香冈上王 狛国香冈上王 狛口香冈上王 （《日本书纪》）
阳原王（545—559）	阳岗上好王 阳冈王（温达传）	阳岗王	
平原王（559—590）	平岗上好王 平冈王（温达传）	平岗	
婴阳王（590—618）	平阳	平阳	
荣留王（618—642）		武阳王 （宝臧奉老·普德移庵）	
宝臧王（642—668）			

根据好太王碑记载，好太王死后的正式王号为"国冈上广开土境平安好太王"。从谥号来看，5世纪高句丽的王号是用国冈上这一葬地名来标记的。也就是说，高句丽王号是由葬地名（国冈上）+勋绩（广开土境）+治世（平安）+称号（好太王）构成的。① 因此，可以认为当时高句丽的

---

① 林起焕认为平安有可能是王讳，其构成应是国冈上（葬地名）+广开土境（勋绩型）+平安（王讳）+治世（平安），见〔韩〕林起焕：《高句丽王号的变迁与性质》，《韩国古代史研究》2002年第28辑。

谥号中一定会标记葬地名。

从长寿王以后的王的谥号和别称来看,安原王、阳原王、平原王的藏地名应是安原(安冈上?)、阳原(阳冈上)、平原(平冈上)。安原王可以在日本的《新撰姓氏录》中确定其葬地名王号。根据《新撰姓氏录》记载,安原王的葬地名王号为安冈上王。① 虽然根据版本不同会有差异,《日本书纪》中的记载有狛鹄香冈上王、狛国香冈上王、狛口香冈上王等。② "狛"是用来指称高句丽的国名③,因此狛香冈上王就应是王号。也就是说,安原王陵位于安冈上,安原=安冈上=狛香冈上,因此安原王的谥号也是葬地名谥号。此外,安臧、婴阳、荣留也有可能是葬地名。由此迁都平壤以后的所有高句丽王很有可能在别称中都存在着葬地名谥号。宝臧王是根据宝臧这一王讳而确定的,而且宝臧王死于中原地区,因此属于特例。

安原王、阳原王、平原王的葬地名分别是安原(安冈上)、阳原(阳冈上)、平原(平冈上),这些地方大致应位于平壤一带。从婴阳王的情况来看,虽然还不能确定是否使用了平阳这一葬地名,但使用了葬地名的可能性很高。④ 从《三国遗事》中"宝臧奉老·普德移庵"条所引《高丽古纪》中荣留王别称武阳王来看,也可以认为是葬地名。⑤ 因此,如果婴阳王、

---

① 《新撰姓氏录》,右京诸蕃下,吉川弘文馆1962年版。
② 见于《日本书纪》"钦明天皇六年"条所引《百济本纪》内容。有观点认为如果王号中出现的"鹄香"具有"鹄林香火"的佛教性意义,那么在高句丽也出现了标榜佛教王名的国王,见〔韩〕南武熙:《安原王、阳原王时期政治变动与高句丽佛教界的动向》,《韩国古代史研究》2007年第45辑。但笔者认为应该是国香冈上、安冈上、安原等地名。
③ 〔韩〕李弘稙:《〈日本书纪〉所载高句丽关系记事考》,《韩国古代史研究》,新丘文化社1971年版,第159—162页。
④ 高宽敏认为,婴阳王和荣留王的王讳分别是平阳和武阳,见高宽敏:《〈三国史记〉原典研究》,1996年版,第133页。林起焕认为婴阳王和荣留王虽然在王号划分上属于其他类型,但也不能完全排除是葬地名的可能性,见〔韩〕林起焕:《高句丽王号的变迁与性质》,《韩国古代史研究》2002年第28辑。
⑤ 虽然有可能是王的名讳,但参考婴阳王的讳为元或大元、荣留王的讳为建武来看,也可以认为是葬地名。

荣留王也使用的是葬地名王号,那么其葬地就应是平阳、武阳。

有研究者将《三国史记·新罗本纪》"文武王八年"条中记载的婴留山视为荣留王的葬地,认为位于大城山的内里1号墓就是荣留王陵。① 虽然婴留山是荣留王的葬地也不无可能,但内里1号墓是6世纪的壁画墓,因此不可能是死于7世纪中叶的荣留王的王陵。

迁都平壤以后,高句丽王陵的分布应限于平壤及其周边地区,发现了多座壁画墓的顺川、大同、平原、平阳、南浦、温泉一带值得予以关注。除了被视为5世纪长寿王王陵的传东明王陵外,其他高句丽王都生活在6—7世纪。这一地区编年为6世纪以后的墓葬有铠马墓、内里1号墓、真坡里1号墓、真坡里4号墓、真坡里7号墓、湖南里四神墓、江西大墓、江西中墓等。② 在这些6世纪以后的壁画墓中很有可能存在王陵。将平壤一带6世纪以后的墓葬与文献记载中出现的高句丽王号和葬地联系起来,可推定王陵,参见表4。

表4 高句丽20—28代王陵推定

谥号	《三国史记》(别称)	葬地
长寿王 (413—491)		传东明王陵
文咨明王 (492—519)	明治好王	真坡里4号墓
安臧王 (519—531)		真坡里1号墓
安原王 (531—545)		湖南里四神墓
阳原王 (545—559)	阳岗上好王	?
平原王 (559—590)	平岗上好王	江西大墓

---

① 〔韩〕李道学:《集安地区高句丽王陵新考察》,《高句丽渤海研究》2008年第30辑。
② 〔韩〕全虎兑:《高句丽古墓壁画研究》,四季出版社2000年版。

续表

谥号	《三国史记》（别称）	葬地
婴阳王 （590—618）	平原	?
荣留王 （618—642）	武阳王 （《三国遗事》宝臧奉老·普德移庵）	?
宝臧王 （642—668）		西安灞河附近①

如前所述，如果将传东明王陵视为长寿王陵，那么文咨明王和安臧王的墓就有可能是东明王陵所在区域内的真坡里1号墓、真坡里4号墓或真坡里7号墓。② 即如果东明王陵区域是长寿王之后的高句丽王室葬地，那么编年为6世纪前期的墓葬就有可能是王陵。从时期来看，真坡里4号墓可推定为文咨明王陵，真坡里1号墓可推定为安臧王陵。另外，真坡里7号墓可推定为长寿王之子、文咨明王之父助多的墓。从安原王时期开始，王陵则分布在各个不同地区，安原王陵很有可能就是编年为6世纪中叶的湖南里四神墓。尽管真坡里4号墓和1号墓的个别四神图画面水准高于湖南里四神墓，因此也可以认为在时间上要晚一些，但从真坡里4号墓壁画中尚无玄武来看，应该属于四神图壁画墓定型以前的阶段。因此真坡里4号墓等壁画墓比四神图完全单独占据墓室壁面的湖南里四神墓在时期上要更早。③

目前认为江西大墓的修建时间比江西中墓要晚，从美术史角度来看图像的变化和发展，江西大墓的图像，特别是玄武的图像要比江西中墓更加卓越，因此似乎可以认为江西大墓的时期要更晚，但图像的变化和发展并不能决定时期。比较安岳3号墓和德兴里壁画墓，从图像变化和发展的层

---

① 拜根兴：《高句丽末代君主宝臧王的陵墓位置及在唐生活》，《高句丽王陵研究研讨会》2007年版。
② 真坡里7号墓的壁画痕迹在2006年实地调查时通过紫外线拍摄确定为格纹纹样的一部分，见南北历史学者协议会、国立文化财研究所：《南北共同高句丽壁画墓保存调查报告书》，南北历史学者协议会2006年版。
③ 译者注：原文为时期要晚，但从上下文来看存在矛盾，应是时期更早为宜。

面来看，安岳3号墓的图像比德兴里要更加卓越。如前所述，仅就图像而言，真坡里古墓的四神图比湖南里四神墓的四神图要更加卓越。通过比较个别图像来确定年代是没有道理的，对此应谨慎对待。

绘制江西大墓的画工很有可能用全盛期的笔调描画江西大墓，后来描画的是中墓。这是因为从考古学角度认为江西大墓修建于6世纪中叶，江西中墓修建于7世纪初。从地理位置来看，很有可能是在江西大墓完成后修建的江西中墓。与江西大墓相比较而言，江西中墓的玄武图可能是由其他画工完成的，或者是壁画底本不明确所致。这一点通过江西中墓中唯独玄武图像的水准偏低就可得到印证。考虑到史料中所记述的平原或平岗上的地理位置并从墓葬所在的地理环境来看，是可以设定为江西大墓的，因为江西大墓位于完全可称之为平原的广阔地带中央。如果高句丽王号中采用了葬地名谥号，那么江西中墓位于同一地区，作为王陵的可能性是很低的。如前所述，虽然以往有观点认为江西大墓的被葬者为平原王，江西中墓的被葬者为婴阳王，但从文献记载层面来看，这种观点是没有道理的。也就是说江西大墓、江西中墓均在同一地域，相反史料记载的阳原、平原、婴阳很有可能不在同一地区。因此很难认为现在江西大墓所在的古墓群中的三座墓葬都是王陵。

四、结论

一直以来韩国学界认为高句丽壁画墓为107座。但通过研究探讨最终确认集安地区为36座，桓仁地区为1座，抚顺地区为1座，中国境内的壁画墓数量达38座。另外，朝鲜境内的壁画墓一直被认为是76座，还可以新增4座壁画墓，即顺川地区的检山洞古墓、平壤真坡里古墓群中的双室墓、真坡里7号墓和传檀君陵。这样截至目前可以确认的高句丽壁画墓中国境内为38座，朝鲜境内为80座，共计118座。

探讨壁画墓被葬者实际是非常棘手的问题，本文针对高句丽壁画墓被葬者问题首先通过《三国史记》、《三国遗事》以及日本史料的记载展开论证。由于《三国史记》等史料记载了高句丽王的葬地名，因此如果与文献记载存在较大差异的王陵推定则是存在问题的。

对被葬者问题存在诸多争议的安岳3号墓，站在冬寿墓的观点上试图阐明被视为墓志的墨书与"圣上幡"之间的历史性相悖，认为安岳3号墓墓志墨书中出现的官职为虚构官职，进而认为出行图和"圣上幡"墨书也是虚构的，所绘出行图和"圣上幡"墨书不是为了在来世延续生前的生活，而是蕴含着来世有着比前世更好生活的愿望。高句丽壁画墓除表现继世思想外，还蕴含着对来世更好生活的期盼，绘有王字图案或黄龙的壁画墓也反映了这一点。

从迁都平壤之后的长寿王开始，高句丽也很有可能使用了葬地名王号。分布于平壤一带的高句丽墓葬从位阶角度看，在大型壁画墓极有可能为王陵的前提下，结合考察文献记载认为长寿王陵很有可能在平壤一带，具体而言就是传东明王陵。东明王陵区域内的真坡里古墓群也很有可能是高句丽王陵的修建场所，真坡里1号墓、4号墓和7号墓分别被认为是安臧王、文咨明王和助多的墓。

根据《三国史记》的记载，从安原王时期开始到以后的几代王都使用了葬地名王号，而且从安原王开始王陵修建地分布在不同地域。因此平壤一带的大型石室封土墓编年为6世纪以后的壁画墓很有可能就是王陵。目前平壤一带确认的6世纪以后的壁画墓有铠马墓、内里1号墓、真坡里1号墓、真坡里4号墓、真坡里7号墓、湖南里四神墓、江西大墓、江西中墓等，在这些壁画墓中应存在王陵。湖南里四神墓被推定为安原王陵，以往被认为是王陵的江西大墓、江西中墓等并不都是王陵，其中只有江西大墓可推定为平原王陵。相信今后通过多角度的探讨将会更加审慎地对待高句丽王陵推定问题。

原刊于《民族文化研究》2008年第49号，第385—426页。

渤海墓葬的分类问题

〔俄〕B. B. 阿赫梅德夫 著 盛宇平 译 郑春颖 校[*]

渤海墓葬广泛分布于中国东北部、俄罗斯滨海地区和朝鲜半岛北部。大部分墓葬位于中国东北地区。中国考古学者根据众多挖掘结果，制定出了不同版本的渤海墓葬分类标准。但是，在对墓葬进行分组时，他们通常使用非常有限的区分标准来划分墓葬类型，而且判断标准方面同样具有很大的选择性，一些重要特征会被忽略。例如，墓葬结构相对于古代地表水平面的位置。相反，种类有限的墓葬材质特征反而成为重要的分类标准。在某些情况下，不同墓葬类型之间实际上并没有差异。此外，中国学者仅参考了中国东北地区的发掘资料，并未考虑其他地区的墓葬特点，例如俄罗斯滨海区。因此，从事渤海墓葬研究的学者持有若干种墓葬分类方法。

本文旨在基于中国和俄罗斯墓葬发掘资料，通过总结以往分类方法的缺点，构建出渤海墓葬的类型学框架。这种类型学框架将有助于解决渤海研究中的实际问题。例如，渤海葬仪的起源，确立渤海国主体民族的构成，渤海境内各种民族的分布情况。

---

[*] B. B. 阿赫梅德夫，新西伯利亚国立大学高级讲师；盛宇平，长春师范大学东北亚历史文化研究所研究实习员、历史文化学院在读博士；郑春颖，长春师范大学高句丽渤海研究院院长、教授。该研究由俄罗斯科学基金会（项目编号：14-28-00045）资助。

首先考察的是中国学者总结的墓葬分类方案。第一个墓葬分类方案由孙秀仁提出。他将所有渤海墓葬分成三大类：小型、中型、大型（在墓穴四周都有石板），此墓葬本身包括石制墓葬结构和填土。这是典型的基于单个遗迹挖掘情况进行的早期分类，此时的主要分类标准是墓葬规模的大小。[①]

伊夫里耶夫详知郑永振关于渤海墓葬分类的研究成果，这对于俄罗斯学界致力于研究渤海墓葬的科研人员来说极为重要。[②] 郑永振的研究确定了墓葬使用的三类材料：砖质、石质和土质。所有墓葬都被分为这几种类型。目前尚不清楚选择这种分类标准的依据是什么，以及为什么分类标准中没有包含其他某些重要因素。此外，来自不同墓葬的某些墓葬类型具有几乎相同的描述，这导致难以将具体墓葬与一种或另一种类型相关联（例如，具有石质墓穴结构和填土的墓葬和具有土质墓穴结构和填石的墓葬）。

金太顺和黄景林一起提出了以下分类标准。即土坑墓、石墓、砖墓，为方便起见，用字母 A、B、C 表示。就墓葬平面来看，所有坟墓具有以下几种形状：a. 铲形；b. 刀形；c. 长方形；d. 双室；e. 不规则形状；f. 附带侧室。将以上提及的三类墓葬与墓葬平面图形状相联系，三类墓葬又可细分为几种亚型。按此分类，所有渤海墓葬可分为七种类型：长方形土坑墓；不规则形状的土坑墓；铲形石室墓；刀形石室墓；双石室墓；附带侧室的积石墓；铲形砖室墓。在中国考古学界，刀形墓葬是指坟墓的墓道偏向墓穴的一侧，这样的墓葬平面使人联想到刀。铲形墓葬一般是带有墓道的矩形墓坑，墓坑四周有石板。这种墓葬的平面看起来像一个带凸边的、不规则的四边形，像一把铲子。这种墓葬分类方法并不完全合理，因为它们需要依靠非常明显的组成部分来进行分类，例如，刀形墓葬由矩形墓坑

---

① 孙秀仁：《略论海林山嘴子渤海墓葬的形制、传统和文物特征》，《中国考古学会第一次年会论文集》，文物出版社 1980 年版，第 434 页。
② 〔俄〕А. Л. 伊夫里耶夫：《中国东北渤海墓葬研究——基于郑永振的文献材料》，《苏联远东中世纪考古学新资料》，符拉迪沃斯托克 1989 年版，第 12—25 页。

和墓道组成，铲形墓葬由矩形墓坑和墓坑四周的石板组成。此外，这种分类方法没有考虑墓葬相对于古代地表水平面的位置，而且这组砖室墓的分类方法并没有完全反映出其多样性。

刘晓东用以下分类方式划分墓葬：土圹墓、墓室墓、有椁墓。①

孙秉根把墓葬分为以下十种类型：1.土坑墓；2.大型土坑墓；3.石棺墓；4.石圹墓；5.石块和石板砌筑，具有墓道和封土的墓葬；6.石室墓，带有墓道和盖顶石；7.一个单独的类型，只包括渤海第三代王的女儿——贞惠公主墓；8.单独被指定的三陵屯1号墓葬；9.塔墓；10.用经加工的石材或砖砌筑，并有封土。② 作者将土坑墓分为两种类型，看起来似乎并不合理。由于还有其他类似的墓葬，目前尚不清楚把贞惠墓和三陵屯1号墓葬单独划分出来的原因。

李殿福和孙玉良将所有渤海墓葬分为五类：1.土坑墓；2.带有封土的石砌墓；3.石块或者石板砌筑的墓葬；4.石室墓；5.砖室墓。土坑墓主要位于六顶山墓地和吉林杨屯墓地，他们认为上述五种渤海墓葬类型反映了渤海文化发展的早期阶段。作者指出，石砌墓葬在渤海广阔的统治区域内数量最多，最为知名。可得出其为渤海典型墓葬类型的结论。③ 但这些研究者们的分类方法没有考虑到墓葬的平面形状和墓葬结构相对于地表水平面的位置，一定程度上影响了其研究价值。

李蜀蕾确定出以下几组墓葬类型：1.竖穴土坑墓；2.石圹墓；3.石椁（棺）墓；4.封土石室墓；5.具有石壁的墓葬；6.砖室墓。此分类方法被进一步细化。例如，砖室墓被分为大型和小型，石室墓分为是否有墓道。④ 把石圹墓单独分类可能会导致混淆，此类墓葬很难与带有石壁的墓葬区分

---

① 刘晓东：《渤海墓葬的类型与演变》，《北方文物》1996年第2期。
② 孙秉根：《渤海墓葬的类型与分期》，《高句丽渤海研究集成》，哈尔滨出版社1997年版，第217—235页。
③ 李殿福、孙玉良：《渤海国2》，《高句丽渤海研究》2002年第13辑。
④ 李蜀蕾：《渤海墓葬类型演变再探讨》，《北方文物》2005年第1期。

开来。此处可再次指出，作者没有考虑到墓葬相对于地表水平面的位置。

魏存成将所有墓葬分为以下类型是：土坑、石圹、石室、石棺（或石椁）、砖室（砖石合建）。此外，墓葬的平面形状，例如，矩形、正方形等等也被考虑进分类标准之内。① 此分类法类似于前一作者的分类方法，墓葬与地表水平面之间的位置关系在此处同样缺失。

中国学者的分类方法在很大程度上具有重复性。基本上所有墓葬最初都被分为土坑墓、石室墓和砖室墓，其主要分类标准是根据墓葬材质。之后把石质墓葬细分为石室墓，墓室四周为石壁的墓葬，以及石块和石板砌筑的墓葬。此外，还可以考虑的分类标准有：是否具有墓道，墓室平面形状，墓葬的大小。分类标准还可观察到一些差异：例如，在一种分类中考虑到墓葬是否具有墓道，而在另一种分类中则没有考虑到是否具有墓道这个标准。在某些分类标准中，没有考虑到一个相当重要的指标——墓室平面形状。此外，几乎所有学者都忽略了墓葬与地表水平面之间的位置关系这一重要指标：墓葬是建在地表上还是地表下，遗体被葬入已准备好的墓穴中。

在考察中国学者提出的分类方案并发现其不足后，笔者决定提出自己的渤海墓葬群分类标准。墓葬是一个相对复杂的系统，一般由两个恒定的组成部分（墓葬结构和遗骸）以及两个变量（陪葬品和附属结构）构成。② 除了墓葬结构之外，几乎不可能创建基于墓葬其他条件的分类标准。在远东地区，尸骨保存状况很差，因此骸骨残缺，并不意味着它最初就是如此，同样道理，陪葬品缺失也不能证明它最初如是。若涉及受过严重损毁或已被盗的墓葬，墓葬所有构成要素中仅剩下墓葬结构。因此，为了制定出可涵盖最多墓葬数量的类型标准，以墓葬结构分析作为基础的分类标准极其必要。

---

① 魏存成：《渤海考古》，文物出版社 2008 年版，第 309 页。
② 〔俄〕Ю. A. 斯米尔诺夫：《迷宫——墓葬规划的形态学（研究，文献，词典）》，东方文学出版社 1997 年版，第 279 页。

目前，大量渤海墓葬已被发掘。在中国大约有 90 处渤海墓葬，其中包含两千多个墓葬。[1] 然而，大多数资料都是期刊上的简报，不可能从中获取关于每座墓葬的详细数据。但根据已知资料中的信息足以用来创建分类标准。

按照惯例，我们可以通过类型学，把上述所有墓葬进行归类分组，但是，存在某些不能进行分类的特殊墓葬，我们可以有条件地列出所有墓葬分类的较优方案。类型学由作为广义分类的特殊案例发展而来，以反映现实复杂联系为目的，因此，它较少受分类的形式与逻辑的约束。[2]

所有的渤海墓葬都可以根据建构材料分为三组：土墓、石墓、砖墓。继而可根据墓葬相对于古代地表水平面的位置，将三大群组划分为若干子群。此外，由于难以选择可以充分反映土墓、石墓、砖墓特征的标准，因此需要对每个群组采取独特的分类方法。

第一组，渤海土墓。可分为两种类型——土坑墓，墓穴和地表经加工的墓葬。同时，以是否具有木头、树皮（非石头）制成的木制棺材、木框架、木壁等作为标准，将土坑墓划分为以下两种亚型：第一种亚型是没有墓室结构的土坑墓（简单的土坑墓穴），第二种亚型是具有墓室结构的土坑墓（棺、椁等）。墓穴和地表经加工的墓葬按照是否具有墓室为标准，可分为两种亚型。因此，土墓的第三种亚型是：有木棺、木椁的墓穴和地表经加工的墓葬；第四种亚型是没有木棺、木椁的墓穴和地表经加工的墓葬。

此组中最常见的墓葬类型是第二种，其余的比较罕见。第一类墓葬一般分布在辽河镇以及契尔良基诺 5 号古墓群（属于俄罗斯渤海海滨边疆区的墓群）。例如，31 号墓葬[3]、81 号、83 号墓[4]。第二类墓葬在吉林永吉查

---

[1] 〔韩〕宋基豪：《渤海——韩国考古学讲座》，社会评论 2007 年版，第 393—415 页。
[2] 〔俄〕Л. С. 克林：《考古类型学》，苏联科学院列宁格勒分院 1991 年版，第 448 页。
[3] 吉林省文物考古研究所：《榆树老河深》，文物出版社 1987 年版，第 94 页。
[4] 〔俄〕Ю. Г. 尼基京：《2005 年滨海边疆区契尔良基诺 5 号墓地考古研究》，符拉迪沃斯托克、首尔 2006 年版，第 372 页。

理巴墓群中占主导地位。① 位于东宁大城子的 4 号墓也属于此类别，此墓为竖穴土坑石盖墓。② 第三和第四类墓葬非常罕见，一般分布在契尔良基诺 5 号古墓群地区。③

第二组，渤海最常见的是石墓。按照墓葬结构与古代地表水平面的位置关系，可将石墓划为三种亚型。第一种亚型是整体处于中间位置。可以把这种情况理解为，墓葬的一部分位于已挖好的墓穴内，该墓坑略低于古代地表水平面，但同时大部分墓葬结构位于地表水平面之上（下文简称为台上墓）。第二种亚型是墓葬结构位于地表之下的石墓。第三种亚型是在地面上建造墓葬的石墓。此外，亚型中的石墓根据其墓壁构造又可细分为：1. 平整石板砌筑；2. 粗石、鹅卵石或粗处理过的石头砌筑（后者通常是大型墓葬的特征）。然后，依据墓葬平面形状可继续细分石墓类型，一般墓葬的平面形状分别是：1. 矩形或正方形；2. 其他形状（除了矩形与正方形的其他形状）。最后，理论上大约有十二种石墓类型。然而，在分析已被发掘的渤海墓葬的材质时，发现所有已知石墓结构的墓葬中，只有以上十二种类型中的五种。其余类型的石墓并未发现，不排除未来的发掘结果可能填补这些空白墓葬类型的可能性。因此，本文主要突出描述以下几种墓葬类型：

1. 墓葬在台地上，石板或石块砌筑，墓葬平面为矩形或正方形。这种类型的墓葬包括位于六顶山的 206 号和 207 号墓④，位于吉林永吉查理巴的 42 号墓⑤，位于石场沟的 6 号、16 号、17 号墓⑥。

---

① 〔俄〕С. П. 涅斯捷罗夫、С. В. 阿尔金:《第二松花江中世纪早期墓葬：查理巴》,《东亚传统文化》1999 年第 2 期。
② 魏存成:《黑龙江东宁县大城子渤海墓发掘简报》,《考古》1982 年第 3 期。
③ 〔俄〕Ю. Г. 尼基京、Е. М. 格里曼:《绥芬河流域契尔良基诺 5 号中世纪早期墓葬的部分研究成果》,《远东考古与文化人类学》, 符拉迪沃斯托克 2002 年版, 第 195—215 页。
④ 中国社会科学院考古研究所:《六顶山与渤海镇——唐代渤海国的贵族墓葬与都城遗址》, 中国大百科全书出版社 1997 年版, 第 247 页。
⑤ 〔俄〕С. П. 涅斯捷罗夫、С. В. 阿尔金:《第二松花江中世纪早期墓葬：查理巴》,《东亚传统文化》1999 年第 2 期。
⑥ 赵虹光:《黑龙江省牡丹江桦林石场沟墓地》,《北方文物》1991 年第 4 期。

2. 墓葬在台地上，石板墙，石块墙，墓葬平面非矩形或非正方形。这种类型的墓葬包括中国学者称为铲形墓，例如，位于虹鳟鱼场墓群的2008号和2124号墓。①

3. 墓葬位于古代地表水平面下方的石墓，平整石板砌筑，墓葬平面呈矩形或正方形。例如，位于海林二道河子的1号和3号墓②，位于图们市附近的8号和12号墓③。

4. 墓葬位于古代地表水平面下方的石墓，石墙，鹅卵石墙，墓葬平面为矩形或正方形。例如，位于和龙北大墓群的1号和28号墓。④位于龙海墓葬群的2—7号、9号、11号墓⑤，位于龙湖墓葬群的1号墓⑥。

5. 墓葬位于古代地表之上的石墓，石墙，鹅卵石墙，墓葬平面为矩形或正方形。例如，位于海林北站的1号墓⑦、头道河子的1号墓⑧和龙北大墓⑨。六顶山墓群的贞惠公主墓也属于这种类型。⑩

还有以下因素：木制结构（木棺，木椁）是否存在，墓道是否存在，填土或封顶的材质，也应考虑进每种分类中，因为它们是某些墓葬的重要特征，可与划分墓葬亚型的分类标准区分开来。

第三组，砖墓。砖墓可分为三种类型：1.墓葬结构位于古代地表水平

---

① 黑龙江省文物考古研究所：《宁安虹鳟鱼场：1992—1995年度渤海墓地发掘报告》，文物出版社2009年版，第621页。
② 于汇历：《黑龙江海林二道河子渤海墓葬》，《北方文物》1987年第1期。
③ 王春荣、呼国柱、李正风：《吉林省图们市凉水果园渤海墓葬清理简报》，《博物馆研究》1995年第3期。
④ 延边朝鲜族自治州博物馆、和龙县文化馆：《和龙北大渤海墓葬清理简报》，《东北考古与历史》第1辑，文物出版社1982年版，第244页。
⑤ 李强：《吉林和龙市龙海渤海王室墓葬发掘简报》，《考古》2009年第6期。
⑥ 〔韩〕朴尹务：《龙头山渤海墓葬区内龙湖墓群考察与发掘》，《渤海史研究》4，首尔大学出版部1994年版，第1—26页。
⑦ 王永祥、吕遵禄、李陈奇：《黑龙江海林北站渤海墓试掘》，《北方文物》1987年第1期。
⑧ 吕遵禄：《黑龙江宁安、林口发现的古墓葬群》，《考古》1962年第11期。
⑨ 〔韩〕文化财研究所：《朝鲜文化遗迹发掘简报》，文化财研究所1991年版，第643页。
⑩ 魏存成：《渤海考古》，文物出版社2008年版，第309页。

面之下的砖室墓；2. 墓葬处于中间位置的砖室墓；3. 墓葬位于地表之上的砖室墓。此外，基于亚型中墓道是否存在，可将其细划分为以下亚型：第一类亚型是没有墓道，墓葬位于古代地表水平面之下的砖室墓；第二类亚型是有墓道，墓葬位于古代地表水平面之下的砖室墓；第三类亚型是有墓道，墓葬结构处于中间位置的砖室墓（台上砖室墓）；第四类亚型是有墓道，墓葬结构位于古代地表水平面之上的砖室墓。

第一类亚型包括位于龙海墓群的13号和14号墓，第二类亚型包括位于同一墓群中剩余的砖室墓[1]，第三类亚型包括位于宁安虹鳟鱼场的墓群中的2005号、2267号砖室墓[2]，第四类亚型包括位于三陵屯的1号墓[3]。

这一类型学分类观点的提出是基于中国学者先前的分类经验。它确定出许多渤海墓葬，旨在帮助解决渤海研究中的实际问题。虽然古时渤海国由靺鞨部落统治，但它并非单一民族。首先，靺鞨部本身被分为若干分支；其次，也有其他部落的大量流入，例如，高句丽、回鹘和其他部族。渤海某些地区的某些类型的墓葬分布可为渤海国的民族分布定位。在此分类标准的帮助下，可以总结某些墓葬的常见特征、罕见特征或不存在的特征。

原刊于《新西伯利亚国立大学学报》2016年第7期，第90—99页。

---

[1] 李强：《吉林和龙市龙海渤海王室墓葬发掘简报》，《考古》2009年第6期。
[2] 黑龙江省文物考古研究所：《宁安虹鳟鱼场：1992—1995年度渤海墓地发掘报告》，文物出版社2009年版，第621页。
[3] 魏存成：《渤海考古》，文物出版社2008年版，第309页。

高句丽积石墓及其对渤海葬仪的影响

〔俄〕B. B. 阿赫梅德夫 著　盛宇平 译　郑春颖 校[*]

高句丽墓葬一般分为两大类——石室墓（韩语：Soksilpontkhobun）和积石墓（韩语：Choksokmyo、Choksokcheon）。M. B. 沃罗布耶夫把这类墓葬译为"石罩墓"（курганы с каменным покрытием）。[①] 俄国研究人员更多从事高句丽壁画墓研究。[②] 壁画墓——是从其他高句丽考古遗迹中脱颖而出的可提供大量信息的材料，可是，高句丽积石墓的研究同样很重要，但在俄罗斯史学界并没得到应有的重视。高句丽积石墓的研究可以揭示高句丽丧葬文化的特征，并了解其与周邻传统文化之间的关联。

高句丽积石墓主要分布在鸭绿江、图们江、浑江和大同江河谷中。通沟河和鸭绿江（吉林省境内）交汇处，墓葬数量尤为突出。这些墓葬包括

---

[*] B. B. 阿赫梅德夫，新西伯利亚国立大学高级讲师；盛宇平，长春师范大学东北亚历史文化研究所研究实习员、历史文化学院在读博士；郑春颖，长春师范大学高句丽渤海研究院院长、教授。

[①] 〔俄〕M. B. 沃罗布耶夫：《古朝鲜历史考古概要》，东方文学出版社1961年版，第84—85页。

[②] 〔俄〕P. Ш. 扎雷尔加西诺娃：《朝鲜半岛民族史中的古代高句丽人》，科学出版社1972年版，第202页；〔俄〕A. A. 吉廖夫：《不同时代顺序的高句丽壁画墓》，《新西伯利亚国立大学学报》2009年第5期；〔俄〕C. B. 埃尔金：《俄罗斯高句丽史研究的传统和趋势》，《东亚和内亚研究》2006年第3期。

禹山、麻线沟、七星山、万宝汀、山城下、下解放和长川等墓区。这个墓群在史学界也被叫作通沟墓群，但更多的时候，每个墓葬都单独使用本身的名称。通沟河流域的墓葬中，绝大部分是积石墓，平均占墓葬总数的90%。①此外，积石墓还见于中国辽宁省境内（高丽墓子墓群），朝鲜半岛北部的慈江道（Nampadon，liongmuli，Sim geuli），在南部见于平壤地区大同江流域。②首尔市南端的石村洞百济墓群散布着阶坛石墓。③史学界通常将它们在百济领土上的出现与可能的从鸭绿江流域向朝鲜半岛深处地迁徙联系起来。

  积石墓的修建方式如下。在外壁叠放大量石头，在墓葬顶部布置一个墓室来安放尸身。再以石封。这类墓葬最早在东亚见于辽宁省红山文化牛河梁遗址。④高句丽积石墓的起源正可以与这一地区相关联，特别是辽东半岛青铜时代的墓葬。但是一些韩国学者认为，远在高句丽政权建立之前的古朝鲜时期，积石墓已经分布在鸭绿江中上游地区。⑤

  早期的高句丽积石墓是圆形的，有墓穴。渐渐地，积石墓的构造变得更加复杂，建造时会先修筑石坛，上面几层逐层内收，形成金字塔形制。最典型的是将军坟⑥，很大程度上是因为它保存得相对完好。因此，高句丽积石墓通常分为三种类型：无坛、有坛、阶坛（图1）。无坛墓可描述成一个用来放置尸身的石堆，再以石封。建造有坛墓首先需要用经过修琢的

---

① 〔韩〕吴真锡：《洞沟古墓群积石墓的群集面貌研究》，《高句丽渤海研究》2010年第37辑。
② 〔韩〕张孝贞：《大同江流域积石墓的分布格局与特征》，《韩国历史论文集》2010年第101期。
③ 〔韩〕成正镛：《百济古墓的面貌及其变迁》，《考古学市民讲义》2009年第2辑。
④ 〔俄〕C. B. 阿尔金：《中国东北的古代文化：东北地区南部的新石器时代》，俄罗斯科学院西伯利亚分院考古与人种学研究所出版社2007年版，第46页。
⑤ 〔韩〕余昊奎：《高句丽积石墓的起源与高句丽原始社会的形成》，《韩国艺术与考古》2015年第9期。
⑥ 〔俄〕M. B. 沃罗布耶夫：《古朝鲜历史考古概要》，东方文学出版社1961年版，第84—85页。

巨形石块垒砌方坛，之后填满砾石。最后把尸身放置在这层砾石上。有时墓附近可能会出现一个半圆形或者半长方形的石构件。

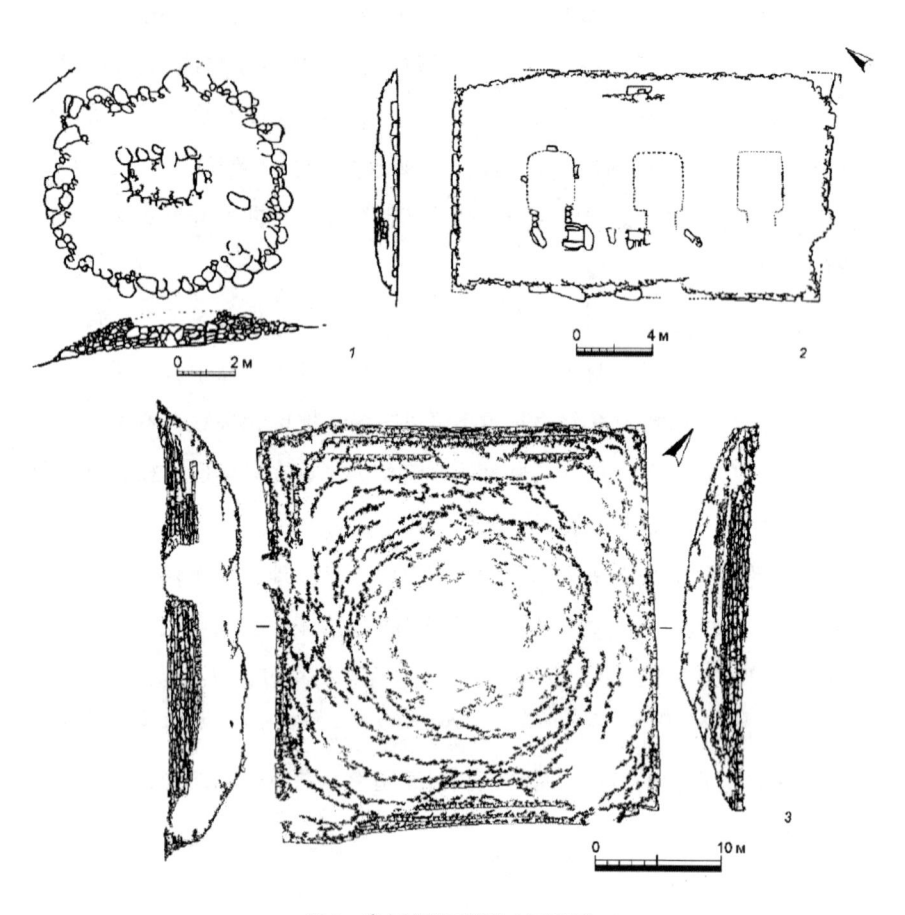

图 1　高句丽积石墓的主要类型

1. 无坛积石墓（下活龙村 8 号墓）；2. 有坛积石墓（禹山 2891 号墓）；3. 阶坛积石墓（麻线沟 2100 号墓）。

积石墓的顶部会为了安葬而留出墓穴，有时还会修筑一条墓道通往墓穴。墓穴中可以放置石棺。墓穴中零星发现平整的石板，可能是用作石棺的四壁，但经常可以发现金属扒锔。通常认为，这种扒锔可以佐证木棺的使用。

晚期积石墓开始修建墓室和墓道。墓室可以修筑成硬山顶，如千秋墓

（麻线沟 JMM 1000）[①]和太王陵（禹山 M 541）。与千秋墓不同，太王陵的墓室保存较好。[②] 在阶坛积石墓顶部发现了瓦和瓦当，可以证明此处存在礼仪性质的丧葬建筑。在许多墓葬的上方发现了使用瓦的痕迹，如，麻线沟 2738 号墓、626 号墓，临江墓（禹山 43 号墓），禹山 2110 号墓，西大墓（麻线沟 500 号墓）。在顶部修建铺有瓦的墓室或者其他建筑的积石墓是晚期大型墓葬固有的特征，这样的墓葬通常被认定为高句丽王陵。

如前文所述，高句丽墓葬总体上可以分为两类：积石墓和石室墓。此外，这两种墓葬按照不同的年代次序排列。封土石室墓后来取代了积石墓。墓室通常是多室并带有壁画。壁画墓盛行于 4 世纪下半叶至 7 世纪。[③]其建筑时间持续到 668 年高句丽灭亡，并且很可能持续到高句丽灭亡之后。

一些学者认为，最早的积石墓可以追溯到公元前 3 世纪中期至公元前 2 世纪初。[④] 但通常积石墓按时间排序都晚于公元之交。在公元 3 世纪陈寿所著的中国史书《三国志》中，高句丽墓葬被描述为 "积石为封"。[⑤]此描述完全吻合积石墓外观。积石墓大体上在公元 4 世纪中期至下半叶逐渐消失。在鸭绿江河谷发现了较晚的积石墓（6—7 世纪），但是在这个时期，积石墓已经是个案了。[⑥] 从一种墓葬类型变化为另一种类型的最好实证是大规模积石墓被认为是王陵。按照时间顺序，它们被框定在 4 世纪初至 5 世纪上半叶。它们还都位于鸭绿江河谷地带。之后，包括王陵在内的贵族墓葬演变为带有壁画的石室墓，基本建于大同江河谷和平壤地区。葬仪上的许多变化都是由于 427 年，高句丽王城从鸭绿江流域的国内城迁至

---

① 〔韩〕《高句丽古墓文化（2）——吉林省集安市通沟古墓群》，真认真 2013 年版，第 640 页。
② 〔韩〕《高句丽古墓文化（2）——吉林省集安市通沟古墓群》，真认真 2013 年版，第 640 页。
③ 〔俄〕A. A. 吉廖夫：《不同时间顺序的高句丽壁画墓》，《新西伯利亚国立大学学报》2009 年第 5 期。
④ 〔韩〕张孝贞：《大同江流域积石墓的分布格局与特征》，《韩国历史论文集》2010 年第 101 期。
⑤ 〔俄〕M. H. 朴：《公元初朝鲜部落概述（根据〈三国志〉）》，《东方学问题》1961 年第 1 期。
⑥ 〔日〕东潮、田中俊明：《高句丽的历史与遗迹》，首尔东北亚历史财团 2008 年版，第 674 页。

平壤。①迁都之前,在高句丽的攻击下,乐浪郡于313年覆灭,高句丽领土在朝鲜半岛上扩张至汉江流域。高句丽人接受了基于汉族文化的乐浪文化,葬仪的变化就是其中的一种表现。高句丽的政治文化中心在5至6世纪迁往平壤地区,与此同时,石室墓取代了积石墓。

最初,高句丽政权形成于现今集安市(中国吉林省)附近的鸭绿江流域。高句丽部族生活在中国东北地区南部和朝鲜半岛北部。中国东北地区南部的平原是古朝鲜部落和通古斯满族部落之间相互交流的地区,这种交流在高句丽政权整个存续期间并没有减弱。在高句丽与隋、唐的战争中,不同的靺鞨部落加入了高句丽与隋、唐双方不同阵营。

因此,高句丽对靺鞨部落可能存在影响,或者更宽泛地说,对中国东北地区共同文化背景为特征的诸部落都存在影响。因此,渤海时期的墓葬,如高句丽时期一样,基本是由石头修筑的,是合乎规律的。用大量石头修筑墓葬的传统,正如积石墓所呈现的那样,很早就在这个地区起源或形成于青铜时代。后期,积石墓顶部开始修筑完全符合石棺墓或者石室墓特征的墓葬。鸭绿江流域的高句丽墓葬(包括积石墓和其他被确定的墓葬)接近高句丽灭亡时出现了被称为石室墓的墓葬(禹山1758号、1810号、2890号墓)。它们修筑在地表上,墓壁为石砌,用宽大平整的石板盖顶,墓道通常朝南。之后封土。在黑龙江头道河子发掘了几乎完全相同的渤海时期的石室墓。②

可以认定,这种大规模的、耗费劳动力的、耗费石材的积石墓自然演变成了石棺墓和石室墓,这两种类型的墓葬后来在渤海地区最常见,并且,这种带有简易盖顶的石室是由几块平整石板修建而成的。受到汉文化传统影响,在平壤地区形成了建造带有复杂藻井的壁画墓的葬俗。

---

① 〔俄〕M. A. 斯托扬金:《高句丽和渤海王城的宫城:花园建筑》,《俄罗斯和亚太地区》2011年第3期。
② 〔朝〕朱荣宪:《渤海文化》,社会科学出版社1971年版,第71页。

高句丽积石墓展现了中国东北地区南部和朝鲜半岛北部整体葬仪的特征。积石墓在7—9世纪被分布在中国东北地区南部的渤海石室墓和石棺墓所取代（也可以说它们源自积石墓）。这个地区葬仪的变化，尤其是墓葬结构的变化是自然发生的，政治的动荡主要影响了贵族墓葬。

原刊于《西伯利亚及周邻地区的考古学、民族学、人类学问题》第25卷，俄罗斯科学院西伯利亚分院2019年版，第315—320页。